D0916696

Harry Potter et la Science

Roger Highfield

Harry Potter et la Science

Traduit de l'anglais par Cédric Perdereau

Flammarion

Les romans de la série *Harry Potter* de J.K. Rowling ont paru en France aux éditions Gallimard, dans une traduction de Jean-François Ménard. Les noms de lieux et de personnages cités dans cet ouvrage sont conformes à cette traduction.

Cet ouvrage n'est ni affilié, ni agréé par J.K. Rowling, ses éditeurs ou ses ayants droits.

Harry Potter est une marque déposée de Warner Bros.

Titre original de l'ouvrage :
The Science of Harry Potter
© Roger Highfield, 2002
Pour la traduction française :
© Éditions Flammarion, 2003
ISBN : 2-08-068532-5

Aux trois sorcières qui m'enchantent :
Julia, Holly et Doris

Toute technologie parfaitement au point donne une impression de magie.

Arthur C. Clarke.

Introduction

La Science de la magie

La plus belle chose que nous puissions connaître est le mystère.
C'est la source de tout art et de toute science véritable.

Albert Einstein.

J'adore la série des Harry Potter, mais pour des raisons très particulières. À mes yeux, chaque sort, enchantement, malédiction ou autre acte de sorcellerie raconté par J. K. Rowling dans sa fabuleuse création défie la science moderne. Les biologistes seraient certainement fascinés par le pétard d'un Scroutt. Les spécialistes du cerveau rejetteraient sans doute l'idée d'un chapeau pouvant lire les pensées... Touffu, les niffleurs, les pitiponks et autres créatures du monde de Harry semblent contraires à ce que nous savons de la nature. Les géants, les dragons et les trois gueules béantes de Touffu sont nécessairement les fruits de l'imagination de l'auteur. Des dragées de n'importe quel goût ? Aussi improbable que des balais volants, des bougies en lévitation dans Poudlard ou la Ford Anglia volante des Weasley. Une telle magie ne saurait cohabiter avec les lois rationnelles de la science...

Et pourtant, si. Cela m'est apparu après avoir cherché la vérité avec autant d'acharnement que la longue langue rose d'un Boursouf en quête des crottes de nez d'un sorcier. Le monde magique de Harry éclaire d'un jour étonnant sur les sujets les plus intéressants de la recherche actuelle, sans jamais la contredire. De même, certains domaines de connaissance peuvent expliquer beaucoup de phénomènes apparemment magiques.

L'interprétation la plus simple des pratiques magiques veut qu'elles soient une science mal maîtrisée. Mais y a-t-il une science « bien » maîtrisée ? Il a parfois fallu années avant que la communauté scientifique accepte certaines idées nouvelles. Cela signifie-t-il qu'elles passent soudain de la magie à la science ? La magie apparaît-elle aux frontières de la recherche, là où s'affrontent ignorance et débat intellectuel ?

On peut aussi voir la magie comme un « art » qui, par l'usage de sorts, invoquerait des pouvoirs surnaturels pour influer sur les événements. Mais cela dépend avant tout de ce que nous trouvons « naturel ». Tout l'univers est-il « naturel » ? La magie pourrait être plus affaire d'explication que de compréhension. Les pouvoirs ne seraient surnaturels que parce qu'ils échappent à la connaissance humaine. On se rapproche d'une autre définition de la magie, qui parle d'activités rituelles exerçant une influence grâce à une « force mystique extérieure à la sphère humaine ». Mais où sont les limites de cette sphère ? Près des donjons et couloirs obscurs de Poudlard ? Entre le ciel et les étoiles ? Car, après tout, la sphère humaine enfle comme une baudruche à mesure que nous accumulons connaissance et compréhension scientifiques.

La frontière entre le naturel et le surnaturel réside plus probablement dans l'esprit humain. Car la perception de la « magie » dépend aussi de l'observateur. Ce qui paraît magique à l'un semble naturel à l'autre. Si un aborigène murmure un sort avant de planter chaque graine pour la protéger des éléments, ce rituel si courant n'aura aucune magie à ses yeux. De même, un citadin s'émerveillera des premiers reflets d'une aurore boréale. Est-elle pour autant magique ?

Je suis immergé dans le monde scientifique depuis

plus de vingt ans. Pourtant, même si je sais les expliquer, bien des choses me paraissent encore magiques. Le premier cri de ma fille, Holly ; le sillage vert des poissons phosphorescents de la baie de Porto Rico ; un ciel étoilé admiré depuis la plaine rouge d'un désert d'Afrique du Sud ; et, après une nuit passée à travailler dans un laboratoire nucléaire, un neutron qui rebondit sur une bulle de savon. Ces événements étaient magiques parce qu'ils étaient hors du familier, de l'ordinaire et du quotidien.

« Magie » reste un terme flou. Aucune définition n'a fait l'unanimité. Il est aussi dur de le distinguer de « religion » et de « superstition » d'un côté, ou de « science » de l'autre. Toutefois, j'espère vous montrer que science et magie ont des points communs intéressants. Comme l'a dit un mathématicien, toutes deux croient que ce qui est visible n'est qu'une réalité superficielle, et non la « réalité réelle ». Elles tirent leur origine d'un besoin viscéral de comprendre notre monde hostile pour le prédire ou le manipuler. Au sens d'homme sage, les sorciers existent encore de nos jours – et pas seulement dans les films ou les romans sur Harry Potter. La magie, comme la science, permet aussi de comprendre le fonctionnement du cerveau humain. Ces deux disciplines partagent certaines idées loufoques, qu'il s'agisse de champignons sauteurs ou de sauts quantiques...

La technologie des magiciens et sorcières modernes fait voler les avions, permet aux ordinateurs de comprendre notre langage, et transmet la voix d'un bout à l'autre de la planète. Elle reste toutefois assez obscure pour que le grand public y voie presque un miracle. Le mécanisme biochimique d'un test de grossesse, les mouvements des électrons sur une puce électronique ou la procédure à suivre pour enregistrer un film sur mon magnétoscope sont proches de la magie.

Beaucoup d'événements dans les aventures de Harry Potter suggèrent que même les personnages possédant le don de magie reconnaissent aux scientifiques moldus un savoir équivalent. Hagrid avoue à Harry son étonnement devant un parcmètre. Mr. Arthur Weasley loue souvent la grande ingéniosité dont les Moldus font preuve pour surmonter l'absence de magie dans leur monde (ce qui est très flatteur de la part d'un fonctionnaire du ministère de la Magie). C'est un collectionneur passionné de prises, piles et autres objets en rapport avec « l'eckeltricité ». Pour Mr. Weasley, de simples allumettes offrent une distraction pyrotechnique aussi grande que n'importe quelle flamme magique. Sa femme, Molly, estime que les Moldus en savent beaucoup plus que les sorciers veulent bien l'admettre.

Pour le Moldu moyen, la science moderne reste souvent aussi obscure que les pouvoirs d'un rebouteux, une incantation de magie noire ou les sujets des A.S.P.I.C. (« Accumulation de Sorcellerie particulièrement intensive et contraignante »). Ce manque de compréhension d'éléments de notre vie quotidienne, que ce soit le fonctionnement d'un avion à réaction ou d'un photocopieur, pourrait même ouvrir à la voie à une croyance magique qui ferait paraître possible l'inimaginable. Pour citer le psychologue Stuart Vyse : « La technologie s'est emparée de nos vies, mais pas de nos esprits. »

Pour la plupart des gens, science et magie restent une affaire de foi. À l'époque de Newton, tout le monde ou presque pouvait mener une expérience avec un prisme ou un boulet de canon. La science était plus ouverte aux amateurs, les lois de la nature plus accessibles. De nos jours, la recherche scientifique est devenue profondément mathématique, les expériences dépendent souvent d'un matériel spécialisé allant de l'accélérateur de particules (un milliard d'euros) aux analyseurs génétiques. Le simple traitement des résultats nécessite des milliers d'euros en équipement informatique. La plupart d'entre nous doivent croire les savants sur parole quant à l'exactitude de leurs calculs. Rien d'étonnant dès lors qu'on panique lorsqu'un scientifique avoue douter, comme ce fut le cas lors de la crise de la vache folle ; rien d'étonnant non plus à ce qu'on reproche ces drames aux scientifiques – pour un peu, on en entendrait certains crier : « Au feu la sorcière ! » et : « Au bûcher ! »

Si les scientifiques, comme les magiciens et les sorcières, prétendent avoir une connaissance particulière qui échappe aux autres, ils sont les premiers à admettre qu'il demeure une grande part de magie dans le monde. La science est encore jeune, et il lui reste beaucoup de phénomènes courants à expliquer, comme les turbulences d'un cours d'eau, le langage du cerveau ou la façon dont l'atmosphère et l'océan font circuler l'énergie du soleil pour créer le climat.

Fort de cette compréhension imparfaite des mécanismes du monde, imaginez qu'un scientifique moldu fasse irruption dans le monde de Harry. Vêtu d'une sorte de scaphandre (une combinaison étanche pour se protéger des farces pour sorciers facétieux), bardé d'appareils de mesure, et sans aucun doute armé d'une de ces baguettes magiques des Moldus au cas où il rencontrerait un Mangemort, il observerait Poudlard et ses occupants, du Saule Cogneur aux sorciers et loups-garous. Il serait sans doute frappé de voir à quel point ce que Harry considère magique paraît réalisable pour notre science actuelle. Pensez à l'image des Chocogrenouilles, où Dumbledore disparaît soudain... Le portrait de Gilderoy Lockhart qui cligne de l'œil, ou des personnages qui habitent les tableaux de Poudlard. Puis rappelez-vous la carte utilisée par Olivier Dubois, le capitaine de l'équipe de Quidditch de Gryffondor, couverte de flèches qui se tortillent comme des chenilles pour illustrer la tactique de jeu. Un chercheur spécialisé dans les affichages électroniques y reconnaîtrait des images sur papier électronique, même si l'interface utilisée pour mettre les images à jour peut lui échapper. Et les chariots qui dévalent les rails de la banque de Gringott ? Une fois de plus, ils ne seraient pas inconcevables pour des Moldus étudiant les taxis intelligents sans chauffeur. Un mot de passe verbal ? La routine, pour un logiciel de reconnaissance vocale...

Il y a bien d'autres phénomènes dans le monde de Harry qui semblent un peu moins magiques à ceux qui connaissent les sciences. Les revêtements imperméables pour le verre rendraient inutile un sort d'Impervico. La Beuglante, une enveloppe rouge qui contient une lettre hurlante, semble plausible à l'époque des fichiers sonores, qu'on envoie par e-mail à l'autre bout de la planète.

Les Moldus traversent à présent les murs comme des fantômes grâce à une technique créant de fins écrans de brume sur lesquels on peut projeter une image. L'inventeur finlandais Ismo Rakkolainen propose bien des applications pour son mur de brume, et certaines sont vraiment magiques. Quant à la Carte du Maraudeur, qui indique la position de chaque personne à Poudlard, elle paraît bien simple à présent que le GPS est devenu si courant... Les multiplettes paraissent même un peu ordinaires, dans un monde où les amateurs de sport peuvent apprécier des rediffusions à n'en plus finir. Pourquoi Rita Skeeter s'encombre-t-elle d'une Plume à Papotes à notre époque de reconnaissance vocale ? Pourquoi amplifier sa voix en criant « Sonorus » alors qu'un haut-parleur suffirait ? Et pourquoi porter des lunettes, Harry, puisque la chirurgie au laser est parfaitement au point ?

Avec une telle approche, on pourrait croire que le monde va perdre toute magie... Beaucoup d'éléments demeurent pourtant magiques, même sous cet éclairage scientifique. Les Capes d'invisibilité utiliseraient une technologie furtive que les Moldus sont en train de mettre au point. Les balais pourraient supprimer l'effet de la gravité, ce qui semble encore incroyable. Les géants, Strangulots et autres Pitiponks pourraient être issus d'une manipulation génétique, science encore toute jeune, tandis que les dragées de Bertie Crochue pourraient naître d'une nouvelle compréhension de nos sens du goût et de l'odorat.

Curieuse comme un Niffleur à la recherche d'objets

brillants, aussi déterminée qu'un Povrebine traquant sa proie, la science peut en fait renforcer la magie qui habite l'univers de Harry Potter en dévoilant les complexités de la création d'un triton à double-queue, les sauts quantiques créant les couleurs d'une baguette magique, ou les propriétés télépathiques du Choixpeau. En puisant dans des sources anciennes, on peut même retrouver l'origine des basilics, géants et dragons dans les squelettes de créatures disparues depuis longtemps.

D'autres éléments magiques des romans de J. K. Rowling ne sont pas exactement scientifiques, mais peuvent être expliqués. Pensez à ces Lutins de Cornouaille fraîchement attrapés qui se déchaînent dans la classe de Gilderoy Lockhart. Un thermodynamicien verrait en ces créatures d'un bleu électrique la manifestation de la seconde loi de la thermodynamique (en gros, le chaos domine tout). Le domaine de la magie semble en tout cas s'y conformer, comme l'atteste le sombre commentaire de Dumbledore selon lequel aucun sort ne peut ramener les morts à la vie.

Pour découvrir combien notre monde est proche de l'univers magique de Harry Potter, j'ai contacté plus d'une centaine de scientifiques sur toute la planète. Cela a donné *Harry Potter et la Science*. J'aborde le sujet sous deux perspectives différentes.

La première partie se penche plus particulièrement sur le fonctionnement de la magie. On peut la lire comme une étude secrète de tout ce qui se passe à Poudlard et dans le monde des sorciers, qu'il s'agisse de rajouter des yeux aux monstres, de voler sur un balai ou de punir les turbulents. Pensez à ces dragées, aussi horribles que délicieuses. Comment Bertie Crochue leur donne-t-elle tous ces goûts ? Notre découverte de l'architecture moléculaire des êtres vivants a permis des manipulations telle que la création d'un Kappas, la transformation d'un crapaud en têtard ou le mélange de gènes pour créer Dobby l'Elfe de

Maison. Cela nous conduit à une revue d'ensemble de créatures incroyables-mais-vraies, avant d'étudier les jeux de la société de Poudlard. Ensuite viennent les secrets du Choixpeau, de la Cape d'Invisibilité et autres objets enchantés.

La deuxième partie du livre s'intéresse plus aux origines de la pensée magique, qu'elle s'exprime dans le mythe, la légende, la sorcellerie ou les monstres. Elle est comme il se doit introduite par un avant-propos sur les limites du cerveau moldu. Cette partie couvre beaucoup de sujets : la tentative de transformer des éléments vulgaires en or et de créer l'élixir de vie, tous deux liés à la pierre philosophale et aux progrès de nombreux domaines, de la physique atomique à la biologie des cellules maîtresses de notre organisme. J'examine les signes historiques de la sorcellerie, comme les chaudrons et baguettes, et j'étudie les origines des potions de Rogue. Puis viennent les origines des bêtes mythiques dans l'archéologie et les phénomènes naturels, et la capacité étonnante du cerveau humain à créer des monstres et des démons. Pourquoi croyons-nous en la magie ? Nous verrons que nous sommes, en grande partie, programmés pour y croire, et que la magie ne disparaîtra jamais devant la progression de la science. Les prédictions scientifiques sont très clairement limitées. Certaines choses décidément étranges rôdent dans les fondations mathématiques de nos connaissances. Et devant l'horizon toujours croissant du savoir scientifique, de nouvelles questions, de nouveaux mystères continueront d'émerger aussi vite qu'ils seront résolus.

Commençons par la majesté des cieux, et révélons ce que l'antigravité, les trous de vers et la téléportation quantique auraient à dire sur les transports des magiciens, comme les balais, la poudre de cheminette ou ces vieux souliers crottés qui sont en fait un Portoloin vers un autre lieu, un autre temps, une autre dimension. Comme le dirait le grand Albus Dumbledore, en route.

Première Partie

Chapitre 1

Balais, voyages dans le temps et désartibulation

La forme mobile cosmique, la plus pure,
n'est créée que par la liquidation de la gravité.

Paul Klee.

« Les Cognards ont décollé ! » crie le commentateur. Dans le stade aérien aux poteaux dorés, deux équipes de sept joueurs filent sur leur balai, plongeant et virant pour éviter les projectiles de leurs adversaires – les Cognards – tout en essayant de marquer avec le Souafle rouge. Le Quidditch est la passion du jeune Harry, qui s'efforce de saisir le Vif d'or et de gagner la partie pour la maison Gryffondor.

Le balai volant, forme préférée de déplacement des sorciers, est l'un de leurs secrets les moins bien gardés. Tous les Moldus en ont entendu parler. Mais nos scientifiques et ingénieurs s'efforcent encore de comprendre comment ils fonctionnent. Les balais de course les plus appréciés, le Nimbus 2002 et l'Éclair de Feu, utilisent sans doute une technologie très évoluée pour défier la gravité terrestre. Technologie dont l'impact commercial et scientifique serait remarquable. Les chercheurs de la NASA vendraient leur grand-mère pour mettre la main sur un seul balai ou maîtriser les sortilèges de lévitation qui animent la Ford Anglia turquoise de Mr. Weasley, la moto volante qu'Hagrid emprunte à Sirius Black ou les bougies qui flottent dans la Grande Salle de Poudlard. Tous ces objets semblent indiquer que les sorciers et magiciens peuvent à volonté annuler l'attraction terrestre.

Les matériaux exotiques générateurs d'antigravité sont aussi une porte ouverte vers les trous de vers, des raccourcis hypothétiques entre deux points très distants de l'espace-temps. Vous pourriez par exemple entrer à un bout d'un trou de ver et émerger à un million de kilomètres de là, dix mille ans dans le passé. À plusieurs reprises, des sorciers traversent un raccourci vers la voie 9 3/4 ou le très commerçant Chemin de Traverse. Ces déplacements se font peut-être grâce à de tels trous de ver.

Les voyages enchantés ne s'arrêtent pas là. Harry a déjà utilisé de la poudre de Cheminette. D'autres objets, et même des personnes, peuvent apparaître de nulle part, qu'il s'agisse du Magicobus, de la nourriture qui remplit les assiettes aux repas, ou d'un sorcier tenant une vieille botte. Ces matérialisations remarquables pourraient être dues à une technologie inconnue, similaire à celle que l'équipage de l'*Enterprise* utilise pour se téléporter. De nos jours, on entrevoit la possibilité de tels accomplissements quand la propriété de certains atomes est déplacée en laboratoire dans le cadre d'une étude sur la téléportation quantique.

Balai volant non-identifié

Le rêve est aussi vieux que l'humanité : s'élever dans les airs et voler comme un oiseau, rejeter les chaînes de la gravité, planer librement, traverser les nuages sous la seule poussée de nos bras s'activant rapidement.

Pourquoi ne pouvons-nous donc pas voler ? Simplement parce que nous ne sommes pas des oiseaux. Moins simplement, le corps humain est incapable de donner la bonne combinaison de poussée et de portance : il nous manque les plumes pour générer portance et propulsion, nos poumons ne sont pas adaptés, nos cœurs trop petits, nos os devraient être creux pour réduire notre masse corporelle, et nos muscles sont trop faibles pour faire battre assez fort nos bras.

Donc, nous ne pouvons pas voler. Mais un balai volant est moins improbable qu'il y paraît. Même la NASA s'est prononcée sur la question : une étude des différentes technologies a été menée par Mark Millis, qui porte le titre impressionnant de Responsable du Projet de Physique des Propulsions révolutionnaires au Glenn Research Center de la Nasa, à Cleveland (Ohio).

Millis a commencé par la plus ancienne des technologies, un balai assisté d'un ballon. Il ne faisait aucune concurrence au bolide d'Harry. Cette configuration semble bien incapable d'atteindre les deux cent quarante kilomètres-heure en dix secondes (ce qui est très rapide, quoique inférieur à un dragster de six mille chevaux, qui peut couvrir quatre cents mètres en moins de cinq secondes, départ arrêté, et dépasser les cinq cents kilomètres-heure). Millis fait aussi remarquer que cela ferait une cible trop facile pour les Cognards.

Et un balai inspiré de l'avion ? Étonnamment, cette idée est plus magique qu'il y paraît. Un siècle après le premier vol des frères Wright, Jef Raskin, ancien professeur à l'Université de Californie à San Diego, et inventeur de l'ordinateur Macintosh, affirme que l'on se trompe généralement sur ce qui fait voler les avions.

Les avions volent parce que l'air passe plus vite sur la surface supérieure de l'aile que sur la surface inférieure. Une théorie de Daniel Bernoulli, né au Danemark, veut que cette différence produise une baisse de pression au-dessus de l'aile, ce qui génère la portance (vous pouvez vérifier cet effet en soufflant sur deux billets superposés). Mais il y a un problème, d'après Raskin. « L'explication simpliste attribue la portance à la différence de longueur entre le haut courbé et le bas plat d'une aile. Si c'était vrai, les avions ne pourraient pas voler sur le dos, car la surface recourbée serait alors en bas, et le plat en haut.» Or, les avions volent sur le dos. De plus, certaines ailes ont la même courbure sur les deux surfaces, et les avions de papier planent malgré leurs ailes plates.

La question demeure : Comment les ailes génèrent-elles cette portance ? Robert Bowles, mathématicien spécialisé dans l'aérodynamique à l'University College de Londres, s'accorde avec Raskin pour dire que la portance a lieu quand le flux de l'air autour d'une aile est orienté vers le bas. Quand le flux est détourné dans une autre direction, la portance est créée dans l'autre direction, d'après la troisième loi du mouvement de Newton. Toutefois, pour une aile, il est crucial de comprendre que le flux vers le bas dépend du fait que l'air est détourné par le dessous de l'aile, et tordu par son dessus.

Ce dernier point est plus délicat à imaginer. L'air étant légèrement visqueux, il a tendance à adhérer à la surface supérieure de l'aile, notamment près des extrémités, ce qui peut générer des tourbillons appelés vortex. Vous pouvez constater cet effet en ajoutant un trait de lait dans votre café et en y agitant une cuillère. Cela créera un « vortex de lait » dans un fluide « collant ». Les vortex étant évacués de l'aile, le flux s'oriente vers le bas et génère une force de pression vers le haut sur l'aile.

Avec le bon équipement, vous pourriez détecter une force sur votre cuillère en la déplaçant dans votre café. Cette force – la même qui fait voler une aile – dépend de l'angle d'attaque, de la forme et de la vitesse de la cuillère. Les modèles mathématiques, confirmés par des générations d'écoliers, montrent que même des ailes plates peuvent voler si elles ont un angle d'attaque suffisant pour détourner l'air vers le bas.

Bien que cette « théorie de l'aileron » soit aujourd'hui un classique des livres sur la mécanique des fluides, le vol conserve certains mystères. Même les meilleurs scientifiques moldus ignorent comment capturer l'essence de la turbulence (quand le flux d'air est désordonné) dans un ordinateur ou avec une formule intelligente. La prochaine fois que vous prendrez l'avion, souvenez-vous que les Moldus ne comprennent toujours par la magie du voyage aérien.

Les ailes sont une solution simple et claire au problème du balai, mais Millis fait remarquer qu'il serait très facile de perdre ses bagages. De plus, à part la mention de l'équipe de Serpentard fendant l'air comme des jets à réaction, aucune des nombreuses manœuvres aériennes effectuées sur ces balais ne fait référence à des ailes. Harry doit utiliser une technologie exotique.

Un balai à réacteur ? Ce serait tout à fait faisable, mais délicat à manier, et assez dangereux pour des sorciers en robe. Ce qui nous mène à l'antigravité et au « warp drive » (déformation de la topologie de l'espace-temps permettant des vitesses supérieures à celle de la lumière). L'approche est plus prometteuse, et la NASA semble s'y intéresser de très près. Bien qu'elle n'utilise pas ces termes exacts, Millis admet que c'est bien la direction adoptée.

À la recherche de l'antigravité

Les tentatives de vol classiques reposent sur la création d'une force opposée à l'attraction terrestre. Pour l'instant, personne n'a trouvé le moyen « d'abriter » un objet de cette attraction. Cela n'empêche bien sûr pas les gens d'essayer. Imaginez l'excitation quand, en 1992, le Moldu russe Evgeny Podkletnov annonça par un article dans l'obscure revue *Physica C* qu'il avait isolé un espace de la gravité. L'appareil à l'origine de cet exploit était un anneau de céramique supraconductrice mesurant 145 mm de diamètre sur 6 mm d'épaisseur, refroidi et suspendu par magnétisme. Podkletnov appliqua un courant électrique alternatif à des bobines entourant le disque pour le faire tourner, et se rendit compte que ce dispositif réduisait de 2 % le poids de l'objet. Il observa cet effet d'antigravité avec plusieurs types de matériaux, de la céramique au bois. La réduction de gravité était proportionnelle à la rapidité de rotation.

Avec Petri Vuorinene de l'Université de Tampere, en Finlande, Podkletnov soumit en 1996 un deuxième article au *Journal of Physics-D*. Mais cette fois, la description d'autres expériences fut reprise par les médias, et ses pairs l'auraient accusé de sorcellerie. L'Université de Tampere – dont l'Institut de Sciences matérielles était au centre de la controverse – déclara n'avoir plus aucun lien avec Podkletnov, et refusa de commenter l'éventuel fonctionnement de cet appareil à antigravité. Vuorinen nia toute implication dans ce projet, l'article ne fut pas publié Ces travaux furent réfutés comme simple fumisterie.

La science se caractérise par la fatalité de ses découvertes. Si Newton et Einstein n'avaient pas vécu, d'autres auraient fait les mêmes découvertes. Dans ce cas précis une autre scientifique, Ning Li, étudiait de façon indépendante la modification de la gravité à l'Université d'Alabama à Huntsville. Pour elle, les supraconducteurs pouvaient générer des effets gravitationnels inattendus comme le prévoit la théorie de gravité (relativité générale) d'Einstein. Au milieu des années 1990, elle aussi paraissait progresser – des atomes chargés à rotation rapide produisait un changement mesurable du champ gravitationnel. Puis elle disparut de la circulation.

Inspirés par l'article de Podkletnov dans *Physica C*, d'autres institutions scientifiques décidèrent d'y regarder de plus près. Ron Koczor et ses collègues du Marshall Space Flight Center de la NASA à Huntsville (Alabama) s'étaient déjà intéressés aux travaux de Li, mais ne voyaient pas comment tester ses idées. L'approche de Podkletnov paraissait plus simple. Mais, selon un article paru en 1997, les premières tentatives de l'équipe de Koczor pour reproduire sa machine à antigravité n'aboutirent à rien.

La NASA avait commandé pour Koczor une réplique de l'appareil de Podkletnov. Koczor attendait que la société Superconductive Components de Colombus (Ohio) lui livre cet appareil de six cent mille dollars. Conscient du nombre des sceptiques, Koczor rappelait l'importance de l'ouverture d'esprit dans le domaine scientifique (avant d'ajouter : « Merci de ne plus l'appeler machine à antigravité ; vous n'imaginez pas le stress et les brûlures d'estomac que ça me donne. »).

D'autres organisations commerciales affirmèrent que, tout en doutant que l'effet soit réel, les implications d'une telle étude étaient trop importantes pour qu'on les ignore. Si l'on pouvait adapter une version plus puissante de cet appareil sur une navette spatiale, le modèle de la fusée serait obsolète : il suffirait d'une pichenette pour faire décoller l'appareil. Ou un balai : une poussée des jambes, et l'on quitterait le sol.

Aimants, Levitron et grenouilles en lévitation

Le jouet appelé Levitron illustre bien le rejet de la gravité. Il se compose d'une toupie aimantée qui peut flotter à environ dix centimètres d'une base magnétique de polarité opposée. Au premier abord, le Levitron paraît vraiment magique. Nous savons, depuis 1842, qu'un tel appareil ne peut pas fonctionner : Samuel Earnshaw, du St. John's College à Cambridge, avait publié un article démontrant l'impossibilité de faire léviter des aimants stationnaires. Tous les magiciens moldus assurèrent à l'inventeur Roy Harrigan qu'il gaspillait son argent à vouloir prendre en faux le théorème d'Earnshaw. Heureusement, il les ignora, et, comme un vrai magicien, il sortit le Levitron de son chapeau il y a vingt ans. À la suite de quoi on le produisit en masse. Comme pour souligner ses capacités magiques, les brevets du jouet affirmaient que sa stabilité dépendait de la rotation, mais taisaient un aspect capital. Bien que cette explication viole effectivement le théorème d'Earnshaw, la capacité de lévitation du Levitron ne le contredit pas.

Il fallut attendre l'étude de Sir Michael Berry, en 1996, pour comprendre le fonctionnement de l'objet. Berry, de l'Université de Bristol, fait partie des sorciers de la mécanique quantique, la théorie scientifique la plus révolutionnaire du siècle dernier, développée par des physiciens européens qui s'étaient rendu compte que la physique classique était fausse pour les particules subatomiques comme les électrons.

Cette « antigravité » qui repousse la toupie de son socle est en fait le magnétisme. Imaginez la base aimantée avec son pôle nord vers le haut, et la toupie comme un aimant avec son pôle nord orienté vers le bas. Comme le sait toute personne qui a manipulé des aimants, deux pôles nord se repoussent, ce qui compense l'attraction de la gravité et fait flotter le Levitron.

Toutefois, pour que le jouet fonctionne, la toupie doit tourner. Sans cela, la force magnétique la retourne. Alors, son pôle sud se retrouve en dessous, l'attraction du socle s'aligne avec la gravité et la toupie tombe. Le plus difficile pour Berry fut d'expliquer comment un faible mouvement horizontal ou vertical du Levitron produit une force qui repousse la toupie au point de la faire flotter dans les airs. C'est précisément à cause de ce flottement qu'elle ne viole pas le théorème d'Earnshaw. Au cours des décennies précédentes, l'un des éléments constitutifs de l'atome, le neutron, a été piégé grâce à des effets similaires, et les implications de la théorie vont bien au-delà des jouets magnétiques. Toutefois, personne ne mentionne jamais des balais tournants. Il doit donc y avoir une autre façon de contourner Earnshaw.

L'étrange affaire des grenouilles en lévitation troubla une fois de plus la frontière entre science et magie. Cet exploit fut réalisé par Andrey Geim au Laboratoire des hauts champs magnétiques en Hollande, où il travaillait avec Peter Main et Humberto Carmona. L'équipe parvint à suspendre une grenouille dans les airs sans miroir ni prestidigitation. Ils vinrent à bout de la gravité par équilibre magnétique, au lieu de tenter de couper l'attraction à sa source. « Ce sera sans doute ce qui se rapprochera le plus de l'antigravité, si courante en science-fiction », conclurent-ils.

Cette grenouille flottante prouve aussi un fait dont nous ne sommes pas tous conscients. Il n'y a pas que les métaux qui soient magnétiques. L'équipe a recommencé avec des sauterelles, des poissons, des souris, et des plantes. En fait, on peut faire léviter par magnétisme n'importe quelle créature vivante, grâce au diamagnétisme.

Le théorème d'Earnshaw n'interdit pas ce genre de lévitation, à la différence des autres magnétismes (paramagnétisme et ferromagnétisme). Le diamagnétisme est un phénomène quantique qui ne peut être expliqué par la physique classique d'Earnshaw, et il peut tout soulever (le bois, les raisins, l'eau, la pizza, les grenouilles et même les humains) s'il est assez intense.

Tous les matériaux sont composés d'atomes, dont on pourrait faire tenir deux cents millions de milliards sur le point final de cette phrase. Tous les magnétismes dépendent du comportement des électrons dans ces atomes. De façon traditionnelle, les atomes sont décrits comme des systèmes solaires miniatures, où les électrons (à charge négative) orbitent autour de noyaux (à charge positive) comme autant de petites planètes (de nos jours, les électrons sont considérés plus comme une brume que comme des particules).

Les électrons possédant une charge électrique, leur mouvement génère un champ magnétique. Ces aimants particuliers peuvent à leur tour être affectés par d'autres champs. Si un champ magnétique suffisant déforme l'orbite des électrons dans les atomes de la grenouille, ils génèrent un petit courant électrique, donc un champ magnétique opposé, comme un petit électro-aimant. Et comme des aimants opposés, la force répulsive écarte les champs.

« En un sens, la grenouille et le Levitron sont similaires, puisque le diamagnétisme est le résultat microscopique de petits aimants rotatifs – autant de petites toupies du Levitron », explique Michael Berry, qui a travaillé avec Andrey Geim, à présent membre de l'Université de Manchester, pour étendre sa théorie et indiquer que les amphibiens en lévitation défient également Earnshaw.

La petite grenouille en lévitation paraissait à l'aise dans son champ magnétique. Elle rejoignit ensuite ses sœurs du département de Biologie du laboratoire. L'équipe de Geim a été exposée à de forts champs magnétiques, ainsi que l'un de ses collègues américains, qui a passé plusieurs heures dans un aimant (allongé, et non suspendu en l'air). Aucun n'a subi le moindre effet secondaire. Geim a même fait léviter un hamster, appelé Tisha, qui a vécu jusqu'à l'âge vénérable de trois ans (à noter, le hamster a cosigné l'article sur la lévitation dans le journal *Physica B*, attribué à A. K. Geim et H.A.M.S. ter Tisha). Puisque rien n'indique que ces champs ont un effet nocif, Harry pourrait très bien être porté de cette façon. Il suffirait d'un aimant assez gros. La grenouille a été soulevée sur deux mètres par un champ magnétique cent mille fois supérieur à celui de la Terre, et dix à cent fois supérieur à celui d'un aimant de réfrigérateur.

La posture naturelle sur un balai – penché vers l'avant, plus à l'horizontale qu'à la verticale – est en fait la plus adaptée à la lévitation magnétique. Problème, il n'y aurait pas vraiment besoin de balai pour exploiter le diamagnétisme. De plus, il faudrait se tenir dans un cylindre de plusieurs mètres de diamètre, capable de générer un champ bien plus important que celui des scanners à résonance magnétique couramment utilisés en médecine.

« Je me porterais volontiers volontaire pour la première lévitation humaine, confia Michael Berry. Ce serait très intéressant de flotter de cette façon... un peu comme la sensation d'apesanteur des spationautes en orbite. Mais il y a une différence : le diamagnétisme du corps n'est pas tout à fait uniforme – les tissus, les os, le sang et ainsi de suite ont des propriétés magnétiques différentes – aussi ressentirions-nous des tiraillements dans le corps. Si la force magnétique sur la chair est plus forte que celle sur l'os, ce serait comme être suspendu par la peau, les os pesant vers le bas – inversion étrange de la situation habituelle, et peut-être point de départ d'un lifting hors de prix... »

Étrangement, on dit dans une des aventures de Harry qu'il y a trop de magie autour de Poudlard pour que l'électronique fonctionne comme il faut – sous-entendant ainsi que l'école baigne dans un champ électromagnétique assez puissant pour perturber les puces électroniques sensibles, mais aussi pour soulever une personne dans les airs. Toutefois, un tel champ exercerait une terrible attraction sur tous les objets ferromagnétiques, comme le fer, le cobalt et le nickel. Sa présence deviendrait vite évidente et problématique pour les occupants. Kennilworthy Whisp fait également remarquer qu'à l'heure actuelle, aucun sort ne permet à un magicien de voler sans aide sous forme humaine. Il faut sans doute chercher ailleurs le secret de l'Éclair de Feu.

Antigravité cosmique

D'autres branches de la physique commencent à prendre l'antigravité au sérieux. Étrangement, c'est Einstein lui-même qui en a émis l'idée avant de l'abandonner. De nos jours, certains signes indiquent que son instinct premier était correct. Nos études des cieux montrent qu'une mystérieuse « énergie sombre » pourrait écarter les galaxies les unes des autres, ce qui semble tout aussi impossible qu'une anecdote sortie d'un roman de Harry Potter.

La théorie d'Einstein est née en 1915. Selon lui, une personne tombant de suffisamment haut ne sentirait pas son propre poids avant de toucher le sol : la force d'accélération correspond si précisément à celle de la gravité que la sensation de poids est annulée. Gravité et accélération sont donc équivalentes. Einstein admettait que sa théorie spéciale de la relativité (ou relativité restreinte) de 1905 devait être généralisée pour décrire différentes accélérations correspondant à la vie quotidienne, où les champs gravitationnels ne sont pas uniformes.

La relativité générale remplaçait la description précédente de la gravité, conçue par Sir Isaac Newton. Einstein n'envisageait pas la gravité comme une force (contrairement à Newton), mais comme la courbature d'un environnement à quatre dimensions appelé espace-temps. La relativité restreinte ne traite que de l'espace-temps plat, mais la relativité générale envisage un espace-temps courbé par la gravité. Par exemple, l'espace-temps autour de la Terre a la forme d'une cloche (vue de l'intérieur) : les objets tombent à l'intérieur de la cloche, et les satellites en orbite y tournent.

Einstein suggérait un univers dynamique : il pouvait s'étendre puis s'effondrer sous la traction constante de la gravité, ou continuer de s'étendre à jamais. Toutefois, comme beaucoup de scientifiques de son époque, il supposait l'univers statique, et non en expansion ou en contraction. Pour que sa théorie prédise un univers statique, il ajouta un facteur flou, la « constante cosmologique », qui représentait l'antigravité, sans savoir si elle était réelle. Einstein affirma par la suite que cette constante était la plus grande erreur de sa carrière. Il manqua sa chance de prédire ce que découvrit l'astronome américain Edwin Hubble, en 1929 : l'expansion de l'univers. Des expériences récentes montreraient même que l'idée initiale de « répulsion » émise par Einstein était sur la bonne voie.

L'expansion de l'univers se serait récemment accélérée, comme si quelque chose poussait la matière. La force d'antigravité de l'énergie sombre semble affaiblir l'emprise de la gravité. L'énergie sombre se renforce à mesure que l'univers s'étend. Cela signifie que notre cosmos pourrait se décomposer de plus en plus vite, et s'achever dans un soupir, et non un bang.

La source de cette énergie répulsive est inconnue. Il peut s'agir d'une chose entièrement nouvelle, et ces premières observations pourraient marquer le début d'une étude sur ce mystère aussi insondable que le monolithe du chef-d'œuvre de Stanley Kubrick, *2001 : l'Odyssée de l'espace.*

Sur de grandes distances, cette force devient assez puissante pour annuler les effets de la gravité. Toutefois, on ne pourra sans doute jamais la maîtriser assez pour soulever un balai. « La seule chose *plus ou moins* acceptée sur l'antigravité est l'accélération de l'expansion de l'univers, qui indique une "constante cosmologique" ou un "champ d'énergie" (généralement appelé quintessence) qui produit l'antigravité, précise Miguel Alcubierre, de l'Universidad Nacional Autónoma de Mexico. Les effets, eux, sont minimes. »

Se faufiler par un trou de ver

Avec des matériaux possédant une énorme tension ou attraction non-gravitationnelle, une autre forme de transport deviendrait sans doute possible (un élastique fait preuve de ce genre de comportement, comme les champs électriques, mais leur attraction n'est pas suffisante). Nous pourrions créer des trous de vers, équivalent cosmique de leur homonyme dans une pomme. Mais au lieu de relier la peau au noyau, les trous de ver cosmiques offrent un raccourci entre deux points distincts de l'espace-temps, séparés de cinq ou cinq millions de kilomètres, cinq ans ou cinq millions d'années. Ils pourraient expliquer certains voyages spectaculaires de Harry, comme celui qui l'emporte dans le journal de Tom Jedusor. La description de sa chute dans la page du 13 juin ressemble tout à fait à la traversée d'un trou de ver. Le même phénomène pourrait également mener aux boutiques du Chemin de Traverse, ou à la voie 9 3/4 de King's Cross.

Pour comprendre les trous de ver, nous devons revenir à l'espace-temps courbe d'Einstein. Puis il faut examiner les distorsions extrêmes causées par la plus grande traction gravitationnelle, celle qui a lieu autour des trous noirs, où la gravité est si intense que même la lumière ne peut pas s'échapper. En travaillant à Princeton avec Nathan Rosen dans les années 1930, Einstein avait découvert que les équations de la relativité montraient qu'un trou noir forme un pont entre deux lieux-temps (des régions de l'espace-temps). Un tel « pont d'Einstein-Rosen » – que nous appelons de nos jours trou de ver – pourrait permettre un mouvement sur de vastes distances à travers l'univers, voire un voyage dans le temps.

Au premier abord, il semble improbable que les sorciers utilisent des trous noirs pour leurs déplacements. D'une part, un trou noir ne peut pas exister assez longtemps pour que la lumière passe d'un point de l'univers à l'autre. La gravité referme immédiatement le portail. Cela fut un gros problème pour feu l'astronome Carl Sagan quand il décida d'écrire un roman de science-fiction, *Contact*. Carl Sagan voulait régler ce problème pour que ses personnages puissent se rendre de la Terre à un point proche de l'étoile Véga. En 1985, il contacta Kip Thorne de Caltech pour lui demander son aide. Celui-ci demanda à son tour celle de ses élèves.

Ils essayèrent de trouver une matière ou une énergie qui pourrait permettre ce genre de voyage interstellaire. En 1987, ils conclurent que pour garder un trou de ver ouvert, il faudrait y insérer une matière exotique, ou un champ quelconque, exerçant une pression négative et associée à l'antigravité.

Les expériences de Harry sont assez proches de celle décrite dans *Contact*. Carl Sagan parle d'une course dans un tunnel sombre. Après qu'on a jeté une pincée de poudre de cheminette dans le feu, Harry se sent comme « aspiré dans un tourbillon géant ». Tandis qu'il tournoie, des cheminées floues défilent devant ses yeux, tandis que les sandwichs au bacon dansent la sarabande dans son ventre. De même, Carl Sagan décrivait la texture du tunnel à mesure qu'il défilait, donnant une impression de grande vitesse, à laquelle une simple collision avec un petit oiseau produirait une effroyable explosion.

Le Retourneur de Temps d'Hermione

Les physiciens qui ont étudié la théorie d'Einstein doutent de la possibilité d'un voyage dans le temps, mais ne peuvent pas l'éliminer. Stephen Hawking a reconnu qu'il était délicat de spéculer ouvertement sur la façon de triturer le temps. On risque de se faire critiquer fortement pour un tel gâchis de ressources, ou de voir ses recherches réquisitionnées pour raisons militaires. « Les fous comme nous sont rares à oser travailler sur un sujet aussi politiquement incorrect dans les cercles des physiciens. Nous le déguisons par des termes techniques – comme "courbes quasi temporelles fermées" – qui sont autant de codes pour le voyage dans le temps. »

Kip Thorne, par exemple, croit qu'une étude de ce domaine aidera les scientifiques à mieux comprendre le temps, qui demeure mystérieux. Les équations d'Einstein plaçant l'espace et le temps sur un pied d'égalité, un trou de ver dans l'espace-temps pourrait relier deux temps différents. Les théories d'Einstein n'interdisent en rien le voyage dans le temps.

Mais ça ne rend pas le voyage possible. Les théories

d'Einstein ne font pas tout. Elles n'englobent pas la mécanique quantique, et c'est pourtant sans doute elle qui empêchera le voyage dans le temps. Hawking, par exemple, affirme que l'on peut créer des trous de ver, mais pas les utiliser pour le voyage dans le temps : même avec de la matière exotique pour neutraliser l'instabilité du trou de ver, l'insertion d'une particule le déstabiliserait assez rapidement pour empêcher son utilisation. Il expose ce principe dans sa « conjecture de protection de la chronologie ».

Avec Michael Cassidy, Hawking a étudié les univers rotatifs d'Einstein, qui admettent des boucles temporelles – le voyage dans le temps – et découvert que la probabilité pour que leur courbure permette le fonctionnement d'une machine à voyager dans le temps est quasiment nulle. Cela rend l'univers sûr pour les historiens. « De plus, dit-il, nous n'avons aucune preuve irréfutable d'un visiteur venu du futur (j'écarte les théories sur les conspirations selon lesquelles les OVNI viennent du futur sous la protection du gouvernement ; ce dernier n'est pas très bon pour garder des secrets). »

Toutefois, les Moldus qui défendent le voyage dans le temps affirment qu'il serait impossible de remonter dans le temps avant l'époque où la machine a été construite. On peut voyager dans le futur et revenir à son point de départ, mais pas au-delà. Cela pourrait expliquer pourquoi nous n'avons encore reçu aucune visite.

Une autre objection au voyage dans le temps est le risque de paradoxes. En donnant à Hermione Granger le Retourneur de Temps, qui ressemble à un sablier, pour pouvoir faire face à son emploi du temps impossible, le professeur McGonagall l'a prévenue sur les terribles conséquences qu'il y aurait à interférer avec l'histoire, notamment le risque de tuer un soi-même passé ou présent par erreur. C'est une référence au paradoxe du grand-père, où vous remontez dans le temps pour tuer votre grand-père, afin que votre mère ne puisse pas naître, ni donc vous mettre au monde. Auquel cas vous ne seriez pas remonté dans le passé et n'auriez pas tué votre grand-père... et ainsi de suite. Rien d'étonnant à ce que le ministère de la Magie surveille de près l'utilisation des Retourneurs de Temps. Ni à ce que la loi des sorciers interdise de changer l'Histoire.

David Deutsch, de l'Université d'Oxford, soutient au contraire qu'il n'y a aucun paradoxe du grand-père, car le voyage dans le temps s'étale entre différentes branches de la réalité. Il utilise la formulation des mondes multiples de la théorie quantique. Elle fut envisagée en premier lieu par le grand pionnier quantique Erwin Shrödinger, mais publiée seulement en 1957 par Hugh Everett III. Everett se penchait sur ce qu'il se passe quand on observe quelque chose – comme un électron, un atome ou le mouvement de Harry Potter sur un balai volant – dans l'intention de mesurer sa position ou sa vitesse. Dans la mécanique quantique traditionnelle, un objet mathématique, appelé fonction d'onde, qui contient tous les résultats possibles d'une expérience de mesure, « s'effondre » pour donner un seul résultat. Everett eut une autre interprétation plus audacieuse : l'univers est constamment en train de se diviser, sans aucun effondrement. Chaque issue possible d'une expérience a lieu, chacune dans un univers parallèle. Comme on le dit parfois pour plaisanter, c'est une théorie facile à formuler, mais coûteuse en univers.

Les univers parallèles sont largement exploités par les auteurs de science-fiction, qui les imaginèrent certainement en premier. Dans le classique *Créateur d'étoiles*, Olaf Stapledon écrivait : « Chaque fois qu'une créature était face à plusieurs attitudes possibles, elle les adoptait toutes, créant ainsi un grand nombre... d'histoires du cosmos distinctes. Puisque dans chaque séquence évolutionnaire du cosmos il y avait beaucoup de créatures et que chacune était constamment confrontée à plusieurs choix, et que la combinaison de tous leurs choix était presque infinie, chaque moment de chaque séquence temporelle créait une infinité d'univers distincts. »

Selon Everett, notre univers est logé dans une structure infiniment plus vaste et complexe appelée multivers, que l'on peut envisager comme une masse d'univers parallèles en augmentation constante. Chaque fois qu'un événement se produit au niveau quantique – un atome radioactif qui dégénère, par exemple, ou une particule de lumière percutant votre rétine –, l'univers se « divise » ou se différencie en plusieurs univers.

De même, quand Hermione remonte dans le passé ou avance dans le temps, elle peut arriver dans un autre univers parallèle. « Nous ne créons pas une nouvelle réalité. Nous nous rendons simplement dans une réalité existante où nous produisons certains événements, explique David Deutsh. Et ils apparaissent à notre arrivée, pas quand nous faisons la chose soi-disant paradoxale. » De cette façon, l'interprétation des « mondes multiples » de la mécanique quantique permet à un voyageur temporel d'altérer le passé sans produire de problème type « paradoxe du grand-père ».

Portoloins et comment apparaître

Pour se déplacer, les sorciers utilisent parfois un tour délicat, celui de Transplaner (disparaître d'un endroit pour apparaître instantanément à un autre). Pour cela, ils doivent d'abord passer un test et obtenir un permis auprès du département des Transports magiques. En effet, si un magicien n'apparaît pas correctement, il pourrait être « désartibulé », laissant la moitié de lui-même en arrière.

Pour ceux qui ne peuvent pas apparaître (c'est impossible à l'intérieur de Poudlard), ou qui craignent la « désartibulation », il reste les portoloins. Harry raconte comment il en utilise un pour voyager dans un rugissement de vent et un tourbillon de couleurs. Un objet ordinaire – un vieux journal, un récipient, un pneu ou un ballon crevé – peuvent transporter un sorcier d'un endroit à un autre à un moment donné (les portoloins ne sont pas toujours des objets ordinaires, car la Coupe des Trois Sorciers en est un aussi).

Et si les Portoloins et la capacité de Transplaner s'appuyaient sur la même technologie que celle utilisée par le Capitaine Kirk pour faire ses allers et retours entre l'*Enterprise* et les mondes étranges qu'il explore ? Cette idée fut tout d'abord rejetée, puis prise au sérieux vers 1993, après que six scientifiques eurent prouvé la possibilité théorique de la téléportation quantique. Quelques années plus tard, plus personne ne souriait : d'autres laborantins en firent la démonstration dans plusieurs laboratoires autour du monde.

La téléportation était réputée impossible, en partie suite à un échange d'idées entre deux amis et géants de la science, Albert Einstein et Nils Bohr, le père danois de la physique atomique. Leur débat naquit parce que Einstein n'aimait pas la physique quantique : elle lui paraissait presque magique. De fait, les explications qui vont suivre paraîtront étranges. Quoi de plus normal pour une théorie qui, comme je l'expliquerai dans le dernier chapitre, est parfaite pour donner les bonnes réponses et très mauvaise pour représenter le monde de façon « sensée » ?

En 1935, Einstein souligna l'un de ces points troublants dans une expérience intellectuelle auprès de ses collègues Boris Podolsky et Nathan Rosen. Ils remarquèrent tout d'abord que la physique quantique s'appliquait non seulement aux atomes isolés, mais aussi aux molécules faites de plusieurs atomes. Ainsi, par exemple, une molécule du corps d'Harry Potter contenant deux atomes pourrait être décrite par une seule expression mathématique, la fonction d'onde. Si l'on sépare ces deux atomes, ils sont tout de même décrits par la même fonction d'onde. Dans le jargon en vigueur, ils sont « intriqués ».

Cela présente une conséquence étrange : les propriétés d'une particule ne sont définies qu'au moment de la mesure, de telle sorte que dès que l'on mesure une qualité d'un atome intriqué, l'état de son partenaire est instantanément altéré. Mesurer un partenaire intriqué définit donc les propriétés de l'autre, même s'il se trouve à l'autre bout de l'univers. Cette « action à distance » contredirait la relativité d'Einstein, qui affirme que rien, pas même l'information, ne voyage plus vite que la lumière. La technologie des années 1930 était impuissante à percer ce mystère à jour. Mais, quarante ans plus tard, les études révèlent que Einstein et le sens commun se trompaient tous deux. L'action à distance refusée par Einstein a effectivement lieu, et c'est cet aspect particulier de la physique quantique qui permet la téléportation.

L'intrication permet à toute personne désirant se téléporter de contourner un problème clé : savoir précisément ce que l'on téléporte. Pour envoyer un ensemble d'instruction complet pour supprimer Harry et le reconstruire au Chemin de Traverse, par exemple, il faudrait connaître les caractéristiques (« l'état quantique » spécifié par la fonction d'onde) de tous les atomes composant Harry, ainsi que leur énergie et leur position. Mais selon la théorie quantique, toute tentative pour parvenir à cette fin mélangerait l'information et empêcherait la téléportation en raison du principe d'incertitude (plus on détermine précisément la position d'une particule moins on peut connaître sa vitesse au même moment). Le mystère de la mécanique quantique est qu'elle ne permet même pas de mesurer la fonction d'onde d'une seule particule. Il faudrait donc un grand nombre de copies identiques pour en savoir assez pour mener la téléportation à bien.

Il semble que cela empêche de déterminer chaque détail de chaque atome dans le corps de Harry. Il y a dix ans, Charles Bennet d'IBM ainsi que d'autres personnes émirent l'idée que l'intrication pourrait résoudre ce problème. Ils comprirent qu'un couple d'atomes intriqués établissait en fait une « ligne téléphonique quantique » qui pourrait « transmettre » les détails (l'état quantique) d'un photon à un autre éloigné d'une distance arbitraire, sans avoir à connaître son état. Cela permettait à un transporteur de transmettre des données atomiques – et même un Harry Potter entier.

Le sujet de la première téléportation fut une particule de lumière unique, un photon. L'équipe qui réalisa cet exploit à l'Université d'Innsbruck, menée par Anton Zeilinger, ne téléporta pas toute la particule, mais plutôt son état quantique, une propriété appelée polarisation (que l'on trouve dans la vie quotidienne, quand des ondes lumineuses d'une certaine polarisation traversent des lunettes de soleil).

Tout d'abord, l'équipe créa une paire intriquée de photons en orientant un rayon laser vers un certain type de cristal. Au cours de la téléportation, un photon initial (qui portait l'état de polarisation à transférer) et un des photons du couple intriqué furent soumis à une mesure. Cette mesure intriqua ensuite le premier photon au deuxième, qui était encore intriqué avec son premier partenaire. En conséquence, le photon restant de la première paire intriquée – à présent situé de l'autre côté du laboratoire de Zeilinger – fut polarisé comme le premier photon, en une sorte de relais quantique. De cette façon, un état quantique fut transféré d'un photon à un autre.

Si l'on téléportait ainsi Harry dans une cheminée, le transporteur aurait besoin d'un « clone » (une sorte d'armature pour reconstruire Harry) intriqué avec un deuxième « clone » dans un téléporteur. « Ce serait comme des jumeaux qui n'ont pas encore de couleur de cheveux », explique l'expert en téléporteur, Zeilinger, à présent membre de l'Université de Vienne. « Mais dès que vous en observez un, et qu'il adopte spontanément une couleur de cheveux, l'autre prend la même. » Cette intrication n'est pas exactement semblable à l'action à distance qui perturbait tant Einstein. Si l'un des jumeaux Harry se teint les cheveux, l'autre garde sa couleur naturelle (si vous trouvez tout cela difficile à comprendre, j'ai le regret de dire que les détails, comme les implications du « théorème de non-clonage », sont encore plus redoutables, complexes et, oserais-je dire, magiques).

Cette expérience marquait un progrès notable, même s'il fallut détruire le photon téléporté pour vérifier que le transport avait bien eu lieu. Ce problème fut résolu dans un test plus complexe mené par Jeff Kimble de Caltech, avec Samuel Braunstein, Bangor, et d'autres encore.

Puis l'équipe d'Eugene Polzik, à l'Université de Aarhus, au Danemark, progressa encore en intriquant des groupes d'atomes en deux endroits différents. « Imaginons que je désire téléporter un objet matériel contant un certain nombre d'atomes dans un état quantique particulier depuis votre maison jusqu'à Poudlard. Pour cela, j'ai besoin de préparer des atomes de ce genre à Poudlard et le même nombre d'atomes chez vous, de telle façon que ces deux échantillons atomiques seront dans un état intriqué. Voilà ce que nous avons réussi pour la première fois, explique Polzik. Nous préparons ce genre d'échantillons atomiques en envoyant un rayon de lumière chez vous depuis Poudlard. »

Il y a même une explication quantique pour la désartibulation. « Téléporter la moitié ou plutôt un tout déformé est l'issue la plus probable d'une téléportation, car il est très difficile de mener une téléportation parfaitement », explique Polzik.

Aussi remarquable que soient ces recherches, il reste du chemin à faire avant de construire un téléporteur. Pour transporter Harry jusqu'au Chemin de Traverse, il faudrait deux copies vierges intriquées. Samuel Braunstein estime qu'il faudrait aussi environ 10^{32} (10 suivi de trente-deux 0) bits d'information. C'est peut-être à cela que sert la poudre de Cheminette ?

Elle est peut-être constituée de points quantiques, des cristaux de silicone moléculaire qui permettent de stocker de vastes quantités d'informations. Greg Snider, de l'Université de Notre-Dame, a fait quelques calculs. Sur la base d'un bit d'information par point, il faudrait un cube de points de 92,8 mètres d'arête. Ça fait beaucoup de poudre de Cheminette à lancer.

Pour un deuxième avis, je me suis adressé à l'un des sorciers de la téléportation quantique, Charles Bennett. Pour lui, il serait théoriquement possible de stocker un bit de donnée par atome. Un cristal de diamant – un grand arrangement tridimensionnel d'atomes de carbone – pourrait donc stocker de l'information en utilisant des isotopes de carbone 12 ou carbone 13 à chaque lieu atomique dans le lacis d'atomes. Le carbone 12 correspondrait à 1, par exemple, et le carbone 13 à 0. Dans une téléportation classique – où il suffit de préciser l'emplacement des atomes dans le corps d'Harry, et non tous leurs détails (état quantique), il faudrait un diamant pesant environ cent fois le poids de Harry. Assembler un tel diamant et en lire les données serait un défi formidable.

Heureusement, Bennett ajoute que ce serait « tout à fait irréalisable dans l'état actuel de la science », mais qu'il n'y a aucune raison d'écarter radicalement la téléportation – et les sorciers qui apparaissent. « Sans exactement enfreindre les lois de la Nature, il faudrait des avancées technologiques complètement imprévisibles. » Au vu des preuves apportées par J. K. Rowling, Bennett, ses collègues chez IBM et ailleurs dans le monde des Moldus feraient bien de mettre la main sur une pincée de poudre de Cheminette.

Chapitre 2

Comment jouer au Quidditch sans quitter le sol

Je flottai là où mes hallucinations – les nuages, le ciel bas, les troupeaux de bêtes, les feuilles mortes... des courants de vapeur et des rivières de métal fondu – tourbillonnaient à l'unisson.

Gustav Schenk,
après avoir inhalé des vapeurs d'huile de chanvre.

Les Moldus fendaient déjà les airs bien avant la première traversée transatlantique en balai en 1935 (par Jocunda Sykes, d'après J. K. Rowling), et même avant le premier vol motorisé de deux Moldus en 1903. Il y a plusieurs siècles, en Europe, on parcourait les cieux sur des balais. En Afrique centrale, on préférait des paniers tressés en forme de soucoupes. Au Proche-Orient, on s'asseyait sur des tapis volants.

De nos jours encore, bien des gens volent sans se préoccuper d'aérodynamique, de cockpits en verre et de tuyères. À Londres, certains planent aussi haut que Mary Poppins. En Californie, ils survolent les piscines qui parsèment l'État comme autant de morceaux de ciel tombés au sol. En Scandinavie, ils suivent les traces de Rudolph, le renne au nez rouge. Toutefois, comme tout sorcier qui respecte le Statut de secret international des sorciers, ils ne sont pas prêts de révéler leurs méthodes.

Pas besoin d'accessoire, avion ou balai pour contrarier la gravité : les humains volent depuis l'aube de l'humanité en trompant leur cerveau. Depuis des siècles, les shamans, sorciers et sages suscitent des hallucinations par la saignée, le jeûne et la méditation. Certains répètent quelques syllabes, dans les mantras hindous, ou dansent jusqu'à la frénésie. Les soufis du Proche-Orient utilisaient la répétition monotone de certaines musiques.

Il y a aussi beaucoup de façons naturelles, pharmacologiques, de rejoindre les joueurs de Quidditch en altitude. On inspire des gaz anesthésiants, on ingère diverses substances. Certains préféraient la bufoténine, un alcaloïde toxique tiré de la peau de certains crapauds. La coca était vénérée par les Incas. Les Aztèques utilisaient un champignon psychotrope, si sanctifié qu'on l'appelait « chair de dieu » (*teonanacatl*). Pour entrer dans le monde des esprits, les shamans Waiká d'Amérique du Sud inhalent un hallucinogène potentiellement mortel fait de trois plantes.

Les indiens Barasana du nord-ouest de l'Amazonie (Colombie) distinguaient plusieurs variétés d'ayahuasca (la « liane de l'âme », *Banisteriopsis caapi*) en fonction de la couleur des visions qu'elle apportait. Les Quechua d'Équateur étaient certains qu'elle permettait à l'esprit de sortir du corps. Richard Evans Schultes, de l'Université de Harvard, expérimenta la plante et rapporta qu'après un vertige initial, quelques nausées et vomissements accompagnés d'une forte transpiration, sa vision se déforma, avec quelques éclairs lumineux et une brume bleue. À la suite de quoi il tomba dans un profond sommeil riche en rêves.

Les Huichol du Mexique exploitaient le cactus peyotl pour communier avec leur dieu. De nos jours, les scientifiques pensent que ses effets (hallucinations, sensation de légèreté et perception altérée du temps) viennent de la mescaline qu'il contient, bien que d'autres alcaloïdes exercent aussi leur influence. Dans un test de mescaline des années 1930, un volontaire décrivit un objet « comme un cake iridescent suspendu dans le ciel exactement cent cinquante kilomètres au-dessus de la Terre ».

Ce vertige qui donne l'illusion de voler pourrait être causé de plusieurs façons. Colin Blakemore, expert de la vision à l'Université d'Oxford, fait remarquer que les drogues pourraient agir directement sur l'appareil vestibulaire de l'oreille interne, qui indique l'accélération et aide à déterminer le haut et le bas, grâce à des follicules si sensibles qu'ils réagissent à des mouvements équivalents au diamètre d'un atome d'hydrogène.

Ces follicules sont placés dans trois canaux semi-circulaires de l'oreille. Ils sont généralement influencés par le mouvement du fluide du canal. Ces informations servent à contrôler le mouvement de vos yeux, chose indispensable si vous tentez de garder l'œil sur un Cognard en mouvement tout en filant vers les poteaux dorés, par exemple. D'autres cellules du même type dans l'oreille sont équipées de petits blocs de craie, appelés otolithes. Le poids de la craie vous indique le haut et le bas.

La sensibilité des cellules sensorielles qui repèrent la gravité et l'accélération dépend de leur membrane. Si l'alcool donne des vertiges, c'est en partie parce qu'il se diffuse dans les membranes sous les otolithes et les follicules des canaux semi-circulaires, altérant notre perception de la gravité et induisant une sensation de tournoiement quand nous sommes soûls, explique Kai Thilo, également membre de l'Université d'Oxford.

De même, certaines drogues peuvent influencer la sécrétion d'atomes chargés sur la membrane, ou la façon dont les follicules activent les nerfs. Le résultat est une sensation de mouvement, même s'il n'y en a aucun. En cas de conflit entre les informations des yeux et de l'oreille interne, il y a vertige et étourdissement.

En plus d'interférer avec l'oreille interne, les hallucinogènes peuvent aussi perturber les centres du cerveau qui détectent le mouvement, et surtout ceux qui sont impliqués dans la vection – l'impression de mouvement personnel. C'est la sensation ressentie quand le train à côté du vôtre commence à avancer, et qui crée l'impression de vol dans les jeux de réalité virtuelle et les simulateurs de vol. Une vection perturbée peut induire l'illusion de vol et de mouvements rapides.

Les expériences de Janus Kulikowski, de l'UMIST à Manchester, nous ont permis de mieux comprendre le vol pharmacologique. Il étudia sur des singes l'effet d'une drogue vétérinaire appelée kétamine, similaire à l'hallucinogène *angel dust*. La kétamine désensibilise la partie du cerveau chargée de la vision, plus précisément de la reconnaissance visuelle de motifs, des formes et de la stabilité, et de la façon dont ils se déplacent. Le cerveau détecte deux propriétés générales : les éléments qui sont fixes, et ceux qui changent. Normalement, notre vision est bien calibrée, et reçoit et interprète les signaux envoyés par nos yeux en fonction, plus ou moins, des événements importants. Toutefois, si une drogue place le système « permanent » qui détecte les objets stationnaires en deçà du système « transitoire » qui repère le mouvement, le cerveau pense qu'il y a du mouvement alors qu'il n'en est rien.

Rochers visionnaires de l'Omphalos

Si le cours de divination de Sybille Trelawney repose sur les présages du feu, la chiromancie et l'astrologie, un gaz aux effets psychotropes puissants était nécessaire aux visions régulièrement délivrées par l'oracle le plus important de la Grèce antique, celui de Delphes. Pour ceux qui cherchaient conseil, l'oracle était le nombril du monde (*omphalos*). Là, les pèlerins pouvaient chercher conseil auprès de la porte-parole d'Apollon, la Pythie.

47

Les Pythies influencèrent le monde hellénique pendant plus d'un millénaire, remontant de 800 ans av. J.-C. environ (et peut-être même avant cela, vers 1 400 av. J.-C.) jusqu'à la destruction du temple par un tremblement de terre, au IVe siècle apr. J.-C. La Pythie donnait des réponses cryptiques à des questions aussi importantes que la façon de lever une malédiction, choisir un chef ou construire une nouvelle colonie. Sa prévision la plus mémorable est peut-être celle faite à Œdipe, qui s'entendit dire qu'il tuerait son père et épouserait sa mère.

Les premiers indices sur la véritable source d'inspiration de la Pythie remontent à plusieurs siècles : le prêtre du temple, Plutarque (46-120 apr. J.-C.) expliqua que la prêtresse était parfois « emplie du souffle divin ». Elle se serait assise sur un tabouret à trois pieds dans un espace étroit sous le sol du temple, en serrant une branche de laurier. Là, la prêtresse était prise par l'esprit de la prophétie en inhalant les vapeurs. Mais vers l'époque de Plutarque, le pouvoir de l'oracle commença à décroître, car la source de ces vapeurs s'épuisait. Tout comme Plutarque, d'autres auteurs antiques firent référence à une fissure dans la roche, une vapeur gazeuse et une source. Mais quand des archéologues français explorèrent le site au début du XXe siècle, ils ne trouvèrent aucune preuve, et la notion de vapeurs enivrantes comme base des révélations de l'Oracle fut rejetée.

Les ruines du temple d'Apollon se dressent encore de nos jours à proximité du village de Delphes, sur le versant sud du mont Parnasse. Une autre tentative fut récemment menée de trouver là les traces de l'origine de ces vapeurs inspiratrices. Dans une eau de source proche de l'oracle, des émissions vraisemblablement responsables de la transe de la Pythie – des gaz de calcaire bitumineux comme l'éthane, le méthane et l'éthylène – furent découvertes par Jelle de Boer, professeur de géologie à la Wesleyan University de Middletown, dans le Connecticut, en collaboration avec l'archéologue John Hale et le chimiste Jeff Chanton.

L'éthylène, avec son odeur sucrée, correspond à la description que donne Plutarque de la couleur du gaz inhalé par la Pythie. Henry Spiller, directeur du Centre antipoison au Kosair Children's Hospital de Louisville, dans le Kentucky, dit aussi que l'éthylène fut couramment utilisé en médecine comme gaz anesthétique des années 1930 aux années 1960. Les premiers états qu'il produit correspondent aux descriptions de la Pythie quand, en de rares occasions, elle inhalait trop de gaz et entrait dans une « frénésie » maniaque.

Festins de champignons en vol

En janvier 1692, une mystérieuse maladie frappa un certain nombre de filles de Salem, Massachusetts, provoquant des crises de haut-mal, des transes et des hallucinations. Plusieurs reconnurent qu'elles voyait en secret Tituba, une esclave des Antilles qui les distrayait par ses histoires de magie noire. Bientôt, d'autres filles de la ville eurent des visions effrayantes, faisant naître des crises de panique. Le docteur local ne trouva aucune explication pour leur mal, et les considéra ensorcelées.

Tituba et d'autres habitants de la ville furent par la suite arrêtés pour sorcellerie. Quand Tituba avoua, la panique crût encore. Un tribunal spécial se réunit le 2 juin 1692. Le jour même, la première accusée, Bridget Bishop, fut condamnée à mort, mettant en mouvement une terreur de dix mois qui provoquerait la mort par pendaison de dix-neuf hommes et femmes, la lapidation d'une autre personne, et l'emprisonnement de dix-sept autres personnes jusqu'à leur mort.

Beaucoup de facteurs favorisèrent cette chasse aux sorcières. Certains historiens expliquent que la ville devenait prospère (et séculaire) plus rapidement que les zones rurales avoisinantes. Des rivalités s'étaient développées, et les premières accusations de sorcellerie vinrent de la campagne, plus pauvre et plus religieuse.

Les docteurs ont aujourd'hui remarqué que les symptômes dont souffraient ces filles ressemblent à ceux d'un stress post-traumatique, qui aurait pu venir de la dureté de leur vie quotidienne, ou d'une rébellion contre les traitements infligés par leurs parents si stricts. Mais la théorie la plus intéressante attribue les étranges événements de Salem à un hiver humide qui aurait encouragé la croissance de l'ergot dans la réserve locale de grain.

L'ergot est un champignon dont l'ingestion cause des sensations de brûlure, des crampes et des contorsions, et une impression que des fourmis vous rampent sous la peau. Les vaisseaux sanguins se contractent, menant à la perte de doigts, d'orteils, de bras ou de jambes. Il y a plusieurs siècles, la gangrène qui en résultait était attribuée au feu sacré, châtiment des péchés de la victime.

L'ergot (*Claviceps purpurea*) est également un hallucinogène. Tout comme pour la Pythie, avant la venue de la science, il était aisé de prendre les visions causées par l'ergot pour une forme de magie.

Linnda Caporael de l'Université de Californie à Santa Barbara, découvrit que beaucoup de personnes de Salem furent victimes de symptômes proches de ceux du LSD (Acide lysergique diéthylamide), un hallucinogène puissant proche des ingrédients clés de l'ergot. En fait, le LSD fut créé en 1938 par Albert Hoffman, un chimiste suisse qui étudiait les alcaloïdes de l'ergot. Il en décrivit les effets comme « un flot ininterrompu d'images fantastiques, de formes extraordinaires avec un jeu de couleurs kaléidoscopique et intense ». Plus pertinent quant aux événements de Salem, il rapporta qu'en en absorbant une dose plus élevée, l'une de ses voisines, Mme. R., s'était transformée en « sorcière malveillante et retorse ».

À Salem, les crises de possession auraient pu être causées par les effets psychotropes d'un champignon. Les jeunes filles, plus petites, auraient été les plus affectées. Les conditions climatiques de 1691 étaient favorables à la croissance de l'ergot, mais l'année suivante fut sèche, et l'épidémie de possession s'interrompit. Salem ne fut pas un incident isolé. Au lendemain de cet hiver propice à la croissance du *Claviceps*, John Mann de la Queen's University de Belfast, dans son livre *Murder, Magic and Medicine*, fait remarquer que la Terreur en France (juillet 1789) fut émaillée de rapports concernant des paysans qui avaient « perdu la tête » en raison, d'après les médecins de l'époque, d'un « mauvais grain ».

Balais, Mokes et Père Noël

Un autre psychotrope important dans la magie et la sorcellerie des Moldus est le champignon rouge et blanc que l'on voit souvent dans les contes de fées, ou dans les livres et dessins animés pour enfant – en train de danser dans le *Fantasia* de Walt Disney, par exemple. Appelé amanite tue-mouche (*Amanita muscaria*), c'était sans doute la drogue récréative et rituelle la plus appréciée en Europe du nord avant l'importation de la vodka. Le soma, boisson enivrante consommée en Inde, serait également dérivé de ce champignon.

Les ingrédients hallucinogènes de l'amanite tue-mouche sont l'acide iboténique, la muscarine et le muscimol. La muscarine imite l'action d'un messager chimique, appelé acétylcholine, sur les nerfs, tandis que l'acide iboténique et le muscimol perturbent sans doute l'action du gaba, un autre neurotransmetteur.

Au cours d'une transe induite par ce champignon, un shaman se mettait à trembler et à suer. Il croyait que son âme quittait son corps sous forme animale et allait communier avec les esprits. Avec un peu de chance, après son vol hallucinatoire dans le ciel, il reviendrait armé de la connaissance des dieux.

John Mann cite un récit frappant de Geroge Steller sur les effets de ce champignon. « La personne entre dans un état complètement second et reçoit des visions extraordinaires. Ceux qui ne peuvent payer le prix assez exorbitant [de cette drogue] boivent l'urine de ceux qui l'ont mangée, ce qui les enivre tout autant, voire plus. » Un autre récit de son utilisation décrivait des visions et une certaine hystérie, au cours de laquelle « certains déclaraient qu'une fissure était aussi large qu'une porte, et une vasque d'eau profonde comme la mer ». Cela rappelle les descriptions que fait Lewis Carroll dans *Alice aux pays des merveilles*, quand Alice mange le côté d'un champignon pour rapetisser, et même une étrange créature appelée Moke, dont Rowling nous dit qu'elle peut rétrécir à volonté.

L'intensité des effets psychotropes du champignon était telle que toute personne en mangeant pouvait converser avec les gnomes assis sur ces champignons, ouvrant ainsi la porte à un monde de fées et d'elfes, ou encore de vols à dos de balais magiques. Toutefois, cet exploit ne dépend pas du balai lui-même mais de ce que l'on y étale. Au XIVe siècle, on trouve des rapports d'inquisiteurs ayant trouvé « un tube d'onguent, dont elle enduisait le manche, avant de l'enfourcher et de courir ». Au siècle suivant, des sorcières avouèrent que « certains jours et nuits elles enduisaient un balai et le chevauchaient jusqu'au lieu du rendez-vous, ou s'oignaient sous les bras et autres lieux poilus ».

Une sorcière qui désirait « voler » jusqu'au sabbat, la cérémonie orgiaque, mélangeait des plantes hallucinogènes avec de la graisse ou de l'huile, afin qu'elles pénètrent la peau, puis en enduisait un bâton ou un manche à balai, avant d'appliquer ce mélange contre leur membrane vaginale. Cela permettait aux éléments actifs de passer dans le sang puis au cerveau. La drogue hallucinogène déformait leurs perceptions au point qu'elles croyaient vraiment voler.

L'une de ces plantes était la jusquiame, de la famille

des solanacées. Dans la Grèce antique, on croyait que les gens sous l'influence de cette plante devenaient prophètes. La jusquiame contient des alcaloïdes, notamment de la hyoscine, aux effets parfaitement documentés. Mortelle à haute dose, cette plante induit hallucinations, délires et baisse de la coordination. Lors d'une expérience, le résultat d'une inhalation de fumée de graine de jusquiame fut une sensation de brisure et de vol accompagnée d'hallucinations. D'autres racontèrent que leur vision de nuit s'était décuplée, ce qui serait plus que pratique pour voler de nuit. Lors d'une expérience du XXe siècle, une recette d'onguent du XVIIe siècle fut concoctée à partir de belladone, de plantes de la famille des *Datura* (qui contiennent également de la hyoscine) et de jusquiame. Les sujets furent pris de rêves de chevauchées sauvages. L'utilisation d'un « onguent de vol » à la datura par les indiens Yaqui du nord du Mexique produisait aussi une impression de s'élever dans les nuages.

Le véritable *Quidditch*

Toutes les subtilités du vol en balai sont exploitées dans le jeu magique du Quidditch, qui tirerait son nom étrange du lieu où le premier match eut lieu, le Marais de Queerditch. C'est évidemment le sport préféré du monde des sorciers. Beaucoup de lecteurs de Harry Potter y reconnaissent plusieurs jeux moldus, comme le hockey sur gazon, le rugby et le football. Mais d'où vient l'idée même du Quidditch ? Et les joueurs se sont-ils toujours opposés dans les airs ?

Pour moi, la réponse à toutes ces questions se trouve en Amérique du Sud, en Méso-Amérique, où l'on pratiquait un extraordinaire jeu de balle – sans doute le plus surprenant de tous les temps – qui rappelle beaucoup le Quidditch et sa variante américaine, le Quodpot. Je fus même surpris que cela ne soit pas mentionné dans le

Quidditch au travers des âges. C'est là une omission de taille de la part de Kennilworthy Whisp.

Les joueurs de *Nahualtlachtli*, le « jeu de balle magique », formaient sans doute les premières équipes sportives au monde. Ce jeu se joua pendant des milliers d'années, et fut créé au Mexique vers 1500 av. J.-C., par la première grande civilisation méso-américaine, les Olmèques, d'après Manuel Aguilar de l'Université d'État de Californie, à Los Angeles. Vers 1500 av. J.-C., on y jouait à Oaxaca, dans les hautes terres mexicaines et dans l'ouest de la Méso-Amérique, comme El Opeño, Michoacán. D'ailleurs, les balles étaient faites de caoutchouc, matériau originaire de Méso-Amérique.

Ce jeu fut pratiqué pendant plus de trois mille ans et, quoique différent d'une région à l'autre, il définissait une partie de la vie méso-américaine, jusqu'à son interdiction par les Espagnols au XVIe siècle (le caoutchouc dont les balles étaient faites était si étrange pour l'Ancien Continent que, après la conquête espagnole de 1521, les premiers Conquistadores virent dans ces objets « bondissants et bruyants » l'œuvre de la magie, et donc du diable). Sur le grand terrain de Chichén Itzá, à Yucatan, Mexique, des équipes s'affrontaient dans une cour aux murs de laquelle étaient fixés des anneaux de pierre. Le joueur le plus apprécié était celui qui parvenait à faire passer la balle par l'un de ces cercles, coup si dur que sa réussite marquait la fin du match (tout comme la capture du Vif d'or au Quidditch). La forme aztèque du jeu permettait de toucher la balle avec les fesses ou les genoux, tandis que d'autres variétés du jeu se pratiquaient avec des battes, des bâtons ou des pierres plates tenues à la main – l'équivalent des battes rondes utilisées par les Batteurs au Quidditch.

On a découvert plus de 1 500 terrains, et d'autres restent sans doute inconnus. Le jeu était au moins aussi important pour les autochtones que le Quidditch pour les élèves de Poudlard, et apportait une inspiration sans limite. Les artistes créaient des terrains miniatures pleins de joueurs et de spectateurs, de délicates figurines de joueurs, et une grande variété d'équipements athlétiques dont la beauté et la signification symbolique allaient au-delà de la protection physique.

Le jeu figure aussi dans le *Popol Vuh*, le mythe originel maya. Les vedettes en sont les héros jumeaux, des joueurs du nom de Hunahpú (Chasseur) et Xbalanqué (Jaguar-Cerf), qui avaient un compte à régler avec les Enfers. Leurs ancêtres, Hun Hunahpú (Un Chasseur) et son frère Vucub Hunahpú (Sept Chasseurs), y avaient été attirés par malice pour jouer au jeu. Ils furent sacrifiés après leur défaite. Mais quand les héros jumeaux participèrent à un match retour avec les Seigneurs des Enfers, ils gagnèrent, reprirent les dépouilles de leur aïeul et de leur oncle pour les placer dans le ciel où ils devinrent le soleil et la lune.

Le jeu était en effet une cérémonie, un symbole de lutte pour la survie. Une équipe humaine était opposée à des joueurs incarnant les dieux et pouvoirs colossaux du monde. Chaque affrontement était un combat entre le jour et la nuit, le bien et le mal, la vie et la mort, avec la même portée que les matchs de Quidditch opposant les sournois Serpentard aux nobles Gryffondor.

Ce jeu fut enrichi de symboles reflétant la création. Le terrain était la porte des Enfers, et la voie par laquelle le soleil renaissait chaque jour. Quand la balle passait par les cercles de pierre de Chichén Itzá, l'équivalent des poteaux dorés que l'on retrouve au Quidditch, elle symbolisait le moment où la terre avale le soleil – amenant, la nuit, les ténèbres et la mort.

Beaucoup de terrains de jeu comportent des bains de vapeur pour une purification rituelle. Leurs vestiges comportent aussi des images des héros jumeaux, rondes et souvent encadrées par un motif appelé quatre-feuilles, représentant l'entrée d'une caverne ou un portail vers un autre lieu, une autre époque (l'histoire du Quidditch semble avoir comporté de tels portails, ou quelque chose d'approchant, puisque certains « arbitres disparaissaient parfois pour reparaître des mois plus tard dans le désert du Sahara »).

La lourde balle de caoutchouc pouvait également blesser ou tuer un joueur, tout comme les Cognard peuvent faire beaucoup de dégâts en délogeant un joueur de son balai. Bien que la coupe du monde de 1473 ait été, de notoriété publique, le théâtre d'actes fort peu sportifs, rares sont les joueurs morts pendant un match de Quidditch. Le jeu méso-américain, lui, s'achevait souvent de façon tragique.

Des « perforateurs » de jade et de pierre, certains à l'effigie d'un joueur, étaient utilisés pour les sacrifices de sang, qui était recueilli et brûlé en offrande avec de l'encens (le point de perforation préféré des joueurs était le pénis). Le sacrifice humain par décapitation est aussi récurrent dans l'imagerie du jeu, parce que les joueurs croyaient qu'il fallait nourrir le soleil avec du sang pour vaincre les forces des Enfers. Deux panneaux du terrain d'El Aparicio, à Veracruz, montrent deux joueurs au cou tranché, leur sang se transformant en sept serpents, symbolisant la fertilité et le pouvoir régénérant du sang.

Des têtes de pierre portées par les joueurs à la ceinture faisaient référence à des adversaires vaincus. À Chichén Itzá et d'autres sites d'Amérique centrale, des *tzompantli* (« étagères à crânes ») étaient placés sur la place hors du terrain pour exposer des têtes décapitées. La représentation d'un crâne humain sur la balle, comme à Chichén Itzá, rappelle un épisode de *Popol Vuh*, où la tête d'Hunahpú sert de balle. Toutefois, elle évoque aussi le fait, assez sordide, que les Maya rendaient la balle plus légère en plaçant un crâne au cœur du caoutchouc.

On arrachait aussi cérémonieusement le cœur d'un des perdants. Une *hacha*, pierre décorative portée par les joueurs, montre un joueur vaincu tendu sur le dos, attendant cette extraction, tandis que sur un bas-relief de terrain un joueur est sur le point d'arracher le cœur d'un autre. Une œuvre d'art contemporaine à ce sport montre une corde nouée autour du cou d'une future victime, suggérant qu'une strangulation partielle pouvait être utilisée pour faciliter la tâche.

Les joueurs ne volaient pas, mais les sociétés méso-américaines faisaient-elles usage d'hallucinogènes, comme le faisaient les sorcières européennes ? Il semble que oui. Karl Taube, de l'Université de Californie, rapporte que les preuves d'hallucinogènes sont rares dans la société maya classique, bien que des « pierres-champignons » aient été retrouvées au Guatemala, avec des pieds et des chapeaux sculptés avec soin. Certaines remontent à plus de trois mille ans et indiqueraient l'utilisation de psilocybine sur le Nouveau Continent. Il s'agit de l'ingrédient actif de leur champignon sacré, le *teonanactl* (*Panaeolus campanulatus*), aux effets proches du LSD. Le découvreur du LSD avait décrit le « tourbillon de formes et de couleurs » dans lequel le champignon l'avait aspiré. Certains chercheurs modernes suggèrent que les sociétés méso-américaines ingéraient parfois des lavements hallucinogènes, bien que Taube les soupçonne plutôt d'avoir utilisé l'alcool.

On sait que les Aztèques utilisaient le peyotl, la gloire du matin et des champignons de psilocybine, voire aussi des rhizomes de lys d'étang, qui sont hallucinogènes. L'eau et les lys d'étang symbolisaient l'accès aux Enfers, puisque dans la mythologie méso-américaine, les miroirs, comme la surface réfléchissante de l'eau, étaient autant de portes vers d'autres mondes. Les lys ouvrent de plus leurs pétales à l'aube pour les refermer au crépuscule, en s'immergeant légèrement, reflétant le cycle quotidien de mort et de renaissance du soleil.

Maria Teresa Uriarte, de l'Universidad Nacional Autónoma de México, remarque : « Le désir d'entrer dans une réalité différente est commun à tous les humains, quels que soient le lieu ou l'époque où ils vivent. C'est peut-être pourquoi le lys était pour les Maya... le symbole d'un accès à une autre réalité, induit par ses effets psychotropes, et en même temps le symbole de l'eau immobile servant de passage vers les Enfers. Le lys d'étang s'ouvre à l'aube et se referme à l'aurore, ce qui renforce ce contenu symbolique. »

Uriarte a découvert des liens entre le jeu et les hallucinogènes. Par exemple, un crapaud secrétant une drogue puissante orne différents objets liés au jeu (bien que certains considèrent les crapauds méso-américains moins hallucinogènes que ceux du Désert de Sonora au nord-ouest du Mexique). Les images de lys figurent dans les fresques murales de Teotihuacán, avec d'autres hallucinogènes comme les gloires du matin ou certaines fleurs de la famille du datura. Elles apparaissent également dans les reliefs trouvés à Chichén Itzá, où certains signes suggèrent qu'on les utilisait pour droguer un perdant avant de le décapiter.

Manuel Aguilar ajoute : « Bien que rien n'indique que les joueurs utilisaient le lys d'eau, je pense qu'il l'ingérait dans un contexte cérémonial. Il y a un parallèle entre les propriétés hallucinogènes du lys d'eau et le jeu qui sert de portail vers les Enfers. Ces deux éléments placent la personne en extase et en communication mystique avec la sphère surnaturelle. »

Cet antécédent extraordinaire et mortel contient tant d'éléments du Quidditch que l'inquiétude de Harry avant tous les matchs importants paraît naturelle. Mais il a tout le talent nécessaire, car il possède les qualités léonines d'un membre de Gryffondor. Il a le cœur brave, audacieux et fait preuve de sang-froid. La façon dont ses qualités personnelles ont été découvertes révèle de nouveaux liens intéressants entre la magie de Poudlard et celle des Moldus.

Chapitre 3

Le Choixpeau, la cape d'invisibilité et autres vêtements enchantés

Je n'oublierai jamais cette aube, et l'étrange horreur de voir que mes mains étaient comme du verre fumé. Je les regardai s'éclaircir, s'évanouir, au fil de la journée, jusqu'à apercevoir au travers le désordre de ma chambre, bien que j'eusse fermé mes paupières transparentes. Mes membres se firent vitreux, les os et artères disparurent, s'estompèrent, et les petits nerfs furent les derniers à disparaître.

H. G. Wells, *L'Homme invisible.*

Comment le Choixpeau répartit-il cet océan de chapeaux pointus noirs en quatre maisons au cours de l'arrivée annuelle des élèves à Poudlard ? Quand Harry coiffe ce chapeau, il lit ses structures de pensée et discerne son talent, sa bonté et son courage. Le Choixpeau se demande en premier lieu s'il va mettre Harry chez Serpentard ou chez Gryffondor, mais choisit cette dernière option quand l'activité du cerveau de Harry révèle sa haine de Serpentard.

À notre époque, où presque tous les hôpitaux ont un scanner plus ou moins puissant, les propriétés du Choixpeau ne paraissent pas si extraordinaires. Il est donc possible d'observer l'activité du cerveau conscient et de lire ses pensées ? Étonnamment, on peut sans doute répondre oui. Les scientifiques moldus font de grands progrès dans la compréhension du langage utilisé par le cerveau en étudiant ce qui arrive tandis que nous pensons, aux schémas d'activité électrique et magnétique, ou aux flux sanguins vers différentes zones de tissus nerveux.

Le Choixpeau n'est pas le seul exemple de vêtement enchanté qui apparaît derrière les hautes fenêtres de Poudlard. Ou plutôt qui disparaît. On y trouve aussi, bien sûr, la Cape d'Invisibilité (ou on ne la trouve pas, c'est selon). Comment peut-elle fonctionner ? Et pourquoi les sorciers passent-ils si peu de temps à entretenir leurs vêtements ? Dans mes jeunes années, je portais un uniforme d'écolier datant du XVIe siècle, qui comprenait une « gabardine » tombant aux chevilles. Elle possédait une foule de boutons en cuivre, un col de velours et des manchettes. Cette tenue archaïque se froissait rapidement dans notre environnement turbulent de pensionnat de garçons, assez proche de Poudlard. Pourquoi y a-t-il donc si peu de références au reprisage, blanchissage et remplacement des robes à Poudlard ?

SQUID et Choixpeau

Depuis plus de mille ans, le Choixpeau lit l'esprit des élèves de Poudlard. De nos jours, les Moldus commencent à comprendre comment il fonctionne. Ils étudient déjà les processus d'un cerveau vivant, jusqu'à des événements durant un millième de seconde, avec la dernière génération de scanners corporels. Il ne paraît pas absurde qu'un jour, un scanner puisse cartographier les modifications du cerveau d'un élève au cours de son éducation : un jeune cerveau pourrait commencer comme un ballon plein d'air, de poussière et de mouches mortes, tandis qu'un cerveau éduqué serait riche de savoir sorcier, de sorts et d'enchantements.

Le Choixpeau pourrait par exemple lire les pensées en mesurant les rapides variations du champ magnétique généré par l'activité électrique de notre cerveau conscient. Cette méthode est appelée magnétoencéphalographie, ou MEG, et enregistre des signaux magnétiques générés quand les courants traversent les cellules nerveuses. Utilisée pour la première fois en 1968, elle possède un certain avantage sur l'électroencéphalographie (EEG), méthode qui utilise des électrodes crâniennes pour détecter l'activité électrique des cellules du cerveau. L'EEG ne peut pas déterminer exactement l'emplacement des courants, car le signal est perturbé par le tissu intermédiaire. Mais pour un champ magnétique, il pourrait aussi bien n'y avoir ni crâne ni cuir chevelu.

Problème, ce champ magnétique est très faible. Pour le détecter avec certitude, il faut utiliser un interféromètre quantique supraconducteur (ou SQUID, selon son acronyme américain), l'appareil de mesure le plus sensible de notre arsenal actuel. Le Choixpeau en a peut-être utilisé plusieurs pour lire l'esprit de Harry.

Les SQUID transforme un changement de champ magnétique généré par un cerveau vivant en fluctuation continue de voltage, explique Riitta Salmelin, experte en MEG à l'Université de technologie d'Helsinki, en Finlande. « Le voltage est assez simple à mesurer précisément, contrairement au champ magnétique, d'où l'importance des SQUID. » Chaque SQUID consiste en un anneau de matériel appelé supraconducteur, qui annule toute résistante à l'électricité, interrompu par deux fines couches de matériel isolant appelé « barrières tunnel » ou « jonctions Josephson », du nom du physicien britannique Brian Josephson, Prix Nobel pour sa recherche sur ces barrières quand il étudiait à Cambridge. Utilisant la physique quantique, il prévoyait que l'électricité – sous forme de paires d'électrons dans un supraconducteur – pourrait traverser par « effet tunnel » des jonctions d'un anneau supraconducteur. Quand un courant électrique passe par les deux jonctions en parallèle, le voltage créé est particulièrement sensible aux petits champs magnétiques, même ceux de l'activité électrique du cerveau de Harry Potter. Quand Harry pense, ses neurones génèrent un courant électrique qui, à son tour, envoie des champs électriques et magnétiques. Ils influencent alors les paires d'électrons circulant dans le SQUID du Choixpeau. La mécanique quantique dit que toutes les paires d'électrons d'un SQUID sont à l'unisson (dans le jargon, on dit « dans le même état quantique »), elles convertissent un petit changement du champ magnétique de son cerveau en changement de voltage détectable, avec une sensibilité inégalée par tout autre appareil.

Bien que la technologie moldue actuelle ne soit pas capable de lire nos pensées spécifiques, selon Salmelin, les scanners peuvent dans une certaine mesure dire à quoi nous pensons. Elle se réfère pour cela à différents projets permettant à des paraplégiques de produire des schémas cérébraux distinctifs pour déplacer un curseur sur un écran, ou même un membre artificiel. Autre exemple de lecture rudimentaire des pensées : Salmelin a mené une expérience sur un de ses collègues. « Il pensait à jouer du piano, écrivait de la main gauche, ce genre de choses. » Il ne nous disait pas dans quel ordre il faisait ces choses. Mais puisque nous connaissions la sélection des tâches auxquelles il se livrerait, nous pouvions lire les signaux MEG pour dire ce qu'il faisait. »

Il ne suffit pas de détecter l'activité du cerveau. Le problème serait d'isoler l'activité particulière qui représente l'idée « Je veux être dans Gryffondor » au milieu de tous les autres signaux, une cacophonie générée par d'autres pensées annexes, l'activité routinière du cerveau et ainsi de suite. Même en détectant un signal clair dans tout ce « bruit », il n'est pas possible pour l'instant de cartographier le lien entre chaque pensée individuelle et un schéma mental particulier.

Toutefois, un jour, avec assez de puissance de calcul

et de meilleurs modèles du fonctionnement du cerveau, une telle lecture pourrait être possible. « Le plus important sera d'apprendre à modéliser le cerveau et la façon dont il "pense" vraiment, puis de créer des programmes d'apprentissages efficaces (dans des hyper-ordinateurs !) qui pourront "interpréter" les signaux du cerveau », explique Salmelin. Quoi qu'il en soit, le temps que de telles merveilles soient possibles en théorie, les scientifiques pourraient bien conclure qu'ils sont encore très éloignés du succès à mesure qu'ils comprendront la complexité incroyable du cerveau. Tous les grands triomphes de l'aventure de la pensée ont invariablement engendré de nouvelles questions.

Le Scrutoscope de poche et le Capteur de dissimulation

Les SQUID, ou une autre forme de scanner cérébral, pourraient également servir au Scrutoscope de poche, qui s'allume, tournoie et siffle quand il détecte à proximité une personne louche. La même technologie participe peut-être au fonctionnement des détecteurs utilisés par « Fol Œil » Maugrey, un Auror qui affronte les forces du mal.

Prenez par exemple le Capteur de dissimulation, une antenne dorée qui vibre quand elle détecte un mensonge ou une tromperie. Voilà bien la preuve que des senseurs corporels nous permettront bientôt de plonger au cours du cerveau pour savoir ce que quelqu'un pense et s'il dit la vérité. Une IRM (Imagerie par résonance magnétique), par exemple, peut mesurer les changements dans le flux de sang qui nourrit différentes régions du cerveau, et une équipe de la côte Est américaine, dirigée par Elizabeth Phelps (psychologue de Université de New York) a utilisé cette méthode pour détecter si les propos d'une personne étaient tout à fait en accord avec ce qu'elle pensait.

L'équipe a étudié l'activité d'une certaine partie du cerveau – présente dans chaque hémisphère – qui s'active quand on ressent de la peur ou du dégoût. Même si vous affirmez n'avoir aucune aversion pour quelque chose ou quelqu'un, cette partie de votre cerveau peut révéler vos sentiments. Le Choixpeau repère peut-être le dégoût des sorciers au sang pur pour les « Sang de Bourbe » d'ascendance moldue, avant de les placer chez Serpentard.

Un autre Scrutoscope qui peut percer nos mensonges à jour mesure le champ électrique généré par l'activité de nerfs dans le cerveau. Lawrence Farrell, biologiste formé à Harvard, fut le premier à utiliser une technique appelée « empreinte cérébrale », qui exploite la façon dont le cerveau réagit à la surprise ou à des informations nouvelles. Cette réaction diffère de façon mesurable de sa réponse à des renseignements déjà connus.

Une fois de plus, cette méthode peut voir si nos pensées correspondent à nos paroles. Des électrodes reliées à des instruments de mesure sont fixées au crâne de la personne interrogée. L'activité cérébrale qui révèle si une chose nous est familière a lieu si rapidement (quelques millièmes de secondes après que le suspect est exposé à un élément de crime, comme la photo d'une licorne morte ou un chat pétrifié) qu'elle peut être détectée avant même que la personne ait conscience du contenu de cette photo. Le temps qu'elle comprenne, il est trop tard pour mentir.

Pour dire si quelqu'un est malhonnête, inutile de regarder son cerveau. Il y a bien sûr la technique habituelle du polygraphe, qui mesure les mensonges par la pression sanguine, la vitesse de respiration et la sudation. Mais l'interprétation de ces données prend du temps, et il faut attacher les électrodes sur le suspect. James Levine, de la Mayo Clinic à Rochester (Minnesota) a peut-être trouvé une méthode plus élégante en travaillant avec Ioannis Pavlidis, de Honeywell Laboratories. Avec une caméra thermique à haute définition, on voit que si quelqu'un ment, il se produit un afflux sanguin autour de ses yeux.

Lors d'étude sur des volontaires ayant commis un faux crime, la mesure de ce rougissement permit une détection de 80 %, autant que le polygraphe. Ce phénomène pourrait être dû à l'afflux d'adrénaline libéré lors du mensonge, sans doute pour préparer le corps à une urgence. Levine suppose que le sang est envoyé aux muscles oculaires pour leur permettre de trouver plus rapidement la meilleure échappatoire. C'est peut-être ainsi que le Capteur de dissimulation surprend ceux qui mentent aveuglément ?

La Cape d'Invisibilité

Autre exemple remarquable de vêtement magique, par le fait même « non remarquable », la longue Cape d'Invisibilité argentée de Harry, léguée par son père. Apparemment tissée avec les poils d'une créature appelée Demiguise, cette cape s'appuie sans doute sur la même technique que le Livre invisible de l'Invisibilité et le Réacteur d'invisibilité, activé par un bouton argenté sur le tableau de bord de la Ford Anglia des Weasley. Apparemment, cette capacité de se cacher aux regards autres existe depuis des millénaires : Hadès, dieu grec des Enfers, avait « une coiffe de ténèbres » qui rendait invisible toute personne qui la portait.

Des discussions sans fin ont déjà eu lieu sur la façon d'accomplir un tel exploit. À la télévision, l'invisibilité est un jeu d'enfant grâce à l'utilisation du système Chromakey (clé de couleur) de découpage électronique d'une image pour la masquer, l'insérer ou la remplacer par une autre. Une caméra serait braquée sur Harry, entouré d'un sol et de murs bleus. Tout ce qui porte cette couleur peut être remplacé par une autre image. Une image de fond, comme la Grande Salle de Poudlard, peut alors être combinée avec la première pour que Harry paraisse s'y tenir. En s'enveloppant dans une cape bleue, Harry pourrait disparaître complètement, avalé qu'il serait par l'image de fond.

Une autre théorie sur le fonctionnement de cette cape se trouve dans le chef-d'œuvre moldu qu'est le *Guide du Routard galactique*, où feu Douglas Adams disait que l'on peut rendre un objet invisible en l'entourant d'un « champ CLEP ». Harry pourrait-il être rendu invisible par ce genre de « champ CLEP » ? Malheureusement pour lui, cette solution est le produit d'un esprit fantasque, et non de la science – CLEP signifie « c'est leur problème ». Il y a d'autres explications possibles. Une cape d'invisibilité peut lancer un sort à l'esprit de celui qui la voit. Elle exploite peut-être la capacité du cerveau à meubler les informations manquantes (j'en reparlerai dans le chapitre 9). S'il était possible d'effacer les informations relatives à la cape du réseau de cellules nerveuses dans le cerveau, ce dernier pourrait compenser en extrapolant à partir du décor autour de la cape.

Toutefois, comme c'est souvent le cas, Mère Nature a peut-être déjà résolu le problème de la cape de Harry Potter. Beaucoup de créatures ont perfectionné l'art de la dissimulation. L'Eutropiella à queue d'hirondelle, que l'on trouve sous les tropiques asiatiques, possède des muscles et une peau transparents qui laissent passer la lumière. Pour se camoufler, les pleuronectes (les poissons plats, comme les limandes) ajustent le contraste de « taches » de leur peau pour se fondre à différents fonds en quelques secondes. Un turbot paon peut même reproduire un équivalent grossier des cases d'un échiquier.

Les céphalopodes, comme les calamars, pieuvres, seiches et le calamar géant dans le lac de Poudlard, peuvent changer d'apparence avec une vitesse et une diversité sans égales. L'Université de Bath, en Angleterre, étudie actuellement une façon de reproduire ce camouflage sous la direction d'Alex Parfitt. Les seiches ont une façon particulièrement versatile de se fondre dans le décor, reposant sur des couches de cellules noires, rouges et jaunes qui changent de couleur. Ces chromatophores sont combinés à une couche plus profonde qui reflète la couleur de l'entourage immédiat de l'animal, ce qui leur permet de se cacher dans des décors bleus ou verts. « Nous développons un système à base de gel qui reproduit ce comportement, explique Parfitt. Nous voudrions l'appliquer à une couverture utilisée pour camoufler les gros véhicules militaires. » D'autres scientifiques utilisent des affichages électroniques. Les chercheurs militaires allemands et canadiens étudient un blindé capable d'altérer son apparence sur le champ de bataille pour se cacher de l'ennemi. L'agence de recherche militaire britannique QinetiQ travaille sur des « peaux intelligentes » dans le même genre. Philip Moynihan, de Caltech, et Maurice Langevon de Tracer Round Associate, Ltd., étudient la technologie de l'invisibilité pour le NASA's Jet Propulsion Laboratory de Pasadena (Californie).

Un tel « camouflage adaptatif » utiliserait des affichages, peut-être avec une batterie de lasers microscopiques, qui permettraient à la cape de Harry de prendre différentes apparences selon le décor et la lumière, explique Diederik Wiersma, du Laboratorio Europeo di Spettroscopia non Lineare à Florence (Italie). Ce camouflage serait capable de projeter, d'un côté de la cape, ce que l'on verrait depuis l'autre côté.

Cette cape comprendrait sans doute un réseau de panneaux d'affichage électronique plats, chacun contenant une caméra reliée à une armature flexible. À chaque point de la cape, il serait nécessaire de savoir d'où vient la lumière, ainsi que son intensité, pour afficher la bonne image sur les relais. L'espace sous la cape devrait aussi être illuminé pendant la journée, pour que Harry ne porte pas la moindre ombre.

Wiersma suggère une autre alternative : tisser la cape dans un réseau interconnecté de fibres optiques, les « fils de lumière » qui portent les conversations téléphoniques d'un bout à l'autre de la planète. De cette façon, les données sur ce qui se trouve derrière Harry seraient transmises sur un grand nombre de fibres devant lui. Ceci expliquerait pourquoi la cape paraît argentée, composée d'un grand nombre de fibres optiques.

Il reste toutefois quelques questions. Pourquoi la cape paraît-elle étrange au toucher, comme si de l'eau était tissée entre les fibres ? Comment Maugrey Fol Œil fait-il pour voir au travers ? Peut-être son œil électrique est-il sensible à une plus grande gamme de longueur d'ondes que le réseau de fibres optiques ne peut en gérer.

La NASA étudie aussi l'utilisation de camouflages adaptatifs avec une « fenêtre » électronique qui afficherait « l'extérieur » dans un bureau où il n'y a pas de fenêtre. Un tel appareil pourrait remplacer les plafonds conventionnels et donner une vue des nuages en surplomb, comme le plafond de la Grande Salle à Poudlard avec sa vue enchanteresse des cieux paisibles.

Robes éternelles

Il reste une chose à dire sur les vêtements de Poudlard. Ils ne semblent jamais s'user. Combien de fois avez-vous vu Harry repasser sa robe ? Comment les Weasleys font-ils pour ne porter que des vêtements d'occasion ? J. K. Rowling ne veut peut-être pas encombrer son intrigue de détails domestiques aussi assommants. Mais je préfère penser que Harry porte des tissus inusables, comme ceux popularisés il y a un demi-siècle par Sir Alec Guinness, dans la comédie *L'Homme au complet blanc*. Dans ce classique de 1951, Sir Alec interprétait un chimiste qui parvenait à créer un tissu miraculeux, qui repoussait la crasse et ne s'usait pas, au grand dépit des patrons et ouvriers de la filature pour laquelle il travaille. Une version noire de cette fiction est aujourd'hui proche de la réalité, grâce à des recherches sur les filaments de carbone pur, épais de moins de 1/10 000e de cheveu humain. Ces « fils » ont une solidité incomparable – supé-

rieure à tout autre matériau connu – et résistent particulièrement bien aux chocs et à l'usure.

Ces nanotubes, comme on les appelle, doivent être
assemblés en longues fibres pour conserver leurs extraordinaires propriétés, ce qui n'est pas chose facile. Toutefois,
ces dernières années, le problème a été résolu par Brigitte
Vigolo et ses collègues des Universités de Bordeaux et
Montpellier, qui ont créé le premier processus de filage
pour créer des fibres à partir de ces nanotubes. Ils assem-
blent les tubes en les dispersant dans une solution de
détergeant, puis en injectant cette solution dans un flot
de solution polymérisée. Dans ce courant, les nanotubes
s'alignent en rubans, chacun composé d'assemblage dense
de milliers de milliards de nanotubes alignés. Ils peuvent
être tordus sans risque de se briser, et même noués. Des
fibres longues et ultrarésistantes de nanotubes pourraient
être utilisées pour de nombreuses applications futures,
allant des muscles artificiels à des câbles super-résistants.
Si les nanotubes sont pour l'heure un peu chers pour les
Moldus, les sorciers qui les utilisent n'ont pas besoin de
faire tant de visites à Mme Guipure, qui fait des robes
pour toutes occasions. Et la persistance de ces matériaux
expliquerait pourquoi la boutique de vêtements d'occasion
du Chemin de Traverse continue de faire affaire. Mais il
reste un mystère : pourquoi Rémus Lupin, professeur de
Défense contre les Forces du Mal, porte-t-il des robes
usées et reprisées en plusieurs endroits ? La solution est
évidente une fois par mois, à la pleine lune. Une certaine
usure des vêtements est prévisible lorsque l'on se transforme en loup-garou.

Vêtements intelligents

En ce qui concerne la création de vêtements et de
matériaux originaux, les Moldus sont tout juste en train
de rattraper les merveilles des sorciers. On trouve à présent

des chemises et des robes qui s'adaptent à la température pour rendre la chaleur plus tolérable, grâce à un matériau japonais composé de pores qui s'ouvrent et se ferment. Le matériau se compose de longues molécules concaténées, faites d'unités chimiques répétées appelées polymères. Quand la température monte, les intervalles entre ces polymères s'écartent, laissant entrer l'air et sortir la vapeur d'eau. Par climat plus frais, les intervalles se « souviennent » de leur forme originelle et se resserrent pour conserver la chaleur corporelle.

En Amérique du Nord, les scientifiques moldus ont créé une race de chèvres croisée avec des gènes d'araignées, dont le lait contient les ingrédients de la soie arachnéenne. Le liquide peut être tissé en fibres de soie synthétique aux propriétés proches du produit naturel. Cela permettra bientôt de l'utiliser pour des tendons artificiels, des structures médicales, des lignes de pêche biodégradables, des vêtements de protection souples et autres applications. De cette façon, les Moldus pourront utiliser un produit développé sur plus de 400 millions d'années : la soie que l'on trouve dans les rayons d'une toile d'araignée est plus solide que le kevlar, s'étire mieux que le nylon et, à poids égal, est cinq fois plus résistante que l'acier.

Des vêtements qui se nettoieraient eux-mêmes grâce à des micro-organismes mêlés à leurs fibres sont à l'étude par d'autres scientifiques. Ces matériaux vivants dépendront de fibres creuses contenant des colonies de bactéries inoffensives, ou de cellules génétiquement modifiées qui pourront manger les fluides corporels, les odeurs et les taches. D'autres tissus seront autonettoyants, repousseront la poussière ou se régénéreront en permanence.

La technologie actuelle s'efforce également de créer une convergence de l'informatique et de la mode pour faire des vêtements vraiment intelligents. Un jour – et combien d'histoires elles auront à dire ! –, les chaussures penseront, les chemises changeront de couleur et les jupes parleront (et combien d'histoires elles auront à dire !). Les tissus faits de fibres qui se contractent sous l'action de courants électriques pourraient mener à une cravate qui se desserre toute seule si vous avez trop chaud. De nouvelles teintures qui changent de couleur en réponse à certains voltages, certaines lumières ou températures pourraient varier la couleur de votre chemise chaque jour, la décorer de rayures ou de points, ou même présenter les dernières cotations de la bourse.

Ajoutez à cela les dernières technologies de communication, et vous pourriez discuter avec quelqu'un à plusieurs milliers de kilomètres de là en parlant à votre manche, ou télécharger vos coordonnées au chapeau, manteau ou autre habit d'une personne attirante de l'autre côté d'une pièce remplie de monde. Les vêtements intelligents pourraient être alimentés par l'électricité générée par les mouvements. Cela se fait déjà. On pourrait certainement générer quelques watts d'électricité dans les bottines à talonnettes de Dumbledore, par exemple.

Nous commencions ce chapitre en nous demandant comment les élèves de Poudlard étaient répartis en maisons par le Choixpeau. La science moldue propose quelques explications pour cela, mais prédit aussi les événements possibles quand les élèves de « tribus » différentes se rencontrent. Il suffit de considérer la compétition entre les maisons de Poudlard comme un jeu, puis de capturer l'essence de ce jeu dans un modèle mathématique.

Chapitre 4

Les mathématiques du mal

La partie commence : Suivez votre esprit ; et en cette
[charge
Criez « Dieu pour Harry ! Angleterre et saint Georges ! »
Shakespeare, *Henri V.*

La rivalité entre les maisons de Poudlard remonte à la création de l'école, il y a plus de mille ans. À l'époque, la sorcellerie était crainte, et ses pratiquants pourchassés. En raison de cette persécution, les quatre plus grands sorciers et sorcières de l'époque érigèrent le château loin des yeux inquisiteurs des Moldus. De nos jours, les quatre maisons portent leur nom : Gryffondor (pour Godric G.), Poufsouffle (Helga P.), Serdaigle (Rowena S.) et Serpentard (Salazar S.).

D'après le Choixpeau, chaque maison possède sa personnalité propre. Les élèves de Gryffondor, comme Harry Potter et Albus Dumbledore dans sa jeunesse, sont braves et audacieux. Les membres de Poufsouffle sont loyaux et durs à la peine, tandis que les Serdaigle sont sages et spirituels. Il reste bien sûr Serpentard, et ses élèves assoiffés de pouvoir, ambitieux et sans scrupules.

Serpentard a donné plus de sorciers maléfiques que toutes les autres maisons. Les Malefoy en sont membres, ainsi que le professeur Severus Rogue (décrit de façon si peu flatteuse par J. K. Rowling, parce que, explique-t-elle, détestait les cours de chimie). L'ancien élève le plus important de Serpentard est sans aucun doute la Némésis de Harry, Celui-dont-le-nom-ne-doit-pas-être-prononcé, Lord Voldemort, le plus maléfique de tous les sorciers.

De nos jours, les mathématiques permettent d'expliquer la compétition, la coopération et les heurts entre Serpentard et les autres maisons. Les origines de ces rites sont anciennes. Salazar Serpentard voulait réserver l'apprentissage de la magie aux familles entièrement magiques, et l'interdire à ceux possédant du sang moldu ; il voulait être plus sélectif quant à l'admission des élèves à Poudlard. Cette discrimination était refusée par Godric Gryffondor. En raison de ce différend, Serpentard quitta Poudlard (après avoir construit une Chambre des Secrets pour purger l'école de ceux qu'il pensait indignes d'y étudier).

Il existe une hiérarchie informelle chez les sorcières et les sorciers, selon leur pedigree, dans les livres de Harry Potter. J. K. Rowling explore le conflit opposant une majorité tolérante et une minorité refusant les « sang de bourbe », un terme insultant (surtout si l'on en est une « sale petite ») utilisé pour décrire quelqu'un qui a du sang moldu.

Le père de Voldemort était un Moldu. Toutefois, les veines de Voldemort portent le sang de Serpentard lui-même, du côté de sa mère, et il haïssait les Moldus avec passion, abandonnant son nom moldu « impur » de Tom Elvis Jedusor comme son père avait abandonné sa mère. Il n'est pas le seul, loin s'en faut, à avoir de tels préjudices. Les Malefoy, par exemple, se targuent d'être de sang pur, et considèrent toute personne d'origine moldu, comme Hermione Granger, de second ordre.

La lutte pour l'ascendance dans la société, que ce soit entre tolérants et intolérants ou entre équipes de Quidditch, maisons de Poudlard ou joueurs d'échecs, peut être modélisée par un ordinateur, grâce à l'analyse mathématique des jeux, développée par le pionnier informatique

John von Neumann et l'économiste Oskar Morgenstern dans les années 1920 et 1930. La théorie des jeux analyse les stratégies couronnées de succès quand l'issue est incertaine et, surtout, dépend du comportement d'autres concurrents. La théorie peut soupeser les risques et avantages de toutes les stratégies d'un jeu de guerre, d'économie ou de survie chez des égoïstes indépendants. Il peut expliquer le paradoxe apparent qui nous pousse à coopérer dans une société, qu'il s'agisse d'une ville moldue ou de Poudlard, alors que chacun se préoccupe plus de soi-même et que la nature est impitoyable. Ce paradoxe troublait même le grand Charles Darwin lui-même.

Les économistes sont fascinés par la théorie des jeux, car elle explique pourquoi la main invisible du pionnier du libre commerce, Adam Smith, n'assure pas le bien commun. John Nash, l'un des pères de la discipline, a introduit la distinction entre jeux coopératifs, où des accords durables peuvent être conclus, et les jeux non-coopératifs, où aucune autorité extérieure ne peut faire appliquer un ensemble de lois préconçues. Dans ces derniers jeux, quand tous les joueurs ont ce qu'ils veulent, ils refusent de changer de stratégie car cela ne leur bénéficierait pas. Le résultat est un équilibre, aujourd'hui appelé Équilibre de Nash. Sa découverte lui valut le Prix Nobel.

Ces travaux peuvent éclairer les décisions commerciales dans les marchés compétitifs, la théorie macroéconomique de la politique économique, l'économie environnementale ou des ressources, la théorie du commerce extérieur, l'économie de l'information et ainsi de suite. Les scientifiques politiques apprécient également la théorie des jeux car elle montre à quel point l'intérêt personnel « rationnel » peut nuire à tous. Dans les années 1970, la théorie des jeux fut étendue à la biologie. Voyons à présent ce qu'elle peut nous apprendre sur Poudlard.

Le dilemme du prisonnier

Les interactions entre individus ou groupes – sorciers, nations ou compagnies – peuvent être recréées dans un jeu simple, le dilemme du prisonnier. Il stimule le conflit quotidien entre les instincts suprématistes (typiques de Serpentard) de chaque joueur et la coopération et le compromis nécessaires pour parvenir à ces objectifs égoïstes.

Il est facile de concrétiser ce jeu. Imaginez deux élèves de Poudlard, surpris avec une baguette magique volée. La baguette étant couverte de sang de licorne, Dumbledore soupçonne les deux élèves d'avoir commis un autre crime, plus grave, mais sans preuve. Il peut punir les deux élèves pour la possession de cette baguette – une suppression de 50 points à la maison de chaque élève – mais Dumbledore cherche à en savoir plus sur le sang, car la mort d'une licorne coûterait 800 points à la maison du criminel.

Dumbledore place les deux élèves dans des pièces séparées, et leur interdit tout contact. Il fait à chacun une proposition : si l'un d'eux le renseigne sur l'autre et lui révèle ce crime plus sérieux, sa maison ne perdra aucun point pour le vol de la baguette, et l'autre perdra 1 000 points. Si les deux parlent, chaque maison perdra 800 points. Si aucun ne parle, chacun coûtera 50 points à sa maison, pour le vol. Chaque élève peut supposer que Dumbledore a fait la même proposition à l'autre. Que faut-il faire ?

Imaginez, suite à une intrigue des plus compliquées, que ce jeu oppose Harry Potter et l'un des camarades de Malefoy, Vincent Crabbe. Du point de vue de Crabbe, Harry peut faire deux choses : coopérer (garder le silence) ou abandonner (avouer et impliquer l'autre). Crabbe peut alors tenir le raisonnement suivant : Si Harry coopère, et que je coopère aussi, nos deux maisons perdent 50 points. Mais si j'abandonne, alors Serpentard ne perd rien, et

Gryffondor perd 1 000 points. Donc, je devrais abandonner. Et si Harry abandonne ? Alors, si je coopère, Serpentard perd 1 000 points, mais si j'abandonne, chaque maison perd 800 points. Donc, là encore, il devrait abandonner. La décision « rationnelle » de Crabbe devrait donc être d'abandonner. De son côté, Harry devrait arriver à la même conclusion. Tous deux seront « logiquement » amenés à abandonner, et leurs deux maisons perdront 800 points, une lourde punition, alors que la coopération ne leur aurait coûté que 50 points.

Le dilemme du prisonnier est utile pour les mathématiciens, les sociologues et les biologistes parce qu'il aide à élucider un grand mystère humain : comment l'ambition individuelle peut-elle mener au malheur collectif. Dans notre exemple, l'issue est influencée par plusieurs choses. Si les deux élèves appartenaient à la même maison, ils seraient plus confiants. S'ils étaient sûrs de ne jamais se revoir, ils n'auraient aucune raison de coopérer. Et ainsi de suite. Mais dans les situations de la vie courante, les deux parties seront sans doute amenées à se revoir, ce qui crée différentes stratégies.

Robert Axelrod, de l'Université du Michigan, a fait beaucoup dans ce domaine : il a mené un tournoi international en 1980 où des ordinateurs jouaient au dilemme du prisonnier, pour tenter d'en trouver la meilleure solution. Le gagnant fut « donnant-donnant ». Comme son nom l'indique, il appelle à coopérer au premier tour, puis à faire ce que fait l'autre aux tours suivants. C'est une « belle » stratégie, puisqu'elle annonce la volonté de coopérer, mais elle n'est pas très intelligente. Les stratégies complexes peuvent être incompréhensibles pour l'adversaire et supprimer toute incitation à coopérer. Le grand succès de donnant-donnant est dû à sa simplicité, et la découverte de son succès est un message d'espoir pour ceux qui craignaient que la nature humaine repose sur l'avidité et l'égoïsme, comme l'indiquerait le comportement des Malefoy. Avec cette stratégie, un entrepreneur peut réussir par une coopération opportuniste plutôt qu'en écrasant tout le monde. La coopération peut apparaître dans une société selon le principe de « aide-toi et le Ciel t'aidera ».

Toutefois, dans la réalité, les gentils finissent souvent derniers. La coopération peut être effective dans l'une de ces conditions : les joueurs se rencontrent souvent, se reconnaissent ou se souviennent de l'issue de rencontres préalables. Mais d'autres facteurs entrent en jeu : les chances d'une rencontre ultérieure, les erreurs (tentatives de coopération perçues comme un abandon), la probabilité que certains facteurs comportementaux génétiques soient transmis de génération en génération. Avec toutes ces incertitudes à l'esprit, Robert (à présent Lord) May, de l'Université d'Oxford, fit remarquer, en 1987, que les travaux d'Axelrod étaient grandement idéalisés, et avaient peu de chances de fonctionner tels quels dans le monde réel.

On chercha ensuite à voir comment donnant-donnant s'adaptait à ces complications. Martin Novak, aujourd'hui de l'Institute for Advance Study, à Princeton, et Karl Sigmund, à l'Université de Vienne, ont découvert en ajoutant les erreurs, peut-être causées par la tendance très humaine à faire des erreurs, que donnant-donnant n'est plus la meilleure stratégie parce qu'elle est impitoyable : une fois que les deux joueurs ont abandonné, ils continuent. En incluant une certaine incertitude, les individus peuvent développer de nouvelles stratégies. L'addition d'un caractère aléatoire dans le comportement permet un certain « pardon » et une chance de tester le comportement de l'autre joueur. La stratégie qui prend cela en compte s'appelle « donnant-donnant généreux ». L'aléatoire peut briser un cycle de trahison mutuelle. Une autre plus fructueuse encore s'appelle Pavlov, qui peut être résumée par la maxime : « Si ça fonctionne, ne touchez à rien (et changez de stratégie si vous perdez). » L'incertitude permet toutefois une certaine coopération, et le message optimiste de l'œuvre d'Axelrod demeure.

Une autre élaboration du dilemme du prisonnier fut étudiée par Martin Novak et Robert May, qui modélisèrent le jeu en deux dimensions, étudiant ce qui arrivait à un échiquier de joueurs. En introduisant la géographie dans le dilemme du prisonnier, ceux qui coopèrent et ceux qui abandonnent coexistent côte à côte, non plus en tant qu'individus mais que groupes. Dans le monde réel, cela signifie que diverses populations d'hôtes et de parasites, ou de proies et de prédateurs, peuvent subsister en communauté, malgré leur relation instable.

Cela explique pourquoi on stabilise la société fermée de Poudlard en séparant les dortoirs (un pour chaque maison), au lieu de forcer tous les élèves à dormir dans une grande salle où les places seraient attribuées au hasard. Les modèles mathématiques suggèrent que quand ceux qui coopèrent, comme les Gryffondor, en rencontrent d'autres, ils ont tendance à prospérer. Les non-coopérants, comme Serpentard, ne prennent pas le pouvoir, alors même qu'ils se tirent bien de tout échange avec une personne coopérante, car ceux qui abandonnent interagissent mal entre eux, tandis que ceux qui coopèrent prospèrent et peuvent même en « convertir » certains en leur montrant les avantages de l'entraide.

Mais cela reste très idéalisé. Un grand nombre de gens coopèrent dans des sociétés où, à la différence de voisins sur un échiquier, ils ne rencontre jamais les même individus. Pourtant, ils donnent aux bonnes œuvres, participent aux mouvements politiques et respectent les normes. Étant donné le nombre d'interactions uniques, pourquoi la société ne s'effondre-t-elle pas ? Les expériences sur des cobayes humains suggèrent que la clé repose dans la punition.

Ernst Fehr, de l'Université de Zurich, et Simon Gächter de l'Université de St. Gallen, toutes deux en Suisse, ont conçu un jeu financier dans lequel les participants (qui ne se connaissaient pas) doivent décider s'ils consacrent leurs ressources individuelles à un fond commun, ou s'ils ne partagent pas et profitent simplement des bénéfices de la communauté. Ce jeu visait à résoudre un ancien dilemme social, la « tragédie des communs », ou « jeu des biens publics ». On demande donc aux gens s'ils donnent de l'argent à un fonds public qui sera doublé par l'expérimentateur puis distribué équitablement, quelle que soit la somme apportée par chacun. Le groupe maximisera son profit si tous les membres donnent tous leurs fonds. Mais le premier joueur qui refuse et ne contribue en rien maximise son profit personnel. Le jeu du bien public est considéré comme un paradigme pour bien des problèmes humains – par exemple, notre incapacité à protéger l'environnement. Dans le monde de Poudlard, on pourrait trouver un exemple de ce jeu en cas de collecte pour acheter des balais de course pour une maison.

Dans l'expérience suisse, 240 joueurs furent mélangés de façon à ce qu'aucun participant ne rencontre qui que ce soit plus d'une fois, afin que personne ne puisse acquérir une réputation de générosité ou d'égoïsme. Sans sanction financière appliquée à ceux qui n'ont pas investi et ont exploité la générosité des autres, la coopération capotait au bout de six rounds, à mesure que les autres joueurs punissaient les parasites en retirant leur contribution. La société s'écroulait. « Notre expérience montre que si les membres d'un groupe ne peuvent punir qu'en retirant leur coopération, celle-ci disparaît très rapidement, explique Fehr. Quand une punition explicite était appliquée contre les profiteurs, le bien commun prospérait. Dans ce cas, plus de 90 % des joueurs augmentent leur contribution. « Si le châtiment explicite des non-coopérants est possible, la coopération émerge même dans des interactions ponctuelles sans aucune chance de répétition, ajoute Fehr. Il est important que la punition soit ciblée contre les profiteurs et soit explicite, c'est-à-dire différente d'un simple retrait de la coopération. »

La meilleure stratégie est le « châtiment altruiste », où les personnes qui infligent le châtiment payent un coût financier, qui les pénalise légèrement. Les chercheurs ont découvert que, malgré ce qu'il leur en coûtait, les joueurs tiraient un bénéfice psychologique de cette stratégie, car ils étaient très dépités de se faire exploiter. Et donc, il y a plus que le simple intérêt personnel pour motiver et entretenir la coopération. Le châtiment altruiste fait beaucoup pour conserver la structure sociale de nos vies.

Le concierge de Poudlard, Argus Rusard, parle souvent dans sa barbe de suspendre les élèves au plafond par les poignets pendant quelques jours. Il conserve même une collection de menottes et de chaînes dans ce seul but. Son emphase sur la douleur qu'il aimerait infliger ne paraît pas très altruiste. Il ne semble pas en payer le moindre prix, et y prendrait sans doute plaisir. Toutefois, le Poudlard dont Harry est familier déduit souvent des points à la maison d'un élève pour son mauvais comportement, aussi certainement qu'il récompense les réussites. Cela mène à un châtiment altruiste, puisque les membres de la maison critiquent et réprouvent les collègues dont le mauvais comportement leur coûte des points et pèse sur leur moral. Hermione Granger dénonce Harry et Ron pour leurs errances nocturnes afin de leur rappeler qu'ils mettent Gryffondor en danger. Après que de nouvelles promenades coûtent 150 points de plus à Gryffondor, Harry n'est plus l'élève chéri de tous, et devient l'un des plus critiqués. « Les élèves se punissent en ridiculisant leurs pairs pour leurs violations des normes du groupe. La plupart des châtiments infligés par les pairs pour violation de ces normes sont altruistes », termine Fehr.

Autre exemple de châtiment altruiste, une équipe de Quidditch interdisant à un joueur vedette de jouer pour lui faire payer l'infraction à une règle. Les retenues sont autant de châtiments altruistes : un professeur doit perdre du temps à surveiller les punis ; et quand Harry doit fouiller la Forêt Interdite avec Hagrid en plein milieu de la nuit, Hagrid aussi est en danger. « Les supérieurs répugnent souvent à punir. En fait, ce n'est pas pratique. Nos émotions nous aident à surmonter cette inertie pour punir autrui, et cela compte alors comme un châtiment altruiste, dit Fehr. Même les châtiments infligés par les supérieurs – bien qu'ils aient en principe le droit de punir (comme les policiers, professeurs ou supérieurs dans une organisation) – peuvent compter comme des châtiments altruistes. » J. K. Rowling a sans le savoir illustré le fait qu'une société où tout le monde coopérerait sans menace de sanction n'est qu'un rêve.

Bons samaritains

L'explication la plus évidente de l'évolution de la coopération est la famille : la coopération émerge s'il y a une bonne chance que vous rencontriez un frère, un cousin ou autre personne qui vous est liée par le sang (sauf exception comme Harry et les Dursley). Si vous avez un trait qui vous fait coopérer, on le retrouvera sans doute chez d'autres membres de votre famille. Cela explique pourquoi on trouve dans les colonies d'insectes des ouvriers inférieurs, des soldats qui se sacrifient pour le bien commun de la colonie, et ainsi de suite.

Les humains sont particuliers car, à la différence des animaux, ils ont résolu le problème d'organisation et de coopération à grande échelle entre non-parents, comme entre membres d'une équipe de Quidditch. Mais nous aidons aussi les gens que nous ne connaissons pas et que nous ne reverrons jamais. Pourquoi un bon samaritain aide-t-il un parfait étranger ? Ce cas est unique à la société humaine. Par exemple, quand Harry entreprend la deuxième tâche du Tournoi des Trois Sorciers, il sauve son ami Ron des profondeurs boueuses du lac de Poudlard, mais aussi une fille qu'il n'avait encore jamais rencontrée, Gabrielle, la sœur de Fleur Delacour.

La possibilité d'une nouvelle rencontre dans le futur peut encourager la coopération sur la base d'une idée de réciprocité. Matrin Nowak et Karl Sigmund avancent que si vous faites connaître votre générosité, vous renforcez vos chances d'être aidé par un bon samaritain à l'avenir. Cette idée, testée avec succès par Manfred Milinski de l'Institut de limnologie Max Planck à Ploen (Allemagne) avec Claus Wedekind est résumée dans la parodie des Boys Scouts écrite par Tom Lehrer et intitulée « Les Préparés » : « Prenez garde de ne faire / Aucune bonne action quand personne ne regarde. » La société de Poudlard, riche en commérages (ou Harry ne put garder le secret qu'il s'entraînait pour devenir Attrapeur au Quidditch, ni les détails de son combat contre Voldemort dans les donjons), favorise singulièrement cette stratégie. La réputation est un autre facteur garant de la cohésion sociale, d'après les travaux de Milinski sur le problème du bien public.

Une autre explication des bons samaritains vient des simulations de jeu menées par Rick Riolo et ses collègues à l'Université du Michigan. Au lieu de se concentrer sur les individus ayant les mêmes gènes, leur étude informatique montre que les bons samaritains s'intéressent aussi à des individus possédant des traits communs reconnaissables, qu'il s'agisse de robes de Poudlard, de cravates ou d'insignes d'anciens élèves, de membres de clubs, de coutumes tribales, de foi religieuse ou de *memes* (unités de transmission culturelle, des modes aux légendes). Ce sont là des signes qui induisent la coopération, comme les symboles des maisons. « Nous avons découvert que si les individus sont généreux envers ceux qui sont très proches d'eux-mêmes, cela aussi peut entretenir la coopération. Et cela fonctionne même si la base de cette similarité est une caractéristique complètement arbitraire », expose Riolo. Rien d'étonnant alors à ce que la découverte de points communs soit l'un des premiers plaisirs d'un amour naissant.

L'étude montre aussi que la tolérance fluctue au

cours du temps. Quand quelques intolérants – comme les Serpentard – émergent dans une société tolérante avec une composition sociale ou culturelle différente, les nouveaux venus reçoivent beaucoup plus de coopération qu'ils n'en donnent. Les premiers Serpentard de Poudlard reçurent énormément d'avantages sans en payer le prix (en aidant), ils augmentèrent leur nombre, et une vague d'intolérance balaya la population générale, accompagnée d'une baisse globale de la coopération.

Toutefois, après une croissance rapide, les Serpentard deviennent eux-mêmes le groupe dominant. C'est à ce moment, environ dix ans avant la naissance de Harry, que Voldemort et ses Mangemort ont déclenché cette période sombre où l'on tuait des Moldus par plaisir. Ce qui mena ensuite à une hausse de la coopération globale, puisque les Mangemort, Serpentard et autres du même acabit, malgré leur intolérance, s'aident mutuellement, jusqu'à ce que cette nouvelle culture dominante soit remise en cause. Le reste est décrit dans *Grandeur et décadence de la magie noire*. Bien qu'il soit irréaliste de réduire les subtilités de la vie aux variables de la population virtuelle d'un ordinateur, ces simulations sont saisissantes.

Langage et théorie du jeu

La théorie du jeu peut aussi éclairer notre lanterne sur les différents langages rencontrés par Harry Potter. Par exemple, on trouve le Gobelbabil et le Troll. Puis il y a le Fourchelang, utilisé pour converser avec les humains. Aucun fossile ne nous dira comment le langage est né, mais il est aujourd'hui possible d'expliquer pourquoi les humains communiquent par des chaînes de mots plutôt que par des grognements, grâce à la théorie du jeu évolutionnaire, une discipline qui allie la théorie du jeu aux idées émises par Charles Darwin. Ce domaine fut initié par John Maynard Smith, de l'Université du Sussex, et feu Bill Hamilton, de l'Université d'Oxford.

Le langage est un jeu à plusieurs, d'après Martin Nowak. À un moment donné, entre il y a sept millions d'années, quand nous partagions notre dernier ancêtre commun avec le chimpanzé, et il y a cent cinquante mille ans, quand les humains anatomiquement modernes apparurent, le langage est né.

Dans sa première étude, menée avec David Krakauer, Nowak commençait par examiner la « soupe primordiale » du langage présente dans tout le royaume animal, que ce soit sous forme des signaux entre cellules, de la danse des abeilles, des cris territoriaux ou des chants d'oiseaux. Tout cela montrait que la sélection naturelle a guidé les trois phases de l'évolution du langage humain, des sons aux mots à la « protogrammaire » utilisée par nos lointains ancêtres.

La première phase de l'évolution du langage fut de relier les bruits aux mots. Les premiers humains émettaient quelques sons spécifiques, des grognements aux hurlements, qui devinrent associés à des objets spécifiques (cette catégorie de communication primitive inclut les Trolls, si bêtes que le monde des sorciers les classe dans les animaux ; Fred Weasley fait remarquer que les Trolls établissent les associations en montrant une chose du doigt et en grognant).

Ces associations se forment quand le transfert d'information est bénéfique pour l'émetteur *et* le récepteur, soulignant que l'évolution de la coopération est cruciale pour que le langage apparaisse. Toutefois, le premier stade du langage se heurte rapidement à des problèmes à mesure que la société progresse. Un nombre d'objets croissant exige de nouveaux signaux. Le nombre de signaux verbaux simples est limité, car à mesure que le nombre croît, il en va de même des chances de mal les interpréter ou de les confondre. Difficile de distinguer deux grognements, surtout si l'on en utilise beaucoup. En essence, plus il faut communiquer de concepts, plus il faut de sons pour cela, plus les sons seront proches les uns des autres et plus il y aura de risques de confusion. Dans la deuxième étape de l'évolution du langage, les humains laissent l'animal derrière eux et surmontent ce handicap en ne formant plus des sons simples, mais en combinant une petite gamme de sons facilement différenciables en mots. Des voyelles et consonnes vides de sens, comme *e*, *l* et *f*, peuvent donner un mot intelligible, *elfe*. L'équipe de Nowak a montré mathématiquement qu'une telle formation de mot permet au langage de communiquer sur un nombre virtuellement infini d'objets, et expliqua pourquoi, bien qu'il existe beaucoup d'autres langages complexes, ils sont tous composés de quelques sons.

Les Trolls ont un petit cerveau et, comme les animaux, utilisent une communication non syntaxique. Un grognement seul – un « mot » – peut servir à exprimer tout un scénario, comme « il y a un centaure qui galope dans la Forêt Interdite ». Notre syntaxe utilise des mots pour les individus, les actions et les relations qui contribuent à l'événement lui donnant un pouvoir d'expression plus grand.

La dernière étape du développement du langage est l'incorporation d'une grammaire, qui permet de combiner les mots d'une façon quasi illimitée. Nowak a montré que les règles de grammaire simples ont évolué pour réduire les erreurs de communication, mélangeant les « unités atomiques » du langage pour créer un nombre infini de significations. Bien que cette forme de communication soit d'une certaine façon plus abstraite et moins immédiate que les hurlements, les reniflements et ainsi de suite, elle est bien plus flexible. Par exemple, dans un protolangage, la phrase « murlap (une sorte de rongeur) mort homme » serait un son différent de « homme mort murlap » et devrait être apprise séparément. À l'inverse, dans un système organisé grammaticalement, un événement rare mais important peut être décrit en combinant des mots d'une façon nouvelle.

Mais la grammaire possède un prix, une certaine

fatigue mentale. Cela soulève une question : dans quelles conditions les communicants sont-ils encouragés à passer d'une communication animale (non syntaxique) à la communication syntaxique humaine ? Nowak et son collègue Joshua Plotkin, qui travaille avec Vincent Jansen à la Royal Holloway University de Londres, a découvert que dans un environnement suffisamment complexe, où la survie dépend de la transmission rapide d'informations importantes, la communication syntaxique doit l'emporter : le langage apparaît.

On pourrait donc avancer que le lange et autres capacités mentales complexes ont été motivés par le besoin de coopérer face aux parasites et autres personnages prêts à abandonner la coopération. Cela pourrait mener à une « course » à la cognition, à mesure que les parasites tentent de devenir plus intelligents pour pouvoir mentir ou contourner des mécanismes d'identification des coopérateurs. Qui a leur tour trouvent un moyen pour contrer cette avancée, et ainsi de suite. Des luttes éternelles comme celle qui oppose Serpentard et Gryffondor ont sans doute aidé l'évolution de notre cerveau.

Cela implique aussi que la syntaxe n'est intéressante que pour des échanges riches. Dans un environnement simple, comme celui des Trolls de montagne, il n'y a à débattre que l'origine du prochain repas, la façon de tenir un gourdin, et ainsi de suite. La grammaire est inutile. Quelques grognements suffiront (certains mythes moldus en font état : les colons vikings des Shetlands utilisaient l'expression *trollmolet*, ou « bouche de Troll », pour qualifier une personne peu bavarde). La structure de la société humaine pourrait être la force motrice de l'émergence de la grammaire. Il oppose le langage nécessaire pour préparer une potion à celui qu'il faut pour relayer les ragots à Poudlard – par exemple, des spéculations sur le cavalier d'Hermione au bal de Noël.

« En termes de complexité linguistique, les recettes sont très simples. Essayez d'utiliser une recette en langue étrangère et, tant que vous connaissez le sens des mots, c'est remarquablement aisé. Si vous comprenez les mots *pattes d'araignées pulvérisées, chaudron* et *touillez,* cela signifie sans doute *mettez les pattes d'araignées pulvérisées dans le chaudron et touillez* », explique Jansen.

Mais si vous surprenez dans une conversation les mots *Hermione* et *étranger,* cela peut signifier que Hermione a invité un étranger au bal, ou qu'un étranger lui a demandé de l'accompagner au bal. Ici, d'autres mots sont importants. En fait, le sens même du mot bal (d'un point de vue phonétique du moins) dépend du contexte. Ce genre de conversation utilise pleinement la structure grammaticale du langage.

La théorie des jeux peine encore à cerner le Chartier, une petite créature ressemblant à un furet qui se cantonne à de courtes phrases généralement grossières, mais n'a aucune conversation. Quoi qu'il en soit, il semblerait que notre langue soit née des romans-feuilletons : la structure de la société humaine est si compliquée que nous avons dû conquérir le don de la parlote. La syntaxe n'est donc pas, comme on le pense souvent, une marque d'intelligence humaine. D'autres créatures, comme l'araignée Acromantula, les elfes et les êtres de la mer, comme les sirènes, les selkies ou les Merrows, possèdent également un langage évolué. Et eux aussi doivent avoir bien des choses à dire...

Chapitre 5

Hiboux, escargots et scroutts

*Ce fut le hibou qui cria, funeste sonneur
Qui donna l'heure la plus sinistre.*

Shakespeare, *Macbeth.*

Les hiboux volent dans une nuit sans étoile, encre noire sur papier noir planant sur des vents sans nom. Tourbillon d'ailes silencieuses et d'yeux fixes ils rejoignent leurs frères et sœurs sur la Tour Ouest de Poudlard. La nuit retient son souffle, le vent frémit.

Si les hiboux se regroupent dans les livres de Harry Potter, c'est que l'heure est grave. Après que le pouvoir de Voldemort fut brisé dans sa première rencontre avec Harry, par exemple, les ornithologues moldus furent fascinés par les allées et venues de ces créatures nocturnes.

Ils sont à Poudlard ce que la poste est pour les Dursley et autres Moldus. Tout sorcier qui se respecte doit avoir son hibou ou sa chouette. Les colis, lettres et autres messages peuvent être attachés à une patte, ou portés dans les serres ou le bec. Ces messagers à plumes sont très variés. Hedwige est un harfang des neiges, ou chouette blanche, tandis qu'Errol est sans doute une chouette lapone. On a même vu d'élégants oiseaux tropicaux faire certaines livraisons.

Ces oiseaux ne sont qu'un petit échantillon des animaux réels qui montrent le bout de leur tête dans la série de Harry Potter. Pensez à ce poulpe géant qui rôde au fond du lac de Poudlard, ou aux escargots orange de la ménagerie – les élèves de Poudlard doivent-ils les craindre, ou les apprécier ? Et cette détonation à l'arrière-train des scroutts de Hagrid ?

Grâce aux efforts des zoologues, ornithologues, entomologistes et scientifiques marins moldus, nous en savons beaucoup sur ces faunes et leurs capacités extraordinaires. Le poulpe géant est l'une des créatures les plus fascinantes et les plus discrètes de toutes, et les scientifiques ne l'ont pas encore totalement cerné. Le scroutt utilise une technologie naturelle que les Nazis avaient réinventé pour bombarder l'Angleterre. Et ces escargots orange ont d'étranges propriétés pharmaceutiques, qui peuvent être à la fois une bonne et une mauvaise raison de les garder à Poudlard.

La poste des hiboux

Avant tout, un hibou ou une chouette peuvent-ils vraiment livrer du courrier ? Peuvent-ils aller très loin ? Quel poids peuvent-ils porter ? Les réponses dépendent du spécimen dont on parle. Ces oiseaux comptent plus de trois cents espèces, réparties sur toute la planète. On constate une partie de cette diversité Au Royaume des hiboux, dans le Chemin de Traverse.

Le plus petit spécimen est la chevêchette des saguaros, native du Mexique et du sud-ouest des États-Unis. C'est sans doute à cette espèce qu'appartenait Coquecigrue, pas plus gros qu'un Vif d'or. Cette pauvre bête peinait même à porter une lettre, et était assez petite pour tenir dans la main de Harry. À l'autre extrémité, on trouve le grand-duc d'Europe de Malefoy, capable de porter de lourds paquets avec son envergure de près de deux mètres.

Malgré leur utilisation routinière, les chouettes et

hiboux font de piètres animaux familiers, d'après Colin Shawyer, directeur du Hawk and Owl Trust en Grande-Bretagne. Comme toute créature sauvage, les oiseaux vivent bien mieux à l'état naturel. Il est imaginable que Ron Weasley s'occupe de Coquecigrue qui, vu sa petite taille, se nourrit d'insectes et d'araignées. Toutefois, les autres espèces seraient plus dures à nourrir, puisqu'elles se nourrissent souvent d'animaux aussi grands qu'elles. Le messager à plumes de Malefoy serait problématique, puisque les grands ducs d'Europe attaquent parfois des aigles royaux, des renards, des hérons et des chiens. On parle même d'un grand oiseau de Sibérie qui se serait attaqué à un loup adolescent. Heureusement, la plupart des hiboux de Poudlard paraissent plus petits que cela. Leur régime est facile à connaître car ils avalent souvent leur proie en entier – fourrure, plumes, os et tout le reste – et régurgitent quelques heures plus tard tout ce qui est indigeste, sous forme de pelote. La paille de la volière est couverte de restes de souris et de campagnols, indiquant que Poudlard utilise surtout des strigiformes de taille moyenne.

Vieux hiboux et sorciers

L'apparition de hiboux dans le monde de Harry Potter reflète une fascination millénaire. On a retrouvé plusieurs peintures sur rocher de ces oiseaux, de l'Australie à Vallon-Pont-d'Arc dans le sud-est de la France, où un hibou se tient perché au milieu de peintures vieilles de trente mille ans.

Le lien entre les hiboux et le folklore est tout aussi ancien. Cet oiseau était le symbole de l'Athènes antique, par exemple, et l'expression « envoyer un hibou à Athènes » reviendrait à exporter de la porcelaine vers Limoges. La pièce d'argent de quatre drachmes portait l'effigie du hibou, symbole de la sainte patronne de la ville, Athéna, déesse grecque de la sagesse. D'où l'idée de hiboux en tant que messagers de la sagesse – sous forme de lettres. On trouve un autre lien avec Poudlard dans le classique de T. H. White, *Le Roi Arthur* (1958), où Archimède le hibou se perche sur l'épaule de l'enchanteur Merlin. Rien d'étonnant à ce que dans le classique pour enfants, *Winnie l'Ourson*, le héros demande régulièrement conseil à Hibou : « Si quelqu'un sait quoi que ce soit sur quoi que ce soit, c'est Hibou. »

Dans certaines cultures, les hiboux représentent les esprits des défunts. Dans d'autres, ils permettent aux hommes (souvent des chamans) de canaliser leurs pouvoirs. Les chamans de certains groupes du Pacifique nord-ouest utilisent ces oiseaux pour prendre contact avec les morts, voir la nuit ou retrouver des objets. Certains Amérindiens portaient des plumes de hiboux comme talismans, tandis qu'au Japon, on plaçait des images et figurines de cet oiseau dans les maisons pour éloigner maladie et famine.

Tout le monde aime recevoir du courrier, mais il fut un temps où l'arrivée nocturne d'un hibou sur votre lit était redoutée. Ils étaient vus comme des oiseaux de mauvais augure. Pline l'Ancien, homme d'état romain, écrivit que les hiboux n'annonçaient que le mal, et devaient être craints plus que tout autre oiseau.

Dans l'Europe médiévale, le cri de la chouette éveille la crainte. Elle est alors associée avec la sorcellerie. Être « pris par un hibou », c'est être ensorcelé. Shakespeare parlait des hiboux comme des « sonneurs fatals ». En Inde, les chouettes amènent le mauvais sort ou sont des messagers des morts. Jusqu'à une époque récente, on clouait les chouettes aux portes des grandes pour éloigner la foudre et le mauvais œil.

Ce sont sans doute les habitudes nocturnes de la plupart des chouettes et hiboux qui leur valent cette image occulte, encore renforcée par leur vol presque silencieux, grâce à la surface veloutée de leurs plumes et, chez certains, les dentelures sur le bord des plumes de leurs ailes. Les yeux fixes du hibou et sa vision nocturne sans égale pourraient expliquer son lien avec la connaissance et l'omniscience. La plupart des gens associent la chouette au hululement typique de la chouette hulotte. En fait, leurs cris sont bien plus variés. Même la hulotte possède un répertoire plus étendu, et peut crier. Les cris du petit duc scops d'Europe ressembleraient à des sons de cloches. L'effraie des clochers pousse un cri étranglé ; le grand duc d'Europe un hululement profond et sonore ; et les chevêchettes d'Europe utilisent des trilles mélodieux. Le grand duc du Népal peut émettre une lamentation et un hurlement à glacer le sang, rappelant les pleurs d'une femme. On l'appelle sur place l'oiseau-démon.

Le monde des chouettes

Tous les hiboux réels ne feraient pas de très bons messagers, car la plupart des espèces sont sédentaires, d'après Colin Shawyer. Les candidats à l'acheminement des lettres, paquets et colis de Poudlard doivent faire partie des quelques espèces qui migrent. Heureusement, la Grande-Bretagne possède une grande proportion d'espèces migratoires. Deux espèces originaires du Royaume-Uni – le hibou moyen duc et le hibou des marais – peuvent faire l'aller et retour avec le Continent, et donc atteindre Durmstrang ou Beauxbâtons. La plupart des chouettes pourraient livrer le courrier la nuit, sans attirer l'attention des Moldus. Elles doivent leur époustouflante vision nocturne à plusieurs adaptations. Les chouettes ont de grands yeux tubulaires, et non ronds, ce qui leur donne une cornée assez grande par rapport à la taille générale de l'œil, permettant de capter plus de lumière.

La lentille d'un œil de chouette est convexe. La lumière passe par la pupille, qui peut être ouverte si large qu'on ne voit presque plus d'iris. La rétine d'un hibou est pleine de cellules photosensibles appelées bâtonnets, bien plus sensibles que les autres, les cônes, en lumière basse. La perception de lumière par un œil de hibou est encore renforcée chez bien des espèces nocturnes par une couche réfléchissante derrière la rétine, le tapetum licidum, qui donne une deuxième chance de détecter la lumière en réfléchissant tout ce qui a traversé la rétine.

Les yeux des chouettes hulottes, les mieux développés, sont environ cent fois plus sensibles aux lumières basses que les nôtres. Pour donner une idée, une chouette hulotte peut voir une proie à quelques mètres d'elle grâce à la lumière d'une bougie distante de plus de cinq cents mètres.

Mais même si ces oiseaux pouvaient voir les lointaines lumières de Poudlard par une froide nuit d'hiver, sauraient-ils où déposer le paquet et comment rentrer chez eux ? Aucune étude systématique ne s'est penchée sur la puissance cérébrale des chouettes, mais Eric Knudsen, de l'Université de Stanford, a étudié leur mémoire. Elles ont une excellente mémoire utile (celle que nous utilisons pour mémoriser un numéro de téléphone avant de le composer), située dans une partie du lobe frontal du cerveau appelée l'archistriatum. Les anciens hiboux avaient une réputation de sagesse et, d'après les travaux de Knudsen, ils seraient très bons pour se rappeler une nouvelle destination pour le courrier de Poudlard.

Knudsen a testé leur capacité à se rappeler l'emplacement d'une proie savoureuse, comme un criquet, tout en pensant à autre chose. Les hiboux déterminent la position de la proie en mesurant le temps que met le bruit de leur futur repas pour leur parvenir. Un son qui trouve son origine à l'extrême gauche de la chouette arrive à son oreille gauche environ deux cents microsecondes avant de parvenir à son oreille droite.

Les yeux d'un hibou étant quasiment fixes, les oiseaux tournent rapidement la tête dans la direction du son. Leur cou incroyablement long leur permet de tourner la tête sur deux cent soixante-dix degrés.

Les effraies des clochers, plus sensibles aux hautes fréquences sonores que les humains, localisent rapidement un criquet ou une souris en superposant deux « cartes » neurologiques dans leur cerveau, l'une liée au son et l'autre à la vision.

Pour découvrir le rôle de la mémoire dans la formation du lien entre la vue et l'ouïe, Knudsen équipa des chouettes de lunettes à prismes qui décalaient leur vision. Il constata que les oiseaux compensaient en déplaçant leur réponse au son, afin que la source corresponde à ce qu'ils voyaient. Un jeune hibou apprenait donc que si le son d'un criquet venait de la droite, il devait regarder devant lui, tandis qu'un son arrivant de face obligeait à regarder vers la gauche. La carte mentale déformée de l'animal, dans le cerveau intermédiaire, était créée par l'expérience visuelle et intégrée à une carte visuelle de son environnement immédiat dans une autre partie du cerveau appelée tectum optique.

Mais la capacité d'adaptation dépendait de l'âge des oiseaux : les jeunes apprenaient bien plus facilement. Les adultes élevés avec ces lunettes, si on les leur enlevait avant de les en équiper à nouveau, s'adaptaient très bien. Ils se rappelaient rapidement comment accommoder la vision déformée au travers du prisme. Mais les adultes à qui l'on mettait les lunettes pour la première fois n'apprenaient jamais à s'adapter. Cette expérience suggère que les jeunes ont assez de flexibilité dans l'architecture de leur cerveau pour former les nouveaux réseaux nerveux nécessaires pour s'adapter aux tâches nouvelles.

Pour apprendre un nouveau lieu, l'oiseau doit aussi oublier les réponses qui ne sont plus appropriées. Pour trouver le site de l'oubli, Knudsen se concentra sur la région ICX du cerveau intermédiaire de la chouette hulotte, riche en une certaine classe de cellules nerveuses, appelées cellules nerveuses GABAergiques, qui atténuent ou inhibent l'activité. Il pensait qu'en bloquant ces cellules de l'oubli, la carte oubliée reviendrait au premier plan, remplaçant la carte acquise. Et en effet, en bloquant les cellules GABAergiques, les cellules du cerveau des chouettes qui avaient montré la nouvelle carte se remirent à montrer l'ancienne carte. Knudsen en déduit que l'ancienne carte n'avait pas été oubliée, mais qu'elle contenait toutes ses informations, et avait été occultée, ou oubliée, de façon temporaire.

Les hiboux sont-ils intelligents ?

Nous avons établi que les jeunes hiboux peuvent apprendre, supprimer des souvenirs inutiles, et conserver certaines associations. Cette capacité suggère qu'ils pourraient apprendre à livrer quelque chose à une destination donnée, mais cela ne suffit pas à établir s'ils sont particulièrement malins. Par exemple, pourraient-ils communiquer avec les sorciers ? Peuvent-ils faire preuve d'anticipation, de raisonnement ? Ou utiliser la connaissance d'événements passés pour savoir comment se comporter à l'avenir ?

Il existe beaucoup de preuves d'intelligence dans le monde des oiseaux. Les perroquets gris d'Afrique sont capables des mêmes tâches que les chimpanzés et les primates, selon Irene Pepperberg, qui travaille au MIT et à la Brandeis University. L'un de ses plus jeunes pensionnaires, Griffin, a commencé par combiner des objets et des étiquettes vocales dans un ordre spécifique. Un tel comportement était autrefois considéré comme exclusif aux humains, aux primates et aux singes. « Le fait que nous trouvions cette caractéristique dans des animaux si éloignés des primates est très intéressant », conclut-elle.

Griffin peut agencer des bouchons et couvercles selon certains motifs, et prononcer des combinaisons de mots correspondant grossièrement au langage humain (comme « oiseau vert » et « toi vouloir raisin ? »). Griffin est encore au début de son acquisition verbale. Il peut nommer une douzaine d'objets ou matériaux différents, et apprend les couleurs et les formes. Le plus vieux et le plus avancé des oiseaux d'Irene Peppeberg, Alex, peut nommer plus de cinquante choses, dont sept couleurs, cinq formes, les quantités jusqu'à six, et trois catégories (couleur, forme, matière), et utilise « non », « viens ici », « veux aller à X » ou « veux Y » (où X et Y sont des lieux ou matériaux particuliers).

Alex combine ces étiquettes pour formuler des requêtes, identifier, commenter ou refuser plus de cent objets, et modifier son environnement. Il traite des demandes pour juger les catégories, la taille relative, la quantité, la ressemblance ou la différence dans les attributs et montre une compréhension des mots. On peut lui présenter une série de sept objets et il répondra correctement à une phrase aussi complexe que : « Quelle forme est verte et en bois ? » Alex « fait donc preuve de capacités que l'on croyait autrefois réservées aux hommes et aux primates », explique Irene Pepperberg. Au lieu de simplement associer les motifs des étiquettes avec de la nourriture, elle croit qu'Alex comprend vraiment ce qu'il dit.

D'autres preuves expérimentales suggèrent que ces oiseaux n'ont pas une cervelle d'oiseau. Dans la mythologie, on attribue souvent aux corvidés (la famille des corbeaux, qui comprend le geai, la pie, le choucas des tours et le corbeau) une intelligence supérieure aux autres animaux, voire aux humains. Au milieu des années 1990, Gavin Hunt vit des corbeaux utiliser des brindilles recourbées comme outils pour saisir de la nourriture. On découvrit ensuite que le geai buissonnier possède un type de mémoire que l'on croyait jusqu'alors réservé aux humains.

En donnant à des oiseaux des denrées périssables et non périssables à stocker puis en leur permettant de les retrouver au bout d'un délai plus ou moins long (quand la nourriture périssable était encore fraîche, ou pourrie),

Nicky Clayton et Tony Dickinson de l'Université de Cambridge ont démontré que les geais sont capables de se souvenir du résultat d'une expérience préalable, et du lieu et du moment où elle s'était produite. Les oiseaux se souvenaient de l'endroit où ils avaient stocké leur nourriture, en la couvrant d'une feuille, en la coinçant dans une fente ou en l'enterrant, mais aussi du type de nourriture et du temps écoulé depuis la dissimulation. Suite à ces travaux, Nicky Clayton et Nathan Emery trouvèrent les premières preuves que ces geais sont capables de voyager dans le temps mental – de se projeter dans le futur suite à des expériences antérieures.

Les prouesses du geai avaient commencé à intriguer Nicky Clayton pendant ses heures de repas quand elle avait commencé à travailler à l'Université de Californie (Davis). Elle remarqua une grande compétition entre les oiseaux pour les miettes et autres restes des repas des enseignants et des étudiants. Pour protéger leur butin, les oiseaux le cachaient. Mais certains allaient plus loin – ils revenaient au lieu où ils avaient caché la nourriture après le départ de leurs rivaux et l'enterraient ailleurs. Pour éviter qu'on ne la leur vole ?

Avec son mari, Nathan Emery, elle testa sa théorie pour voir si les oiseaux cachaient leur nourriture en fonction d'expériences passées de voleur. Nicky Clayton et Nathan Emery découvrirent que si un geai buissonnier au passé « criminel » est vu en train de cacher sa nourriture, il la déplacera s'il a l'occasion de le faire sans témoin. Les innocents sont plus confiants : ils laissent leur nourriture là où elle est, même s'ils savent qu'un autre oiseau les a vus l'y mettre. Donc, à voleur, voleur et demi : les geais qui ont déjà volé de la nourriture se méfient plus que les oiseaux honnêtes, parce qu'ils savent, par leur propre expérience, que l'on peut voler de la nourriture.

« Les geais paraissent projeter leur propre expérience de pillage sur les intentions d'un autre oiseau. Ceci suggère qu'ils possèdent la base d'une théorie de l'esprit », explique Emery. C'est une découverte remarquable, car la capacité de lire les intentions, croyances ou désirs d'autrui se développe autour de la troisième année de la vie humaine, et n'avait jamais été démontrée de manière convaincante chez un animal. « À notre connaissance, c'est la première fois qu'un non-humain montre des éléments de voyage temporel mental, ajoute Clayton. Les geais expérimentés doivent utiliser une sorte de capacité cognitive pour avoir ce genre de comportement, pas forcément de la même façon que les humains. Quoi qu'il en soit, on n'avait encore vu cela que chez les chimpanzés et autres grands singes. » Si tel est bien le cas, les geais seront la seule espèce non humaine dont on aura prouvé qu'elle possède une théorie de l'esprit.

Une fois les geais identifiés comme des Einstein volants, une question apparaît : les hiboux sont-ils aussi intelligents ? « D'après une observation simple... je suis sûr qu'ils ne sont pas aussi intelligents que les geais, les corbeaux ou les perroquets », répond Knudsen. Le dresseur présent pour le premier film de Harry Potter était encore moins tendre avec ses pensionnaires : « Les harfangs sont vraiment bêtes. Ils ont une place si simple dans la nature qu'ils n'ont pas besoin de beaucoup d'imagination. » Comme dans tant d'autres domaines scientifiques, il semble qu'il faille encore étudier les hiboux pour savoir s'ils sont capables de servir de facteurs. Comme pour bien des aspects du monde magique de Harry Potter, ce n'est pas impossible, étant donné les talents d'autres oiseaux. Et, comme il sera démontré par d'autres exemples dans le prochain chapitre, il serait même possible d'utiliser des modifications génétiques pour doper le cerveau d'un hibou.

Poulpe géant

Devant mes yeux se tenait un monstre horrible, digne de figurer dans les légendes les plus merveilleuses. Une seiche immense, de huit mètres de long. Elle nageait de profil vers le Nautilus, à grande vitesse, et nous regardait de ses grands yeux verts.

Jules Verne, *Vingt Mille Lieues sous les mers.*

Une autre créature importante dans la série de Harry Potter est le poulpe géant qui vit au fond du lac de Poudlard et aime à se prélasser dans ses eaux peu profondes, plus chaudes, où les élèves lui donnent parfois du pain. Lui aussi trouve ses origines dans le folklore. On trouve beaucoup d'histoires de lacs sans fond habités par des monstres : le « lac noir de Morridge » près de Leek, Staffordshire (Angleterre), où une sirène attirait les marins vers leur mort ; à Ellesmere, Shropshire, Greenteeth rôdait dans les algues d'une mare stagnante pour attraper les enfants imprudents, et le lac Avernus près de Pozzuoli était autrefois considéré comme une entrée des Enfers. Ces histoires servaient sans aucun doute un but utilitaire – éloigner les enfants de ces eaux pour éviter les noyades.

Il existe aussi une version réelle du poulpe de Poudlard, tout aussi mystérieuse. Les légendes norvégiennes parlent des krakens, des créatures marines si grandes que, de loin, elles ressemblent à des îles. L'évêque de Bergen, en 1753, décrivit un monstre marin immense « plein de bras » assez gros pour écraser le plus grand navire de guerre. Aussi étonnant que cela paraisse, ce poulpe géant existe. Baptisé *Architeuthis* (« poulpe en chef » en grec), c'est l'un des grands mystères de notre planète.

Vivant à bien des brasses sous la surface de l'océan, cette créature est si discrète que l'on n'a jamais vu un adulte vivant. De temps à autre, ces invertébrés les plus grands et les plus évolués de la planète se prennent dans des filets tendus très profond et sont ramenés à la surface. Pour l'instant, les seuls spécimens capturés vivants faisaient moins de deux centimètres. Le premier fut capturé par Steve O'Shea du National Institute of Water and Atmospheric Research à Wellington (Nouvelle-Zélande). Il découvrit ces larves à sept mètres de profondeur, à environ deux cent quarante kilomètres de la rive. Les tests ADN dans deux laboratoires confirmèrent qu'il s'agissait d'un *Architeuthis*. O'Shea cherche à présent le moyen de les élever en laboratoire. Les larves ont une belle croissance devant elles. Les anneaux de croissance des otolithes suggèrent des taux de croissance spectaculaires : plus petits qu'une crevette, ils mesureraient, en environ dix-huit mois, vingt mètres de long à l'âge adulte, pèseraient une tonne, et possèderaient des yeux sans paupières de la taille d'une assiette (ce qui en fait les yeux les plus grands du règne animal). Certaines de leurs fibres nerveuses sont si grosses qu'on les a au début prises pour des veines. La taille de ces créatures est depuis longtemps source d'inspiration, notamment pour Jules Verne, qui a décrit l'une de ces créatures attaquant le *Nautilus*. Fait amusant, en 2002, lors du trophée Jules Verne, une de ces créatures s'est attachée au navire d'un navigateur français.

Les *Architeuthis* possèdent les mêmes chromatophores qui donnent aux poulpes plus petits leur impressionnante aptitude de camouflage. Comme son parent proche, la pieuvre, le poulpe possède huit bras. Mais il possède en outre deux appendices plus longs, appelés tentacules, achevés par des ventouses, dont il se sert pour saisir sa proie. Ces dix appendices sont, comme le mentionne Jules Verne, « fixés à sa tête » et disposés en cercle autour de sa bouche, « un bec cornu comme celui d'un perroquet », grand comme une main humaine ouverte.

Étrangement, on sait très peu de choses de ces créatures, alors qu'elles paraissent assez communes : les cachalots capturés ont souvent des becs de poulpes dans l'estomac, puisqu'il s'agit de la seule partie indigestible de l'animal. C'est en Nouvelle-Zélande que l'on a commencé à comprendre comment ces rencontres avaient lieu. Des pêcheurs et scientifiques locaux ont développé des pêcheries locales, s'intéressant à des poissons exotiques comme le hoki, la lingue ou l'hoplostète orange, autour de Chatham Rise, un immense plateau rocheux à environ huit cents mètres de profondeur. Ils ont retrouvé là des poulpes géants morts, qui se nourrissaient des bancs de poissons abondants. Les adultes vivraient à des profondeurs comprises entre trois cents et mille mètres, la majorité se trouvant environ à cinq cents mètres. Le lac de Poudlard doit donc être particulièrement profond, et lié à la mer d'une façon ou d'une autre, car ce sont des créatures marines.

Le fait que Poudlard possède un calamar « à résidence » peut nous renseigner sur son emplacement. Martin Collins, de l'Université d'Aberdeen, fait remarquer qu'un grand nombre d'*Architeuthis* ont été attrapés ou se sont échoués sur les côtes d'Écosse, où l'on suppose que Poudlard se trouve : entre North Uist sur la côte ouest des Shetland et à Bell Rock, au large d'Arbroath, à l'est.

Un environnement marin pourrait-il être présent dans un lac écossais ? John Rees, du British Geological Survey de Nottingham, estime que certains étaient salins et reliés à la mer après la fin de la dernière période glaciaire, il y a environ quinze mille ans. L'analyse de sédiments trouvés dans ces lacs montre que le poids de la glace avait abaissé le niveau de l'Écosse au point que les eaux montantes de l'époque, très rapides, s'étendaient plus loin dans les terres que de nos jours. L'Écosse s'est peu à peu soulevée ces quinze mille dernières années, un peu comme un matelas quand on se lève, coupant les liens avec la mer. Cela créa un certain nombre de lacs dits méromictiques, anciens fjords ou lacs marins isolés de la mer par cette remontée des terres. Ces lacs, notamment le Loch Lomond, possèdent encore de l'eau de mer au fond (préservée par la profondeur physique, le contraste de densité et l'absence d'évacuation). Bien que les pluies abondantes aient éliminé les lacs salins, certains sont saumâtres, et le poulpe de Poudlard s'est peut-être adapté à une eau peu salée.

Graham Shimmield du Dunstaffnage Marine Laboratory à Oban (Argyll) indique aussi sur la côte ouest des bras de mer qui sont à première vue des lacs isolés. Par exemple, le Loch Etive, près de son laboratoire. Les chutes de Lora et la passe de Bonawe sont deux « seuils » séparant la mer du loch. « La profondeur maximale du Loch Etive dépasse cent quarante mètres – plus profond que la plaque continentale ouest de l'Écosse – une cachette idéale », explique Shimmield. Son équipe cherche d'autres exemples, notamment Loch Morar et autres lochs des Îles extérieures.

Tous se trouvent sur la côte ouest, où les eaux sont chauffées par le Gulf Stream – ce qui correspondrait à la mention d'eaux chaudes dans lesquelles la créature aime se laisser flotter. Un jour, ces indices pourraient nous apprendre le véritable emplacement de Poudlard et de son lac.

Scroutts à pétard

Ces dangereux croisements entre une manticore (bête mythologique à tête d'homme, corps de lion et queue de scorpion) et un crabe de feu (sorte de tortue avec une carapace incrustée de pierres précieuses et équipée d'un lance-flammes) possèdent une arme naturelle redoutable. Quand Harry les voit pour les première fois, les scroutts ressemblent à des écrevisses difformes et sans carapace, avec des pattes aux endroits les plus improbables et sans tête. Le temps qu'il achève le Tournoi des Trois Sorciers, un spécimen mesurait plus de trois mètres de long et, avec le dard de sa queue, ressemblait à un gigantesque scorpion.

Comme nous le verrons, l'ingénierie génétique offre bien des moyens de fabriquer un scroutt, mais on trouve déjà un élément chez une créature réelle. La nature a trouvé un moyen de placer un pétard dans les scroutts. Il utilise sans doute un système de propulsion semblable à celui qui emportait les V1 allemands vers le sud de l'Angleterre pendant la Seconde Guerre mondiale. Bien qu'il se soit agi là du premier missile de croisière opérationnel, sa méthode de propulsion ne sortait pas des laboratoires nazis, mais du scarabée bombardier, un insecte qui peut produire un jet d'irritant chimique à une température de 100 °C, entre cinq cents et mille fois par seconde.

Le scarabée utilise un mécanisme de fusée à impulsion – le jet est généré par de petites explosions – très proche du V1, d'après les recherches de Thomas Eisner, de la Cornell University. « Le plus intéressant au sujet du V1 et du scarabée bombardier est qu'ils ont tous les deux un système où la valve qui apporte le carburant à la chambre de réaction oscille de façon passive – la première explosion ferme la valve qui alimente la chambre à explosion », explique Eisner. Après la première explosion, les produits chimiques dans l'abdomen du scarabée sont aspirés dans la chambre de réaction par une baisse de pression. Une nouvelle explosion éjecte une salve d'irritants chimiques appelés benzoquinones. Les scarabées peuvent tirer ce fluide toxique bouillant depuis leur abdomen dans n'importe quelle direction en déplaçant le bout de leur abdomen et en utilisant une paire de déflecteurs en forme de boucliers. Il ne faut pas beaucoup d'imagination pour voir un jeune Scroutt faire de même pour se projeter en avant de quelques centimètres avec un léger « peuf ».

Je suis sûr que les scroutts utilisent la même technologie, car ces détonations existent depuis très longtemps : les preuves évolutionnaires semblent indiquer que les scarabées bombardiers ont évolué avant la rupture du Gondwana, le supercontinent formé des actuels continents de l'hémisphère sud, il y a 150 millions d'années.

Escargots orange venimeux

Ces créatures ne sont que brièvement mentionnées dans les livres de Harry Potter, et font sans doute référence aux créatures marines toxiques et carnivores appelées cônes tueurs, d'après un expert en gastéropodes voisin de Poudlard. Il existe plus de cinq cents espèces de cônes tueurs dans le monde, d'une taille comprise entre un et quinze centimètres. En raison de leur beauté diverse, on les collectionne depuis plus de trois siècles. Mais ils peuvent aussi être mortels, produisant un venin riche en « conotoxines », qu'ils injectent avec une dent creuse similaire à un harpon. Les poissons, vers et mollusques touchés reçoivent cette injection pendant les chasses nocturnes de l'escargot.

Certaines espèces sont si toxiques qu'elles peuvent même tuer des hommes. On compte plus de trente cas dans les textes scientifiques. En 1936, le *Medical Journal of Australia* décrivait qu'un jeune homme en pleine santé avait eu une rencontre fatale avec un *conus geographus*, un mangeur de poisson, lors d'une excursion sur Hayman Island avec sa mère et des amis. Il est mort cinq heures après la piqûre. Les symptômes étaient proches d'une empoisonnement au curare : douleur, insensibilité, vomissements, vertiges et paralysie respiratoire.

La présence d'escargots orange à Poudlard pourrait signifier que l'on prépare de sinistres choses. On imagine aisément un chaman des temps anciens trouvant bien des utilités à cette créature. Bruce Livett, expert en *conidae* à l'Université de Melbourne, croit qu'il existe plusieurs types de cônes tueurs correspondant à la description faite par Harry. Par exemple, il y a *Conus regius citrinus*, particulièrement grand – soixante millimètres – et entièrement orange trouvé par le collectionneur David Touitou sur l'île de la Martinique. Mais aussi le Gmelin *Conus spurius*, tacheté d'orange en Colombie. Ou encore le *Conus capitaneus*, présent dans une nature morte de Balthasar Van der Ast (1593-1657) au Rijksmuseum (Pays-Bas). Mais il semble peu probable que les cônes tueurs soient utilisés pour la décoration à Poudlard. Il existe un autre candidat, le *Conus textile suzannae*, natif du Kenya, soupçonné de causer des douleurs aux humains.

Les *conidae* ne sont pas tous nocifs. Le venin agit en bloquant certains signaux moléculaires dans le corps, et cela peut servir. Le venin des escargots ne contient pas seulement les quatre ou cinq composants présents dans le venin d'araignée ou de serpent, mais parfois jusqu'à deux cents, ce qui en fait une source formidable de nouveaux médicaments. « La grande diversité de cônes tueurs, chacun possédant un cocktail unique de venin ou de toxines, permettra sans doute la découverte de nouvelles molécules médicamenteuses. »

De petites protéines ou peptides ont été isolées dans le venin de cinquante espèces d'escargots de la Grande barrière de corail par Paul Alewood et ses collègues à l'Université du Queensland, et plusieurs possèdent un grand potentiel pour composer des antidouleurs très puissants. On pourrait aussi dériver ces analgésiques d'une espèce orange venimeuse, le *Conus consors*, un cône tueur qui chasse le poisson. Une équipe de l'Institut fédératif de Neurobiologie de Gif-sur-Yvette a découvert que son poison contient une toxine inconnue – portant le nom barbare de omega-conotoxine CnVII1 – qui bloque les voies par lesquelles les ions de calcium passent dans les cellules nerveuses. « D'autres toxines de cônes tueurs qui bloquent ces mêmes canaux sont potentiellement des bloqueurs de douleur, en particulier la douleur neuropathique, qui résiste à la morphine », explique Livett.

Une de ces toxines, découvertes par Baldomero « Toto » Olivera et ses collègues à Salt Lake City, a déjà servi à des essais en clinique pour soulager la douleur neuropathique quand les autres traitements avaient échoué. Cet analgésique, appelé Ziconotide, est basé sur la conotoxine du cône tueur marin *Conus magus*, à dominante généralement blanche ou marron. Mais Livett indique qu'il en existe une version striée d'orange dans l'une des bibles des cônes tueurs, le *Manual of the Living Conidae* de Dieter Rockwel, Werner Korn et Alan Kohn. Il semble donc que les escargots orange de Poudlard puissent avoir un usage plus inoffensif, aidant à soulager la douleur d'une blessure reçue au Quidditch ou par un sort raté. Les escargots figurent sans doute dans l'une des recettes du livre *Potions magiques* de Harry.

Merveilles naturelles

Le poulpe, l'escargot et les Scroutts montrent que, même sans magie, le monde moldu compte bien des créatures exotiques et intrigantes, tout à fait à leur place dans le monde enchanté de Poudlard. Imaginez, par exemple, une infection qui tue les mâles, déclenche des naissances immaculées et transforme les garçons en filles. Rêve féministe ? Propagande misandre ? Science-fiction ? Non. Bienvenue dans le monde étrange de la wolbachia, la transformiste, la tueuse de mâle, la veuve éternelle. Cette bactérie joue avec la vie sexuelle de vingt pour cent des espèces d'insectes, des guêpes aux papillons et aux coccinelles.

Il y a bien d'autres créatures étranges dans notre monde. Certaines utilisent une version réelle du sort Impérium, sort impardonnable qui place sa victime sous le contrôle du sorcier. *Dicrocoelium dendriticum*, la petite douve du foie des bovins, infecte les fourmis et modifie leur comportement. Quand la température baisse à la tombée de la nuit, les fourmis infectées ne retournent pas au nid avec les autres, mais montent sur un brin d'herbe ou autre végétation et s'accrochent aux feuilles avec leurs mandibules. Là, elles attendent d'être avalées par les bovins qui paissent. De cette façon, l'extraordinaire cycle vital du parasite est complété.

Les philtres d'amour ont leur équivalent moldu. Il existe une « maladie d'amour » qui fait abandonner aux rats leur aversion naturelle pour les chats. Le *toxoplasma gondii*, un protozoaire intracellulaire, infecte le cerveau du rongeur, induisant un effet similaire au Prozac pour qu'il ait moins peur des chats. Une fois que le rat infecté a été mangé par le chat, le parasite est transmis avec succès à son hôte définitif.

La transformation d'un Animagus, ou le passage d'une espèce à l'autre, n'est pas si magique si on la compare à l'étrange vie d'une créature qui se nourrit de crustacées. Peter Funch et Reinhardt Møbjerg Kristensen de l'Université de Copenhague ont découvert cette créature collée à l'orifice buccal d'un homard de Norvège, où elle ramassait les particules de nourriture résiduelle, comme une serviette vivante.

La créature est tellement unique – ou étrange, selon le point de vue – que les biologistes lui ont donné non seulement un nom d'espèce propre, mais aussi sa propre famille. Ils sont même allés plus loin, et déclaré qu'il s'agissait d'un phylum entièrement nouveau. C'est le gros lot de la taxinomie, puisqu'il n'y a que trente-cinq phyla environ. Il s'agit de la deuxième division dans la table de la classification, juste sous la méta-désignation « royaume » qui différencie les plantes, les végétaux et les champignons.

Le nom de ce nouveau phylum est *Cycliophora* (« qui porte une petite roue », en grec), en référence à sa bouche circulaire caractéristique, située près de son anus. Le nom d'espèce, plutôt magique, qu'ils lui ont donné est *Symbion pandora*. La première partie du nom fait référence à son statut de symbiote, une créature qui coexiste avec une autre (le homard), et la seconde à son étrange cycle de vie. Ce cycle vital est divisé en deux parties, l'une asexuée et l'autre sexuée, chacune composée de différentes phases. Comme le dit Funch, « l'étude de ce cycle vital revenait à ouvrir la boîte de Pandore ».

Beaucoup d'habitants de Poudlard sont magiques, mais sont-ils vraiment aussi étranges que le *Symbion pandora* ? Outre une occasionnelle référence indirecte à la vie microscopique, notamment les virus qui provoquent les rhumes ou les grippes, ou le parasite Ciseburine qui ronge les baguettes magiques, nous ne pouvons pas éliminer la possibilité qu'un homard vivant au fond du lac de Poudlard soit infesté d'une chose plus étrange encore que le *Symbion pandora*. En fait, il pourrait regorger de vie microscopique. Et même s'il n'existe pas encore de créature aussi étrange, il est tout à fait possible que nous puissions les fabriquer à la demande comme nous allons le voir.

Chapitre 6

Magizoologie

Cerbère, le monstre cruel et difforme,
Tire sur ses trois chaînes et grogne tel un chien
Sur les ombres en pleurs. Ses yeux fixes
Sont d'un rouge de sang, et ses babines velues
Sont grasses et noires ; ventru, griffu
Il saisit et frappe et déchire et brise les âmes.

Dante, *La Divine Comédie.*

Beaucoup des créatures que Harry est amené à croiser pourraient sortir du laboratoire d'un généticien fou. À l'issue de sa première épreuve, quand il traverse un rideau de flammes noires pour affronter Quirrell, professeur timide et nerveux, ce dernier défait son turban, révélant à Harry un visage blanc et serpentin. Le Sombre Seigneur – Voldemort – a pris résidence sur l'arrière du crâne de Quirrell, vision grotesque qui hantera les rêves de Harry pendant des semaines.

Pensez à Hagrid, le gargantuesque Gardien des Clés de Poudlard. Sa taille gigantesque est-elle due à la Potion d'Enflure, dont le moindre contact suffit à gonfler n'importe quelle partie de l'anatomie, ou bien à la magie qui a gonflé Tante Marge comme une baudruche... La même, peut-être, qui a créé les araignées géantes de la Forêt Interdite comme Aragog, ou encore le Nundu, une sorte de léopard géant. Les potions de ratatinage, elles, causeraient des effets égaux mais opposés.

Poudlard est habité par un large éventail de vie. Les serres abritent des plantes magiques. La ménagerie contient des boules de fourrure de couleur moutarde, des tritons à double queue, de gros crapauds violets et bien d'autres qui couinent, hurlent ou sifflent. Il y a Touffu, le chien monstrueux à trois têtes et aux crocs jaunis (bien que l'on puisse se demander comment il a pu échapper à la Commission d'Examen des Créatures dangereuses). Et, bien sûr, Dobby l'elfe de maison, une petite créature avec des oreilles de chauve-souris et des yeux exorbités de la taille d'une balle de tennis.

Les gnomes à la peau dure, sortes de pommes de terre sur pattes, lui paraissent apparentés. Hauts d'à peine vingt-cinq centimètres, des pieds crochus et une grande tête chauve, sont-ils cousins des Chaporouges, ces lutins assoiffés de sang ? Quel est leur lien avec les Botrucs, qui aiment les arbres, avec les Toxinettes qui ressemblent à des fées, ou les Erklings qui apprécient tant les enfants moldus ?

Une comparaison de leur recette génétique, ou génome, pourrait démêler les racines de leur arbre généalogique. Heureusement pour notre quête de compréhension dans l'univers de Harry Potter, nous pouvons tirer profit des nombreux programmes de décodage du génome de plusieurs créatures, de l'être humain à l'asticot. Ce sont de bonnes bases pour tout apprenti sorcier généticien.

Ce n'est que récemment que les scientifiques ont déchiffré tout le programme génétique d'une simple herbe appelée *Arabidopsis*, similaire au programme génétique utilisé par d'autres plantes. Beaucoup de choses semblent indiquer que l'on a modifié ces programmes à Poudlard. Pensez aux «fleurs grandes comme des parapluies» qui pendent au plafond de la Serre Trois. Elles ont pu être créées avec la même recette de croissance génétique que les citrouilles grosses comme des rochers que Hagrid cultive dans son petit potager. Le code de l'*Arabidopsis* pourrait aussi contenir le secret du dynamisme de l'antique Saule Cogneur, qui a trouvé le moyen d'attaquer avec ses branches. Et expliquer la magie à l'œuvre dans un seau de champignons sauteurs.

Notre compréhension de la forme des choses – et notre capacité à changer cette forme – est l'aboutissement d'un effort millénaire. Hippocrate, au Ve siècle av. J.-C., envisageait le problème en termes de feu, d'humidité et de solidification. Un siècle plus tard, Aristote posait une question essentielle : tous les morceaux d'un embryon sont-ils présents en même temps, ou apparaissent-ils successivement ? Nous savons à présent que cette dernière solution est la bonne, et nous comprenons le processus moléculaire à l'œuvre, ce qui permet de connaître – et donc changer – le plan de développement d'un corps.

Imaginez que vous ayez un jeu de briques de construction, comme des Lego, permettant de créer n'importe quel corps. Il serait facile d'élaborer une créature fantastique, qu'il s'agisse d'une licorne, d'un centaure ou d'une araignée géante. Cela paraît magique, mais nous avons découvert ces dernières décennies que la Nature elle-même utilise cette approche.

L'étude de plusieurs créatures a révolutionné la biologie. Outre les souris, les grenouilles, les mouches, il y a l'hydre, qui aurait tout à fait sa place à Poudlard : elle peut faire repousser ses têtes perdues, ou même tout un corps à partir d'un fragment.

Les Lego de la vie

Quand le sperme rencontre l'œuf, cela déclenche une cascade de centaines de milliers de réactions chimiques, qui se croisent et se recoupent en un réseau d'une complexité incroyable. Un œuf fertilisé ne porte pas un petit homoncule préformé. Il contient des gènes, des ins-

111

tructions contenues par les cellules d'ADN qui lui disent (presque) tout ce qu'il a besoin de savoir sur la vie. Les gènes doivent répondre à la géographie locale pour façonner le corps.

Quand un œuf humain se développe, le mécanisme moléculaire qui génère le « plan du corps » est très similaire à celui de la souris, la mouche et autres créatures soi-disant primitives. Chaque créature vivante, des insectes aux plantes (et même, sans doute, les magiciens et sorcières) est construit avec l'aide de ce genre de kits de construction, composés des gènes que nous héritons de nos parents.

Regardez une créature de près et vous verrez ses éléments constitutifs, qu'il s'agisse des segments d'un ver, de l'échine des vertébrés, ou de la construction tête-thorax-abdomen des insectes. Il existe des correspondances encore plus étranges entre les blocs de construction des différentes familles. Au National Institute for Medical Research du Nord de Londres, une équipe dirigée par David Wilkinson et Robb Krumlauf a trouvé des similarités entre la façon dont la souris développe les segments de son cerveau et celle dont les mouches forment les segments de leur corps.

La segmentation, comme les briques d'un Lego, est une façon simple de construire une chose aussi complexe qu'un organisme vivant. Dans un ver, tous les segments individuels se ressemblent, mais les créatures plus complexes portent des différences : les insectes, par exemple, développent des ailes et des jambes sur des segments différents. Dans les structures encore plus complexes, des souris et des hommes, la programmation des segments est utilisée comme unité de base sur laquelle faire plusieurs variations d'ordre esthétique.

Chez les humains, la segmentation est un reliquat évolutionnaire utilisé pour développer le corps. En particulier, on retrouve au premier stade de l'embryon de petits segments correspondant à des ouïes, comme dans un embryon de poisson. Ces segments se développent pleinement chez les poissons, mais chez les hommes et les souris ils donnent la partie inférieure du visage, dont la mâchoire inférieure et le cou. C'est très révélateur. Quand Harry mange de la Branchiflore pour avoir des branchies et ainsi pouvoir respirer sous l'eau, a-t-il simplement réactivé ce programme génétique ?

Le développement du cerveau frontal (des constituants appelés segments rhombomères) commence avant même celui des branchies. De cette façon, il est possible de construire une tête. Quand Ron Weasley parle à Harry, dans sa lettre, de malédictions qui donnaient une tête supplémentaire aux Moldus, ou quand des sorciers maléfiques désirent un serpent Runespoor à trois têtes, on imagine aisément comment y parvenir. Il suffit de dupliquer le programme génétique fondamental.

Comment planifier un corps

La science de la génétique du développement est née quand les scientifiques ont vu qu'un dérèglement du processus de segmentation engendrait des monstres. Parfois, un insecte apparaît avec les « mauvais segments » : une patte à la place d'une antenne, par exemple. Dès 1894, le scientifique britannique William Bateson surnommait ceci une « mutation homéotique », *homeosis* faisant référence à un membre prenant l'apparence d'un autre. Bateson suggérait à juste titre que cela pourrait révéler les mystères de l'évolution et du développement embryonnaire.

Un quart de siècle plus tard, la première d'une longue série de mutations fut découverte chez la mouche. Certaines possédaient deux copies du segment portant les ailes. Ces mouches dotées de deux paires d'ailes déclenchèrent une avalanche de découvertes révolutionnaires pour notre compréhension des molécules qui façonnent le plan du corps.

Avec la mouche, l'une des créatures expérimentales préférées des biologistes moléculaires (leurs gènes sont faciles à étudier et elles pullulent), les scientifiques ont découvert qu'une petite séquence génétique, appelée homéobox, apparaissait dans beaucoup de gènes qui pouvaient causer des mutations physiques. Tous les gènes du plan du corps contiennent une homéobox. En la trouvant, les scientifiques pourraient découvrir les gènes intervenant dans le mécanisme moléculaire du développement et de la formation des segments. Quand un embryon de mouche a quatre heures, par exemple, un gène appelé Engrailed s'active. Ce gène à hoémobox particulier aide le corps à se séparer en segments.

Quand les premières homéobox furent isolées chez la mouche, elles s'avérèrent résider en grappes dans le code génétique. On a depuis découvert des grappes similaires dans l'ADN d'autres animaux : les vers, les souris, les grenouilles, les poulets et les humains. Les gènes de ces grappes vivent et travaillent ensemble. Chaque grappe forme une équipe, qui dit aux cellules hôtes où elles se trouvent dans le corps, et donc ce qu'elles doivent devenir.

Les gènes contenant des homéobox sont nécessaires à la formation des corps, car ils produisent des protéines utilisées pour contrôler la lecture et l'interprétation de la recette génétique. Ainsi, chez les arthropodes, un groupe qui comprend les insectes, les araignées, les crabes et les mille-pattes, le premier gène de la grappe influence le développement de la tête et des structures associées, ceux qui se trouvent au milieu déterminent le développement des jambes et des ailes sur les segments appropriés, et ainsi de suite. Chez les humains, cette grappe se répète plusieurs fois pour former quatre grappes, toutes légèrement différentes, avec un total de trente-huit gènes. Les gènes à homéobox contrôlent entre autres le développement des membres, décidant quand un groupe de cellules devient un pouce, un petit doigt ou n'importe quel autre doigt. En termes grossiers, plus le corps est complexe, plus les grappes deviennent grandes. Ceci pourrait suggérer une variation de la recette de base. Toutefois, le développement des corps de tous les animaux est contrôlé par un nombre de gènes remarquablement petit depuis la création du monde.

Comment Harry est devenu lui-même

Mais chaque cellule dans un embryon possède les mêmes informations génétiques dans son ADN. Comment les cellules de la tête de Hagrid ou Harry font-elles pour se différencier de celles de son cœur ? Depuis des décennies, on débat pour savoir si les premières cellules d'un embryon sont préprogrammées pour devenir des cellules du cœur (par exemple), ou si ce sont leurs cellules sœurs qui leur disent de changer. Les scientifiques croient aujourd'hui que l'environnement de chaque cellule dans l'embryon est capital. Une cellule de cœur, cela se construit. Déplacez les cellules dans un embryon jeune, et elles changeront d'identité selon leur environnement local.

Le tout se stabilise quand une cellule influence l'identité de sa voisine, transmettant l'information : « Nous allons devenir un cœur », comme une rumeur dans la foule. Mais d'autres signaux agissent plutôt comme un réalisateur de cinéma : « Vous, vous faites le cœur ! » On les appelle morphogènes, des signaux chimiques qui organisent plusieurs cellules. Ils ont été étudiés par Sir John Gurdon, de l'Université de Cambridge.

Qu'il s'agisse de signaux cellulaires locaux ou de morphogènes, ces sécrétions chimiques activent les gènes à homéobox, qui déterminent le sort d'une cellule. Les gènes régulateurs actifs au début du processus du développement aident à déterminer quelle partie de l'embryon devient la tête ou la queue, le dos ou le ventre. Ces gènes déterminent aussi le type de tissu de base, transformant

115

un tissu embryonnaire appelé ectoderme en peau et en cerveau, par exemple. Les gènes actifs dans la suite du processus aident à séparer les différents segments dans le corps – à différencier, par exemple, une tête d'un abdomen. Encore plus tard, les gènes influencent la croissance des appendices comme les membres, jusqu'à ce que les détails morphologiques soient achevés. Le plan du corps est donc dressé autant dans le temps que dans l'espace.

Quand un gène à homéobox est anormal, il se passe des choses étranges, et les monstres qui en résultent en disent beaucoup sur le rôle de ce gène particulier dans le corps. Chez les mouches, par exemple, un gène appelé Antennapedia ne transforme normalement que les cellules qui composent le thorax pour leur dire que les protubérances à la surface du corps devraient donner des pattes. Quand il se dérègle et s'active dans la région de la tête, il fait pousser des pattes à la place des antennes (cela rappelle, dans *Potions de grands pouvoirs*, la mention assez dérangeante où une sorcière s'est retrouvée avec plusieurs paires de bras sur la tête).

Des mouches du monde entier ont accumulé une gamme de mutations aux proportions mythiques. Par exemple, la Bicaudal n'a pas de tête, un petit corps, et deux anus. D'autres mutantes sont velues, chauves, n'ont pas d'yeux, sont couvertes de tumeurs, n'ont que l'avant du corps, ou que l'arrière. Et n'oublions pas notre amie Bithorax, qui a deux paires d'ailes au lieu d'une.

Nous avons donc une idée sur la façon de créer les palominos ailés qui tirent l'attelage de Beauxbâtons, et tant d'autres créatures. Comme le fait remarquer Matthew Freeman, du Laboratory of Molecular Biology à Cambridge, le plus incroyable est que les cellules de toutes les créatures utilisent le même langage. « C'est pratique pour créer des créatures fantastiques. Et l'on comprend comment Rita Skeeter se transforme en scarabée, comment Dudley Dursley peut avoir une queue de cochon, comment un Quintapède peut avoir cinq jambes poilues, et même comment obtenir une Chimère. »

Cette idée de transformation n'est pas improbable, qu'il s'agisse de l'enchanteresse grecque Circé qui transforme les hommes en cochons, l'Escargoule qui change de couleur toutes les heures (selon Scamander), ou l'Animagus, un humain qui se transforme à volonté en animal. Toutes les choses vivantes semblent n'être qu'une variation sur un thème génétique de base.

Penchons-nous sur la création d'une ménagerie magique. Rien de ce qui suit ne serait éthique dans le monde moldu. Après tout, la manipulation génétique en est à son balbutiement, le public craint l'idée même d'une manipulation génétique, et cela ne date pas d'hier (pensez à *Frankenstein* ou à *L'Île du docteur Moreau*). La majorité des scientifiques ont beaucoup plus de scrupules qu'on veut bien le dire. Ils ne cherchent pas à créer des créatures magiques.

Dans le monde des sorciers, ce fut Newt Scamander qui fut à l'origine de l'Interdiction de l'Élevage expérimental, en 1965, pour empêcher la création de nouveaux monstres en Grande-Bretagne. Chez les Moldus, le UK Advisory Committe on Releases to the Environment semble avoir adopté la même attitude. Le comité n'accepterait jamais la moindre demande pour libérer Touffu, craignant ce qui pourrait se produire ensuite. Il interdirait en premier lieu aux scientifiques de créer ce monstre à trois têtes.

L'idée de la création d'une ménagerie de bêtes mythologiques serait tout aussi condamnée par l'Agriculture and Environment Biotechnology Commission. La commission adopte une vision plus stratégique de la magie génétique mais réprouverait toute tentative pour créer le bestiaire de Poudlard, d'après l'un de ses membres (qui ne voulait pas être nommé, de peur de paraître encourager la magizoologie). Heureusement, comme le dit clairement J. K. Rowling, la clause 73 du code du secret établi par la

Confédération internationale des mages et sorciers exige la dissimulation du bestiaire magique aux yeux des Moldus, afin de ne pas accroître l'hystérie concernant la manipulation génétique. Les créatures fantastiques qui suivent, sans aucun doute créées avant l'interdiction de Scamander en 1965, se trouvent toutes dans des habitats sûrs, protégés par des charmes anti-Moldus. J'espère que cet examen pourra indiquer comment les créer. Mais toute tentative de rendre ces détails publics sera bien sûr contrée rapidement par un sort d'amnésie du bureau de Désinformation.

Dobby l'Elfe de maison

Dobby a de larges yeux en balle de tennis, un nez comme un crayon, des oreilles de chauve-souris, de grands pieds et de longs doigts. C'est un elfe de maison qui servait la famille Malefoy. Il semble cousin du Brownie moldu, un esprit domestique écossais qui, selon un compte rendu de 1584, « s'échauffaient grandement si la bonne ou la femme du foyer, ayant compassion pour sa nudité, lui donnait quelque vêtement, outre sa ration de pain blanc et de lait, car en ce cas il disait : "Mais qu'est-ce donc là ? Jamais plus je ne travaillerai ni ne peinerai ici." » (Ce qui explique peut-être pourquoi Dobby a quitté les Malefoy quand on lui donna une chaussette.)

Pour créer un Dobby, ou une femelle comme Winky, on minimiserait la manipulation génétique nécessaire en partant d'une créature proche. À Madagascar, on trouverait un très bon candidat : une petite boule de fourrure noire, agile et nerveuse, aux grands yeux et aux larges oreilles. On l'appelle aye-aye, un primate des plus étrange, en voie de disparition.

On a comparé cet animal nocturne à un gremlin ou une gargouille. Il évoque le croisement d'une chauve-souris, d'un raton laveur et d'un castor. L'aye-aye est si étrange qu'à sa découverte, au XVIIIe siècle, on l'a pris pour un écureuil ou un kangourou. Quand les scientifiques ont fini par l'identifier comme primate, ils lui ont donné le nom de *Daubentonia madagascariensis*, qui en faisait le seul membre de son genus (et l'abréviation par les sorciers de *Daubentonia* est peut-être à l'origine du nom « Dobby »).

Dobby semble assez vorace quand il rencontre Harry pour la première fois, et l'aye-aye est pour cela un bon modèle : ses mâchoires puissantes lui permettent de creuser dans un mur de ciment. Nobby possède un long nez allongé et ressemble à une poupée laide, l'aye-aye est un peu poilu et rappelle un rat. Il nous faudra donc une sélection de gènes humains pour rapprocher son apparence de la nôtre et augmenter son QI. Il faudra peut-être d'autres ingrédients pour agrandir les yeux, comme par exemple ceux du tarsier, du galago d'Afrique ou du loris.

Les mains du aye-aye ne conviennent pas : leur majeur allongé sert de sonde pour attraper les insectes les plus délectables dans les creux d'écorce. Il faudra étirer les autres doigts, pour égaliser l'ensemble. Cela jouerait d'ailleurs en leur faveur, car pour les Malgaches superstitieux, une personne désignée par le majeur d'un aye-aye est condamnée à mourir. Ils persécutent ces « créatures sorcières » et tuent ces malheureux animaux à vue.

Comment faire Hagrid

Harry Potter croise beaucoup de créatures géantes. Prenez par exemple Hagrid, fils de la géante Fridwulfa (si l'on en croit ce qu'on lit dans le *Daily Prophet*). Toute considération de taille nous amène naturellement à Sir Paul Nurse, un petit généticien qui a gagné le Prix Nobel grâce à des cellules de levure anormalement petites. Il porte aussi parfois le chapeau pointu de Harry Potter dans King's Cross Station pour promouvoir ses bonnes œuvres,

Cancer Reasearch UK. Ses mutantes ont ouvert la voie à une meilleure compréhension de la division des cellules, l'un des processus les plus élémentaires qui construit et entretient un corps, et se dérègle dans le cancer. Sir Paul fait remarquer que l'on peut augmenter la taille d'une créature de deux façons. Soit on augmente la taille des cellules, comme si l'on construisait avec des briques plus grosses. « Si vous retardez le cycle cellulaire avec des variations mutantes, les cellules sont de plus en plus grosses », explique-t-il. On peut aussi augmenter le nombre de cellules dans l'organisme. Ou le nombre *et* la taille. Quand Hagrid grandit, les cellules se divisent dans son corps. Une cellule originelle se divise en deux cellules filles, qui possèdent la moitié de la masse de leur cellule mère. Ces deux filles doivent grandir avant de pouvoir se diviser à leur tour. Chez les scientifiques, on discute de la façon dont croissance (augmentation de la masse cellulaire par fabrication de protéine) et division (génération de nouvelles cellules) des cellules sont coordonnées pour accroître la taille du corps.

Des études menées sur des organismes expérimentaux ont montré qu'il n'y a pas de réponse simple à cette question. Les mammifères s'y prennent peut-être différemment des mouches, par exemple. Mais il est clair que la taille des cellules influence leur division. L'alimentation, rien d'étonnant à cela, influence la taille. Selon Ernst Hafen de l'Université de Zurich, la taille des mouches est contrôlée par un processus métabolique appelé chemin d'insuline. Moins de signaux d'insuline, et les mouches sont plus petites, tandis qu'une abondance de signaux produit des mouches plus grosses. L'insuline étant un régulateur de métabolisme bien connu, elle-même contrôlée par la quantité de nourriture que nous absorbons, il semble que ce soit un instrument majeur décidant que les mouches grandissent quand elles sont bien nourries, mais restent petites (quoique parfaitement formées) quand la nourriture est peu abondante.

Les différentes stratégies utilisées pour contrôler la taille des animaux sont bien illustrées par un gène étudié depuis des années par des centaines de scientifiques. Appelé Myc, on l'a tout d'abord identifié en rapport avec le cancer, mais son rôle dans la détermination de la taille n'a été abordé que récemment. Si l'on réduit la quantité de Myc chez les mouches, elles sont plus petites. Peter Gallant, travaillant également à Zurich, les a examinées et s'est rendu compte que leurs cellules avaient rétréci : tout en elles était plus petit. Une expérience similaire a été menée sur des souris par Andreas Trumpp, de l'Institut suisse pour la Recherche expérimentale sur le Cancer, à Épalinges, avec quelques collègues de Californie. Comme les mouches, les souris étaient plus petites. Mais leurs cellules conservaient une taille normale, quoique en nombre inférieur.

Chez les souris, le gène Myc semble contrôler la division cellulaire, et non la taille. C'est ce rôle important qui détermine sans doute l'implication de Myc dans le cancer, une division cellulaire échappant à tout contrôle. Mais on ignore encore pourquoi le gène contrôlerait la taille corporelle de façons si radicalement différentes. Ces expériences soulignent toutefois l'importance de Myc et suggèrent qu'il pourrait être visé par des pouvoirs magiques. Par exemple, le gène pourrait avoir été affecté quand Dudley Dursley a mangé l'une des Pralines Longue Langue de Fred Weasley. Est-ce le Myc qui a rendu sa langue semblable à un python violet et gluant ?

Les Moldus ont déjà modifié des gènes pour produire des créatures géantes. Des souris de laboratoire altérées pour produire de l'hormone de croissance humaine ont grandi 25 à 30 % plus que des souris normales – cette différence étant largement due à des os plus grands, selon une étude menée à l'Université du Michigan par Steven Goldstein. Comme toutes les sciences balbutiantes, cette approche peut causer quelques problèmes. Dans ce cas, Goldstein a observé une fragilité des os. Cela nous rappelle une mise en garde contre l'altération génétique, celle du cochon de Beltsville. L'équipe de Vernon Pursel au U.S. Department of Agriculture à Beltsville, dans le Maryland, avait modifié plusieurs cochons génétiquement pour produire une hormone de croissance humaine. L'équipe pensait que les cochons grandiraient plus vite, mais la plupart souffrirent en fait d'une arthrite ravageuse car l'hormone était produite dans les mauvais tissus. L'expérience fut immédiatement interrompue, et donna une leçon importante aux généticiens. Ce travail soulignait l'orgueil démesuré de certains optimistes. Les opposants à la manipulation génétique le saisirent au vol, assurant que ces expériences étaient dangereuses. Toutefois, cet échec indiquait simplement que la science en était à ses premiers pas.

La Potion de Ratatinage

Au premier coup d'œil, cette solution magique devrait avoir le résultat opposé d'une potion d'enflure. Mais, au vu de l'expérience de Harry dans son cours de Potions, ses effets sont plus subtils et intéressants qu'un simple rétrécissement. Le professeur Rogue explique que, pour que la potion fonctionne, elle doit non seulement rétrécir le crapaud, mais aussi le ramener à l'état de têtard. La potion inverse le programme de développement de Trévor le Crapaud, le sujet d'expérience fourni par Neville Londubat.

Les scientifiques du monde entier aimeraient profondément mener une telle dé-différenciation – inversion de la spécialisation des tissus – aussi facilement qu'une Potion de Ratatinage. Si seulement ils avaient la recette de Rogue. Pour l'heure, la seule façon de ramener à coup sûr une cellule adulte à l'état embryonnaire est de la cloner, possibilité d'abord suggérée par John Gurdon à Cambridge dans les années 1960, avec des cellules de *Xenopus*, la grenouille africaine à griffes. En 1997, PPL Therapeutics et Ian Wimut, du Roslin Institute, tous deux près d'Édimbourg (Écosse), ont annoncé le premier clonage d'un mammifère adulte : la brebis Dolly, créée par la méthode de transfert nucléaire, où un œuf est « reprogrammé » avec les gènes d'une cellule adulte – dans le cas de Dolly, une cellule mammifère.

La partie la plus intelligente de cette technique surmonte un obstacle clé dans le clonage des cellules adultes, celui de leur spécialisation. En d'autres termes, elles n'utilisent qu'une petite partie de leurs gènes, en rapport avec leur fonction. Les autres gènes sont en sommeil. Les recherches de Wimut et de ses collègues illustrent la possibilité de créer un individu dé-différencié grâce à des cellules adultes.

Les scientifiques se demandent à présent comment parvenir à cela sans œuf ni clonage. Martin Raff, de l'University College de Londres, a découvert que les signaux extracellulaires pourraient pousser certaines cellules à se dé-différencier en activant certains gènes et en en désactivant d'autres. Mais on ne sait pas encore si ces cellules remontent à rebours toutes les étapes précédentes avant de suivre une nouvelle voie, ou si elles arrivent par un raccourci à leur nouvel état différencié. Pour transformer un crapaud en têtard, il faudrait inverser l'horloge du développement, mais aussi trouver un moyen de ranimer les cellules mortes au cours du développement. « Si l'on pouvait dé-différencier les cellules du crapaud vers leur état de têtard originel et reformer les cellules mortes pendant la métamorphose, on pourrait en principe transformer un crapaud en têtard », admet Raff. Cette tentative d'inverser l'horloge du développement est en cours sur toute la planète, car les scientifiques veulent utiliser cette méthode pour créer des cellules souches embryonnaires, ancêtres de toutes les autres cellules. Comme nous le verrons dans le chapitre sur la pierre philosophale, ces cellules peuvent créer n'importe quel type de tissu, de l'os au cerveau, pour réparer un corps endommagé ou vieilli.

La cellule souche par excellence est l'œuf fertilisé. À mesure qu'il se divise, ses rejetons sont de plus en plus adaptés à une fonction ou un organe particuliers, jusqu'à présenter un large répertoire de types de cellules possibles, chacune menant à bien une tâche particulière, qu'il s'agisse du cerveau, du muscle ou des viscères. En chemin vers l'âge adulte, un individu développe des cellules souches encore plus spécialisées. Par exemple, il y a des cellules souches sanguines, dont viennent tous les globules sanguins, blancs ou rouges. Des cellules souches qui prolifèrent pour former et renouveler la peau. D'autres qui forment la complexité incroyable du cerveau.

À l'Université de Cambridge, Martin Evans est devenu le premier à avoir isolé des cellules souches embryonnaires de souris. Un grand nombre de ces cellules pouvaient être cultivées, sur de longues durées, en laboratoire, permettant de nouvelles expériences génétiques. Puis James Thompson et ses collègues du Wisconsin Regional Primate Center de Madison (Wisconsin), furent les premiers à cultiver des cellules souches à partir d'un embryon de primate, avec une procédure très épineuse au cours de laquelle les cellules furent baignées dans des facteurs spéciaux et cultivées sur un lit de cellules de rat stérilisées. Dans le monde entier, les scientifiques étudient à présent l'utilisation de cellules souches humaines dans le traitement d'un certain nombre d'afflictions. Elles pourraient par exemple servir à réparer un cœur endommagé, ou à créer des cellules productrices de dopamine pour le cerveau d'un malade de Parkinson. L'infirmière de Poudlard utilise sans doute déjà toutes sortes de cellules souches magiques pour soigner ses protégés.

Aintegumenta ! et Saules Cogneurs

Aintegumenta ! Voilà peut-être ce que crient les magiciens et sorcières pour créer ces fleurs grandes comme un parapluie, ou les citrouilles grosses comme des rochers qui poussent dans les serres et jardins de Poudlard. Aintegumenta, surnommé Ant, est un sort tout aussi fréquemment murmuré par les scientifiques qui étudient les plantes et tentent de comprendre pourquoi elles poussent jusqu'à la taille qui est la leur.

Le gène Ant tire son nom du mot « tégument » qui signifie membrane protectrice extérieure, celle, par exemple, d'une graine. Le premier indice du rôle de ce gène dans la croissance de l'organe est venu du laboratoire de David Smyth à la Monash University of California à Berkeley. D'après ses travaux, Beth Krizek de l'University of South Carolina découvrit que Ant semblait contrôler la croissance des organes floraux (pétales, sépales, étamines et carpelles) et des feuilles. Elle avait étudié pour cela la plante préférée du généticien, l'*Arabidopsis*. Puis Yuokiko Mizukami, qui travaille avec Fischer à l'University of California de Berkeley, découvrit que ce gène régulait la croissance et le nombre des cellules au cours du développement des feuilles comme des fleurs.

« En toute logique, se sont-ils dit, puisque les pétales et les fleurs ont toujours la même taille dans une espèce donnée, ils doivent être contrôlés génétiquement. » En d'autres termes, chaque plante possède une taille intrinsèque, un programme génétique qui dit : « Poussez jusqu'à telle taille, et pas plus. » Ant fait partie de ce mécanisme de contrôle. Il limiterait le nombre de cellules dans chaque partie de la plante, et non leur taille. Ce gène maintiendrait les cellules dans un état où elles peuvent continuer de proliférer. Désactivez Ant, la croissance s'interrompt. Maintenez-le en activité, et vous pourriez vous retrouver avec des citrouilles de la taille d'une cabane de jardin.

L'exemple de modification génétique le plus frappant dans les histoires de Harry Potter est le Saule Cogneur, qui peut bouger rapidement et donc attaquer des gens ou écraser des voitures avec ses branches. Toutes les plantes possèdent une certaine capacité de mouvement, parfois très simple (devenir un peu plus grosse ou déployer une fleur au soleil). Mais les plantes carnivores montrent que ces mouvements peuvent être rapides, malgré l'absence de muscles, et donnent une idée de la façon dont un saule peut cogner. Et c'est peut-être la même magie qui retourne les champignons dans leur seau...

Les dionées attrape-mouches utilisent un changement de pression d'eau pour se refermer. Quand le piège est activé (par exemple, quand une mouche frôle certains poils sur les feuilles), les cellules sur les parois intérieures du piège transfèrent de l'eau vers les parois extérieures. La baisse de pression à l'intérieur et la hausse de pression à l'extérieur referment la feuille. Un autre type de mouvement chez les plantes carnivores est déclenché par la croissance des cellules. Les tentacules du drosera, par exemple, se penchent vers la proie parce que les cellules d'un côté du tentacule deviennent plus grandes que celles de l'autre côté.

La plus grande plante carnivore est la liane du *Nepenthes*, qui peut mesurer plusieurs dizaines de mètres de long. Les plantes de cette famille ont des pièges développés pour capturer des proies plus grandes, jusqu'à la taille d'une grenouille, voire d'un oiseau ou d'un rat. À plus grande échelle, cela pourrait servir de modèle pour une technologie hydraulique permettant à un saule de cogner, ou même à rendre plus saisissante l'étreinte du Filet du Diable. Quand Hermione utilise sa baguette pour libérer Ron et Harry de cette liane trop affectueuse, l'éruption de flammes gêne-t-elle le mécanisme hydraulique de la plante ?

Le Pitiponk

Cet étrange feu follet composé de tourbillons de fumée évanescents se tient sur une seule jambe. Il sautille sur place avec une lanterne, qu'il utilise pour attirer toute personne passant à proximité dans un fossé, un marécage, etc. Cette créature peut paraître ridicule, mais la génétique a trouvé une explication relativement plausible à son existence : le Pitiponk pourrait être une nuée de bactéries dans une mare d'eau croupie. Quand cette colonie atteint une certaine taille, elle peut émettre de la lumière pour troubler les passants innocents.

La compréhension du Pitiponk est née d'un projet de recherche commencé en posant quelques questions ésotériques sur certaines bactéries très communes dans les océans du globe. *Vibrio harveyi* et *Vibrio fischeri* émettent toutes les deux une lueur bleutée. Bonnie Bassler, de l'Université de Princeton, a découvert que, pour devenir lumineuses, ces bactéries utilisent deux formes de ce que l'on appelle Quorum sensing, terme établi par Pete Greenberg de l'Université de Iowa (dont le fils, Ted, est un fan de Harry Potter). Chaque créature produit une petite quantité d'une molécule « signal » qui augmente à mesure que la population le fait. La concentration de cette molécule dit à la bactérie si elle se trouve dans une population dense ou réduite. Quand la pression chimique est suffisante, la bactérie s'ajuste à l'environnement. Pour les deux molécules citées, il s'agit d'émettre une lueur bleutée. En fait, *Vibrio harveyi* possède deux systèmes de Quorum sensing, chacun d'eux pouvant déclencher cette lueur : un système informe la bactérie de la quantité de bactéries de la même espèce dans les environs, et l'autre le nombre de types de bactéries dans la même zone. Cela présente une implication intéressante : même de vulgaires bactéries se « parlent », comme les cellules d'un corps.

Nous comprenons à présent comment un Pitiponk fonctionnerait. Des colonies de ces bactéries pourraient prospérer dans une mare. Quand elles atteignent une certaine taille, elles émettent une lueur bleue pour perturber les observateurs. Une mare circulaire, vue de loin, créerait l'illusion d'une chose fine et allongée. Il ne semble pas trop farfelu de penser que, dans la nuit, on pourrait y voir une créature unijambiste, surtout si le passant est un étranger à l'imagination fertile qui n'a encore jamais vu de Pitiponk.

La bactérie bioluminescente qui alimente le Pitiponk n'en est pas à sa première tromperie. Elle est présente dans l'eau de mer, et colonise un organisme lumineux spécial dans la cavité corporelle d'un poulpe hawaïen très discret, *Euprymna scolopes*. Cette symbiose fascinante a été étudiée à l'Université d'Hawaï par Edward Ruby et Margaret McFall-Nagai, ainsi que Karen Visick de la Loyola University à Chicago. En plus d'émettre un nuage d'encre pour se protéger des prédateurs, ce poulpe utilise aussi la bactérie pour pratiquer la « furtivité » naturelle. Quand il se nourrit, la nuit, il utilise cet organisme pour émettre vers le bas une lumière d'intensité égale à celle de la lune au-dessus de lui. Cette bioluminescence permet à l'animal de se fondre dans la lumière ambiante et de ne pas projeter d'ombre, ce qui perturbe les prédateurs voisins.

Niffleur

Ces petites créatures noires à l'aspect duveteux, au museau allongé et aux pattes avant plates ressemblent beaucoup à des taupes, si ce n'est qu'elles aiment les objets brillants. Donc, contrairement aux taupes, elles doivent avoir une bonne vision. Il est possible qu'elles aient beaucoup de petits senseurs de lumières ou d'yeux en plus. Mais comment fabriquer un œil ? L'énigme de l'évolution d'un organe aussi délicat et complexe qu'un œil était telle que Darwin en a longuement parlé dans son livre *De l'origine des espèces* dans un chapitre intitulé « Difficultés de la théorie ».

Depuis ces hésitations de Darwin, on a beaucoup progressé dans la compréhension de cette évolution. De nos jours, on sait que pour créer un Niffleur, il suffit de se reporter aux expériences conduites il y a quelques années par Walter Gehring de l'Université de Basel en Suisse. En 1994, il a découvert un gène de l'œil partagé par les mouches, les souris, les poulpes et les humains. Cela causa une grande agitation, car il apparaissait que l'œil était d'abord apparu chez un ancêtre commun.

Gehring créa d'étranges mouches qui possédaient des structures semblables à des yeux à la place des ailes, des pattes ou des antennes quand il manipulait ce gène, appelé « sans œil » puisqu'on le découvrit quand un mutation priva les insectes de leurs yeux. On découvrit ensuite une version similaire du gène, appelé Pax-6, chez la souris. Il faisait aussi pousser des yeux aux mouches ! Idem pour les poulpes. Il ne semble pas très audacieux de dire que c'est sans doute ce gène qui permet aux Niffleurs de chercher ce qui brille et ce qui luit.

Un autre gène impliqué dans le développement de l'œil rend hommage à Argus Filch, l'homme à tout faire de Poudlard. Dans la mythologie grecque, Argus avait cent yeux. Quand il travaillait à l'Université de Californie a Berkeley, Metthew Freeman a donné ce nom (sous sa forme grecque, Argos) au gène responsable d'une protéine qui bloquait le chemin d'un récepteur d'hormone de croissance, le récepteur EGF, impliqué dans beaucoup d'étapes du développement des mouches, comme le développement des récepteurs de lumière dans l'œil. Cette découverte est d'un intérêt plus qu'académique car, quand il est trop réactif, le récepteur EGF provoque des tumeurs chez l'humain. Argos semble donc indiquer un moyen de neutraliser ce récepteur responsable de tumeurs. Comme beaucoup de découvertes scientifiques, les recherches de Freeman semble au mieux ésotériques, et au pire aussi inutiles qu'un Moldu tentant de trouver un Moke (pour ceux qui n'ont pas lu Scamander, un Moke est une créature capable de rétrécir à volonté, ce qui la rend difficile à voir). Mais cette quête de la vérité sur Argus Filch et les Niffleurs pourrait déboucher sur de nouveaux traitements du cancer. Voilà toute la magie de la science : personne ne sait jamais ce qui va émerger de la curiosité humaine.

Hippogriffes, moucs et Chimères

Les mythes présentent bien des créatures qui enjambent la barrière des espèces. Les anciens ont créé la sirène, un poisson humain. Le satyre, mi-homme mi-bouc. Et de la chimère, animal fabuleux composé d'une tête de lion, d'un corps de bouc et d'une queue de dragon. On trouve aussi dans ces hybrides le cheval ailé de la mythologie grecque, l'hippogriffe (du grec *hippos*, cheval, et de l'italien *grifo*, griffon), paraît-il symbole d'amour. Du moins pour le poète italien Ludovico Ariosto.

La science moderne commence à donner vie à ces chimères, que l'on peut créer en mélangeant les embryons – les cellules souches – de différents animaux. Le « mouc », par exemple, produit à Cambridge en 1983, possédait des cornes de bouc et un pelage semblable à celui du mouton. Ce projet parait futile, mais le chef du laboratoire, Chris Polge, expliqua que l'équipe s'intéressait à ce qui permettait à un fœtus d'être toléré par la mère pendant la grossesse, sujet immunologique qui éclaire les possibles problèmes menant à une fausse couche.

Un mouton ne tolère pas un embryon de bouc, et vice-versa. Mais ces deux animaux tolèrent un embryon de mouc. De plus, certaines cellules dans un embryon de chimère forment le fœtus tandis que les autres forment le placenta. Ceci révèle un autre motif de ces recherches : il est possible de créer une chimère pour que des espèces communes puissent donner naissance à un fœtus d'espèce menacée. « On peut faire une chimère pour que le placenta se forme à partir d'un bagage tissulaire [la mère

porteuse] et le fœtus d'un autre (l'espèce menacée] »,
explique Polge.

Il y a bien d'autres chimères. En 1996, une technologie qui mélange les cellules souches créa à Cambridge une souris « mélangée » noire et blanche. L'année suivante, on a créé un poulet qui se prenait pour une caille en transférant des tissus cérébraux d'une espèce à l'autre. Ce gallinacé perturbé fut mis au monde par Kevin Long et Evan Balaban au Neurosciences Institute de San Diego, en transplantant la moitié antérieure du cerveau de la caille à la poule. Cette poule « chimérique » répondait plus à une mère caille et bougeait la tête comme elle. Bien qu'elle se soit tenue comme une poule, elle poussait un chant à trois notes caractéristiques des cailles. Ce travail peut apporter un certain éclairage sur une question persistante de la biologie du développement : où dans le cerveau se trouve le comportement ?

Il y eut aussi des chimères humaines. Suzanne Ildstad, de l'Université de Pittsburgh et ses collègues remplacèrent vingt pour cent d'une moelle épinière avec des cellules souches humaines, pour que les humains aient différents antécédents sanguins dans leur système. Un mélange de cellules sanguines de babouin et d'homme fut utilisé dans un traitement radical contre le SIDA. En décembre 1995, Jeff Getty, trente-huit ans, subit une greffe de moelle épinière de babouin au San Francisco General Hospital dans l'espoir qu'il commencerait à produire des cellules immunitaires de babouin pour combattre la maladie. Le traitement a échoué.

Comment Touffu a su garder la tête haute

Hagrid a acheté ce monstrueux chien à trois têtes et aux yeux fous à un « type grec » rencontré au pub. C'est sans doute une référence aux origines de Touffu : Cerbère, le chien à trois têtes qui garde l'entrée des Enfers grecs ;

comme l'a découvert Orphée, on peut le dompter en jouant de la lyre. Nous avons déjà parlé de la façon de créer un gros chien. Heureusement, il est « facile » de rajouter une tête, d'après Jim Smith du Wellcome Trust / Cancer Research UK Institute de Cambridge. Les têtes supplémentaires apparaissent parfois naturellement suite à une mutation. Récemment, des chercheurs espagnols ont été très occupés par la découverte d'une couleuvre à échelons à deux têtes.

Smith fait remarquer que l'on a donné un Prix Nobel à feu Hans Spemann pour avoir placé de nouvelles têtes dans son travail sur l'embryologie. Spemann est devenu un maître des techniques microchirurgicales et, en 1924, en travaillant sur les œufs relativement grands des amphibiens, il a découvert ce que Hilde Mangold et lui appelèrent l'organisateur. Quand Mangold greffa le tissu organisateur d'un embryon de grenouille sur un autre, il obtint une grenouille à deux têtes.

Récemment, les scientifiques ont découvert certains des gènes utilisés par l'organisateur, l'un d'eux ayant reçu le nom évocateur de Cerberus. Le plus intéressant dans ce dernier gène, c'est qu'il ne dit pas aux cellules quand faire une tête, comme on pourrait s'y attendre, explique Smith. Au lieu de cela, il *bloque* les signaux qui disent aux cellules de faire un tronc. À ce moment, une tête apparaît. « C'est étrange, poursuit-il. La tête est ce qui se forme quand on supprime le signal qui construit le reste du corps. »

Pour activer Cerberus afin qu'il forme une deuxième tête chez une grenouille, par exemple, il faudrait injecter son matériel génétique dans un embryon de grenouille. Toutefois, arriver au même résultat chez un chien ou autre mammifère serait plus problématique. Smith explique qu'il faudrait trouver un déclencheur génétique, appelé promoteur, qui n'est activé que dans la partie du tronc où l'on veut faire pousser la tête supplémentaire. Le Cerberus pourrait être injecté dans un hôte canin en utilisant un virus ou en créant un chien modifié génétiquement. Toutefois, construire un animal à trois têtes serait plus problématique, entre autres en raison des limites de place. Quoi qu'il en soit, Smith conclut que, en dehors de toute considération éthique, il est possible de construire des créatures comme Touffu, les tritons à double queue ou Sisiutl, un être serpentin à deux têtes qui, selon les légendes du nord-ouest du Pacifique, terrorise les humains et pétrifie ceux qui ne peuvent faire face à leur peur.

Récemment, les scientifiques ont découvert un moyen de manipuler les molécules pour créer des poules avec deux becs. C'est la première fois que des traits du visage ont été modifiés de façon reproductible sans déplacement de tissu. Ces expériences sur des poulets par Joy Richman et Sang-Hwy Lee, à l'University of British Columbia de Vancouver, furent menées en bloquant une protéine qui stimule la croissance osseuse et en ajoutant un parent chimique de la vitamine A, le rétinoïde. Cela modifiait la croissance des os et des cartilages dans les poules en développement, et changeait le devenir d'une région du visage embryonnaire. Les cellules destinées à devenir le côté du bec furent transformées et envoyées sur un chemin différent pour devenir le centre d'un nouveau bec. Ceci suggère que les concentrations de protéines de croissance osseuse et d'acide rétinoïde déterminent probablement les traits du visage. La nature étant parcimonieuse, les mêmes signaux sont sans doute utilisés dans le développement du visage humain. Si l'on écarte le casse-tête de faire pousser le cerveau de Voldemort dans la tête de Quirrell, on peut au moins imaginer comment un homme pourrait avoir deux visages.

De telles expériences ne sont pas un gaspillage de magie scientifique. Ces travaux sont poussés par un besoin de comprendre les gènes qui contrôlent le développement facial, dont les défauts causent des difformités. Les mutations génétiques dans cette partie du développement sont rarement mortelles, mais ruinent souvent la vie d'une personne. « Notre but en tant que scientifiques n'est pas de créer des monstres, mais d'en apprendre davantage sur le développement normal », explique Rickman.

Reconstruire les os

Beaucoup d'os cassent dans les aventures de Harry Potter. Pensez à cette pauvre Arabella Figg, la vieille excentrique qui se casse la jambe en trébuchant sur un de ses chats. Neville se casse le poignet durant se première leçon de vol. Harry, bien sûr, se casse le bras droit quand un Cognard le frappe au coude. Le professeur Lockhart empire ensuite les choses en faisant disparaître les os du bras de Harry avec un sort raté. Heureusement, à Poudlard, il est facile de réparer les os. Mme Pomfresh, l'infirmière, n'a qu'à utiliser sa potion de Poussoss.

Clinto Rubin, directeur du Center for Biotechnology à la State University de New York, croit comprendre le mécanisme du sort de Lockhart et le pouvoir du Poussoss. Rubin a investi beaucoup de temps dans l'étude des livres de Harry Potter avec son jeune fils Jasper, et se considère à présent comme un expert.

Tout d'abord, comment Harry a-t-il perdu ses os ? La coup de baguette magique de Lockhart aurait pu activer des cellules « mangeuses d'os » appelées ostéoclastes, explique Rubin. Ces cellules jouent un rôle dans les maladies osseuses comme l'ostéoporose et la perte d'os qui affecte les individus vivant dans des conditions de gravité basse (même si cela prend plus de temps qu'un coup de baguette magique), ce qui est le plus gros problème frappant les spationautes embarqués pour de longues missions.

Lockhart a peut-être accéléré ce processus avec des agents qui stimulent la croissance des ostéoclastes. Ils ont des noms assez peu magiques, comme MCSF, RANK-L, ou hormone parathyroïde. Une autre façon d'user les os serait de priver une personne de lumière solaire, ce qui mettrait fin au processus corporel de fabrication de la vitamine D, impliquée dans le métabolisme du calcium.

Heureusement, la façon de faire disparaître des os indique aussi la façon de les faire repousser. Une méthode serait d'activer des ostéoblastes, ou cellules de formation osseuse. « Une fois de plus, dans l'esprit de Harry Potter, vous pourriez y parvenir avec des champs électriques de bas niveau, comme ceux que l'on utilise dans les cliniques orthopédiques pour stimuler les os brisés afin qu'ils guérissent », explique Rubin.

Quant au Poussoss, Rubin suggère qu'il s'appuie sur des protéines dont les biologistes moléculaires ont démontré qu'elles étaient impliquées dans le processus de formation osseuse. « L'une des candidates les plus probables vient de la superfamille TGF, appelée BMP, ou Protéine morphogénétique osseuse. » Quand on introduit la BMP dans le corps, elle stimule la formation des os et cartilages (ou bien, bloquée par le gène Cerberus déjà mentionné, elle contribue à la formation de la tête). D'autres facteurs, comme le IGF-1, pourraient avoir le même effet. Et il y a même certaines protéines qui ont le pouvoir de faire gonfler et réduire les os, permettant de les dissoudre et de les solidifier. « PTH, en hautes doses au fil du temps, pousserait les os à se résorber, explique Rubin, tandis que PTH donné en une dose unique, une fois par jour, stimulerait leur croissance. » Résultat : un bras très raide, avec des os nouveaux.

Enfin, il y a une façon vibrante de renforcer les os sans le désagréable arrière-goût décrit par les magiciens et sorcières ayant utilisé le Poussoss. Rubin a vu que des secousses renforcent les os : en faisant vibrer les pattes arrière des moutons trente fois par seconde pendant vingt minutes tous les jours, il produisit une augmentation de trente pour cent de la densité des tissus osseux par rapport aux sujets témoins. On sait déjà que l'exercice renforce les os, et ces vibrations subtiles pourraient avoir le même effet parce qu'elles sont proches des vibrations naturelles qui ont lieu dans les éléments contractiles des muscles entre 20 et 50 fois par seconde (Hz) plusieurs milliers de fois par minute, pendant des heures et des heures. Une approche similaire, basée sur des vibrations presque imperceptibles (quoique dix fois supérieures à celles générées par les muscles), pourrait fournir un moyen naturel d'améliorer la structure osseuse chez les personnes souffrant d'ostéoporose qui ne sont pas en état de prendre de l'exercice et pourraient, en raison d'une condition musculaire déficiente, être en manque de ces vibrations naturelles. Si Mme Pomfresh était un jour à court de Poussoss, Rubin pense qu'il pourrait lui proposer une alternative plus lente qui ferait vibrer ses patients.

Les kappas

Les kappas, effrayantes créatures marines japonaises qui ressemblent à des singes aux mains palmées, nous indiquent peut-être ce à quoi ressembleraient les Moldus si un processus mortel était désactivé au cours de notre développement. Le plus fascinant, c'est que chacun d'entre nous, Harry Potter compris, commence sa vie avec les doigts palmés, mais ces membranes disparaissent lors d'un suicide cellulaire, une mort programmée, ou apoptose (« Feuilles mortes d'automne », en grec).

Sans cette mort cellulaire, il ne peut y avoir aucune vie. La découverte que chacune de nos cellules est prête à se tuer en quelques instants est l'un des progrès les plus marquants de la compréhension médicale. Cette idée a pour la première fois été émise en 1972, quand Andrew Wyllie et John Kerr, de l'Université d'Édimbourg, suggérèrent que les cellules du corps ont un programme de suicide qu'elles activent quand leur persistance serait nuisible. Pendant vingt ans, la communauté scientifique a hésité, se demandant quelle importance cela pouvait avoir. Aujourd'hui, l'apoptose est l'une des disciplines les plus actives de la biologie.

Notre corps pousse ces cellules au suicide pour le

bien supérieur de l'ensemble. Toutes les heures, environ un million de cellules, surnuméraires ou endommagées, se donnent la mort. Ce processus est très méticuleux. Les cellules suicidaires rompent proprement leurs chromosomes en petits fragments et démolissent toute leur structure interne. La membrane de la cellule s'effondre pour empaqueter ces éléments en formant de petits « sacs poubelles » sans déverser de déchets toxiques qui pourraient nuire aux voisines. Les sacs sont recyclés par les cellules voisines. L'étude de l'apoptose a permis de comprendre le développement. Par exemple, le ver nématode tue 148 cellules au cours de la croissance de son corps long d'un millimètre. Ces études apportent aussi un nouvel éclairage sur le cancer, lié à un échec du programme de suicide pour éliminer les cellules malignes. Si les cellules meurent quand il ne faut pas, le résultat peut mener à la perte des cheveux, ou pire, au SIDA, ou à une maladie dégénérative comme l'Alzheimer. Le suicide cellulaire est également utilisé par le corps pour maintenir le nombre global des cellules après une guérison, et dans son étape embryonnaire pour supprimer les palmes entre les doigts et les orteils. Ce qui nous ramène aux kappas, qui ont trouvé le moyen de supprimer ce programme de suicide particulier.

La vraie MG

Il y a bien d'autres exemples où la MG – Magie génétique – aurait pu servir à créer les étranges créatures vivant dans ou près de Poudlard. Fumseck le phénix, par exemple, avec ses plumes rouge et or, possède des larmes curatives qui sauvent la vie de Harry. En écartant les origines de l'oiseau lui-même, il existe déjà des preuves que les larmes contiennent effectivement des éléments curatifs, comme des protéines qui repoussent les bactéries. Sylvia Lee-Huan, de lUniversité de New York, et Hao-Chia

Chen du U.S. National Institute of Child Health and Human Development ont découvert que la lysozyme, une protéine abondante dans les larmes, est un puissant agent anti-HIV. Grâce à une MG bien ciblée, Fumseck a peut-être été doté de larmes au potentiel thérapeutique décuplé.

On trouve aussi une certaine magie génétique dans le Polynectar, utilisé pour transformer une personne en une autre pour une courte période. Un biologiste moléculaire serait étonné d'apprendre que la potion, pour fonctionner, a besoin d'un échantillon de la personne à reproduire. Cela suggère que la potion exploite d'une certaine façon la recette génétique – le génome – de cette personne, reproduisant les cellules de celui qui boit la potion. Au vu de la profondeur de ce changement, il est étonnant que Harry ne parle que d'une sensation de brûlure, d'une impression de fonte, et de sa peau ondulant comme du chocolat bouillant. Toutes les cellules de son corps étant reprogrammées, on pourrait s'attendre à ce que la sensation soit bien pure. Mais son cerveau reste vraisemblablement intact, puisqu'il ne pense ni n'agit comme Goyle, son donneur involontaire. Mais malheur à Hermione, qui a absorbé l'ADN d'un chat – le Polynectar lui donne des sensations très félines.

La biologie moléculaire peut faire bien plus que nous informer sur ces transformations et sur les créatures propres au bestiaire magique. Elle peut également expliquer l'un des plus grands mystères culinaires au monde : comment Bertie Crochue parvient-elle à créer toutes les sensations gustatives, de la sensation sans égale de la Bièraubeurre à la brûlure acide du pus congelé d'une Bubobulb, ou au goût écœurant des anguilles défraîchies ?

Chapitre 7

Dragées surprises
de Bertie Crochue

*Nul ne sait comment le sens de la beauté dans sa forme
la plus simple – la réception d'un plaisir particulier devant
certaines couleurs, formes et sons – s'est développé dans l'esprit des hommes et des animaux inférieurs. La même sorte
de problème se pose quand on se demande pourquoi certains
arômes et parfums apportent le plaisir, et d'autres le
déplaisir.*

Charles Darwin, *De l'origine des espèces.*

Quand vous avalez l'une des dragées de Bertie Crochue, vous prenez un pari gastronomique. Comme le dit
la publicité de la Coupe du Monde de Quidditch, c'est
un risque à chaque bouchée. Chaque dragée possède un
goût différent, et vous pourriez vous retrouver au paradis
des fines bouches, dans l'enfer des gourmands, ou quelque
part entre les deux. Ces dragées peuvent avoir le goût
acide des sorbets citron si chers à Dumbledore, ou bien
du curry, du poivre, des tripes, de l'herbe ou même,
comble de l'horreur, des choux de Bruxelles.

Imaginez votre première bouchée. Berk, l'écœure-
ment du vomi combiné à une bouffée de boule puante.
Ah, le goût neutre du porridge. Oohhh... la douceur infinie d'une bièreaubeurre, comme si Mme Rosmerta vous

la servait au comptoir d'Aux Trois Balais. Mais en un instant, il devient clair que tout cela ne se limite pas au goût. C'est lorsque l'arôme de la dragée se glisse dans votre nez que beaucoup d'aspects importants de la saveur prennent toute leur ampleur (comme le constate vite une personne enrhumée).

Après plusieurs décennies d'étude, nous savons à présent que le goût dépasse les simples papilles gustatives. L'odorat et la texture jouent aussi un rôle – et la couleur de la nourriture peut également affecter notre perception de sa saveur. Le développement des dragées surprises de Crochue n'est pas étonnant pour les scientifiques de ce domaine, grâce aux étonnantes découvertes faites ces dernières années sur la compréhension de ce qui se déroule dans notre bouche, notre nez et notre cerveau quand nous mâchons de la nourriture. Il est tout à fait possible, du moins en théorie, de créer n'importe quel arôme en laboratoire.

Nous décrivons généralement le goût selon quatre qualités : salé, sucré, amer ou acide. Les scientifiques soupçonnent à présent qu'il existe une cinquième dimension du goût. Appelée « unami », c'est le goût typique du glutamate, l'un des vingt acides aminés qui composent les protéines de la viande, du poisson et des légumes.

La première contribution à notre perception du goût provient des récepteurs gustatifs sur la langue et l'avant du palais. La majorité est située dans les papilles, les petites excroissances qui donnent à la langue son aspect velouté (toutefois, la majeure partie des papilles ne comporte aucune cellule gustative et sert à fournir des sensations tactiles – le contact de la nourriture dans votre bouche pendant que vous mâchez). Bien que l'on prétende souvent que différentes parties de la langue réagissent à différents goûts, c'est une mauvaise interprétation d'une découverte du XIXe siècle. Bien qu'il puisse y avoir quelques écarts de sensibilité, on peut avoir toutes les sensations dans n'importe quelle zone avec les papilles, ce qui est encourageant pour ceux d'entre nous qui aiment avoir la bouche pleine de dragées.

Chaque pore gustatif contient jusqu'à cent récepteurs. Chacun est surmonté d'un petit pore par lequel sortent des projections appelées microvilli. Quand Harry mange une dragée, elle libère des substances chimiques qui peuvent pénétrer par ces pores. Elles interagissent avec des molécules réceptrices sur les microvilli. Quand un récepteur est activé, il déclenche une cascade d'événements moléculaires qui s'achève par la perception d'un goût par le cerveau.

Que se passe-t-il au niveau moléculaire, par exemple quand Harry goûte une dragée amère, comme une au chou de Bruxelles ? Le début de ce processus a été révélé par Charles Zucker de l'Université de Californie à San Diego, Nicholas Zyba de l'Institut national de Recherche dentaire et cranofaciale, et Linda Buck de l'École de Médecine de Harvard. Ils ont découvert l'endroit où un goût amer est enregistré pour la première fois – les protéines réceptrices des papilles gustatives qui réagissent aux goûts amers. Ces récepteurs appelés T2R/TRB font partie d'une famille de récepteurs proches qui aurait environ vingt-cinq membres. Les expériences montrent qu'un récepteur qui réagit à une forme d'arôme amer ignore en général les autres amertumes. Ceci expliquerait pourquoi il y a jusqu'à 25 récepteurs amers, car un récepteur unique ne pourrait certainement pas reconnaître autant de variations. Mais pourquoi autant d'accessoires chimiques pour ressentir un goût que nous n'apprécions pas ? C'est une question de survie. Presque toutes les toxines et poisons naturels ont un goût amer. Cette perception de l'amertume « a clairement évolué pour vous mettre en garde », explique Zuker.

Bien qu'il y ait vingt-cinq récepteurs différents sur notre langue, nous ne distinguons pas vingt-cinq types d'amertume, car ces vingt-cinq récepteurs envoient leur signaux par une protéine centrale appelé gustducine, découverte par Robert Margolskee de l'École de Médecine du Mont Sinaï. Elle se déclenche quand l'un des vingt-cinq récepteurs d'amertume se retrouve face à du brocoli, de l'huile de castor ou toute autre substance amère. Des souris génétiquement privées de gustducine dévorent les aliments les plus amers avec autant d'entrain qu'elles le feraient pour du fromage ou des sucreries. Notre incapacité à différencier les substances amères souligne l'intérêt naturel de ce goût : il est important que nous reconnaissions *n'importe quel* aliment amer, grâce à la gustducine, mais pas que nous nous perdions dans les distinctions entre différentes substances potentiellement néfastes.

Les scientifiques progressent dans la découverte des récepteurs des autres goûts. Pour ceux qui aiment les sucreries, un certain nombre de groupes – comme l'équipe de Linda Beck, ou Robert Margolskee et ses collègues ou les scientifiques de Senomyx, une société d'arômes et de parfums – ont découvert le gène T1R3 (récepteur gustatif 1, membre 3), potentiellement récepteur du sucre. Les souris qui apprécient le sucre ont un gène type de T1R3, et d'autres qui ne l'apprécient pas possèdent une autre variété de gène. Les travaux de Danielle Reed et de ses collègues du Centre sensoriel chimique Monell de Philadelphie ont découvert que les gens possédant un certain type de gène T1R3 mangent toutes sortes de sucreries. Les travaux de Charles Zucker et de ses collègues suggèrent que le T1R3 ne travaille pas seul, mais avec un deuxième gène, T1R2. De même, le récepteur d'unami semble combiner deux gènes, T1R1 et T1R3.

L'arôme des dragées de Bertie Crochue dépend également beaucoup de l'interaction de centaines de différentes molécules émises par les dragées dans l'air. Ces odorants sont perçus par un autre groupe de récepteurs, dans le nez. Le système olfactif humain est capable de différencier au moins 10 000 odeurs.

Une fois que l'odeur a négocié un virage serré en haut de la cavité nasale, elle rencontre l'épithélium olfactif, un groupe de cellules contenant environ cinq millions de neurones olfactifs possédant des récepteurs spécialisés qui répondent aux odeurs. Quand les protéines réceptrices sont liées à des molécules qui se sont aventurées dans le nez, une cascade de réactions chimiques est mise en branle qui s'achève dans le cerveau, où nous percevons une odeur.

Mais comment sentons-nous ? Une des façons de percevoir toute la portée des arômes, des tartes à la citrouille aux crottes de nez à la cannelle ou à la cire d'oreille au curry, serait d'avoir un récepteur conçu pour réagir à chacun. Cela ferait beaucoup de récepteurs, puisqu'il y a plus de 10 000 odeurs perceptibles. Puisque chaque protéine est décrite par un gène, cela signifierait qu'un tiers environ de notre bagage génétique (environ 30 000 gènes) serait consacré à notre odorat. Plutôt improbable.

Au lieu de cela, il pourrait n'y avoir que quelques récepteurs réagissant à de nombreuses odeurs, mais d'une façon légèrement différente à chaque fois. Cette configuration est plus efficace et présente un précédent bien connu. Nos yeux détectent les couleurs de la même façon : ils n'ont que trois types de récepteurs de couleurs. En comparant leurs réactions, le cerveau utilise assez peu de signaux nerveux pour peindre toutes les couleurs. Il s'avère, d'après les travaux de Linda Buck et de ses collègues, que chaque neurone dans l'épithélium olfactif ne représente qu'un seul parmi le millier de types de récepteurs olfactifs de la surface de l'épithélium.

Il existe une relation complexe entre les molécules odorantes libérées par une dragée et le déclenchement des récepteurs. Un simple récepteur peut reconnaître plusieurs odeurs, une seule odeur est généralement reconnue par plusieurs combinaisons de récepteurs. En d'autres termes, ces différentes combinaisons expliquent comment des centaines de récepteurs peuvent décrire plusieurs milliers d'odeurs.

Même de petits changements dans la structure chimique des odorants peuvent activer différentes combinaisons de récepteurs. Donc, l'octanole a une odeur d'orange, mais son parent proche, l'acide octanoïque, a une odeur de sueur. De même, de grandes quantités d'un produit chimique influent sur un plus grand nombre de récepteurs que de petites quantités, ce qui explique qu'une grande bouffée d'indole paraisse pourrie, tandis qu'un petit effluve paraîtra fleuri.

Quand une molécule odorante entre dans un récepteur de l'épithélium olfactif, le signal passe au bulbe olfactif. Cette structure, située à l'avant du cerveau, est le quartier général de l'odorat, selon les études de Linda Buck et de Bettina Malnic de l'École médicale de Harvard et leurs collègues au Japon.

Les signaux des neurones portant les mêmes récepteurs olfactifs convergent vers de petites structures appelées glomérules dans le bulbe olfactif, créant une carte des informations olfactives reçues. Cette carte est presque identique d'un individu à l'autre. De cette façon, tout le monde peut s'accorder sur l'odeur de la menthe poivrée, par exemple. « Cela explique potentiellement pourquoi l'odeur d'un putois est désagréable pour tout le monde, tandis que celle des roses est agréable », explique Linda Buck. Depuis le bulbe olfactif, les signaux sont transmis au cortex supérieur, la partie du cerveau qui s'occupe de la pensée consciente. « Il semble que les informations des différents récepteurs soient combinées dans le cortex, et non dans le nez ou dans le bulbe olfactif. »

Plus important, les signaux odorants sont également envoyés au système limbique du cerveau, qui génère les émotions, comme le « beurk » qui suit le goût d'une dragée au vomi, ou le « ahhh » d'un parfum apprécié parmi tous. « C'est sans doute pourquoi une odeur peut évoquer des réactions émotionnelles fortes tout en apportant des informations factuelles », propose Linda Buck, ajoutant qu'il y a sans doute un lien avec la structure qui s'occupe de traiter les informations liées aux émotions intenses, comme l'odeur du feu ou d'un parfum.

Avec cette idée assez détaillée de la façon dont notre goût fonctionne, les scientifiques sont aujourd'hui en mesure d'imiter toutes sortes d'arômes, ou d'en créer d'autres, nouveaux et étranges. La société Senomyx utilise la connaissance de ces récepteurs pour trouver des molécules qui « augmentent l'expérience sensorielle humaine ». En comprenant les récepteurs du sucre et la façon dont les molécules sucrées s'y attachent, les scientifiques pourront créer un substitut de sucre – une molécule qui conviendrait aux récepteurs mais un million de fois plus puissante, tout en ayant très peu de calories. Une autre société, Linguagen, vise la protéine gustudcine pour neutraliser tout goût amer. Leurs bloquants – entre autres, une molécule appelée adenosine monophosphate – rendrait le café moins amer, et aiderait les médicaments à mieux passer. Ces sociétés travaillent aussi à l'élimination des odeurs désagréables, à renforcer le goût salé des aliments à faible teneur en sodium, etc.

Toutefois, ces travaux ont également démontré que les dragées de Bertie Crochue n'ont plus le même impact que par le passé. La première analyse du génome humain suggérait que nous possédions environ 1 000 gènes de récepteurs olfactifs. Récemment, Sergey Zozulya et ses collègues de Senomyx ont découvert que seuls 350 environ sont fonctionnels (le nombre varie sans doute d'un individu à l'autre), tandis que les autres sont « morts », les pseudogènes. Ce sont les vestiges de gènes autrefois fonctionnels qui ont été détruits par les mutations. Une étude montre que ces gènes olfactifs inertes sont plus nombreux chez l'homme que chez le singe. Notre répertoire de perception olfactive est donc environ trois fois moins grand que celui des rongeurs ou des chiens, d'après Zorulya. Nous avons une version abrégée du répertoire utilisé par les souris, et sans doute par les autres mammifères.

L'explication la plus plausible de cette sélection est le besoin biologique décroissant d'un appareil olfactif précis. Les animaux continuent d'utiliser leur odorat développé pour trouver de la nourriture, détecter la présence et l'état psychologique des autres animaux. Ils s'en servent aussi pour éviter les dangers. Pour les humains, ces fonctions sont bien moins importantes. Puisque le code génétique des créatures est restructuré, muté et reformé en permanence, si un gène n'est pas nécessaire à la survie ou pour un avantage sélectif significatif, il finira par disparaître. « Dans cette situation, tout ce qui est inutile disparaît », confirme Zozulya.

Les meilleurs et les pires arômes

Dans une perspective darwinienne, nos goûts ont été affinés pour assurer notre survie. Dans la matrice, les embryons augmentent leur consommation de liquide amniotique quand une substance sucrée est injectée, révélant un goût naturel pour le sucre qui prépare les bébés à apprécier le lait maternel et leur permet de savoir quand un fruit est assez mûr pour qu'on le mange.

De même, les bébés ont horreur des goûts amers et beaucoup de produits naturellement amers sont mauvais : par exemple, les alcaloïdes tels que la strychnine sont toxiques, et la capacité de les détecter par le goût s'est développée pour permettre la survie. D'où la réponse générique aux différentes variations d'un type de goût correspondant à ces toxines, comme nous l'avons déjà dit.

Bien que certains goûts soient appréciés de tous (le chocolat, en premier lieu) ou haïs de tous (le vomi), les candidats aux titres de meilleur et pire arôme dépendent de l'expérience de chacun. Nous pouvons bien sûr nous entraîner à apprécier les goûts amers, et parfois pour de bonnes raisons. Les principes amers dans les « goûts acquis » comme celui des apéritifs ou du gin tonic aident à stimuler la production de salive avant un repas.

Pour ses recherches, Dana Small de la Northwestern University a dû beaucoup réfléchir aux arômes aimés ou détestés dans le monde entier. En étudiant les régions du cerveau réagissant aux goûts agréables ou désagréables avec un scanner cérébral PET, elle a dû découvrir les pôles opposés du spectre gustatif. « Ce n'était pas chose facile. Bien que tout le monde apprécie les choses douces et sucrées, il est presque impossible de trouver une personne qui apprécie l'eau sucrée, bien qu'il soit facile de trouver des gens pour qui l'eau amère est très déplaisante. Ce qui m'a menée à penser que le rôle principal du goût, qui a été décrit comme le dernier gardien du corps, est de rejeter le poison. »

Elle a fini par nommer le chocolat comme arôme agréable de base, puisque c'est ce que le maximum de gens apprécient, du moins dans les cultures occidentales. Mais le chocolat a d'autres atouts que son goût. D'autres effets sensuels contribuent, comme la sensation merveilleuse qu'il donne en bouche, ou son agréable sensation de fraîcheur quand il fond. Et manger du chocolat active aussi des régions du cerveau qui sont aussi stimulées par des drogues à accoutumance.

Mais le contexte détermine notre rapport avec le goût et l'odorat, comme l'a montré Marcel Proust dans son évocation de la madeleine. L'odeur d'un feu de bois est réconfortante si vous vous réchauffez devant une cheminée par une longue nuit d'hiver, mais effrayante si vous êtes dans le noir au cinéma. Ce phénomène a été révélé par l'étude au scanner du cerveau de plusieurs femmes tandis qu'elles reniflaient plusieurs odeurs dégoûtantes, comme des œufs pourris, une haleine pleine d'ail ou des relents d'égout, lors d'une expérience menée par David Zald et José Pardo au Centre médical des anciens combattants de Minneapolis et à l'Université du Minnesota. Les scientifiques étaient particulièrement intéressés par l'effet de ces odeurs sur la zone du cerveau, que possède chaque moitié du cerveau, et qui est acteur de la création des émotions. Quand les volontaires étaient exposées aux pires puanteurs, l'équipe voyait s'activer la connexion avec cette zone, comme si elle disait au reste du cerveau : « Ça, tu n'aimes pas ! » Des odeurs agréables, comme les fruits, les fleurs et quelques épices, n'évoquaient qu'une faible réponse de l'amygdale. Une femme a donné un bon exemple d'influence du contexte. Elle s'est rendue compte qu'une odeur qu'elle détestait n'était finalement pas si terrible, et son amygdale semblait lui donner raison. Pourquoi ? Elle avait passé des vacances en Alaska à proximité d'une raffinerie de pétrole, et « [cette odeur] lui rappelait l'été merveilleux qu'elle avait passé ». Il est facile de voir pourquoi beaucoup de choses, du parfum utilisé par l'être aimé à l'odeur indescriptible d'un nouveau-né, pourraient être candidates au titre d'odeur la plus agréable.

La familiarité est également importante dans la façon dont on réagit à une odeur ou un goût. Dana Small s'est rendu compte qu'un homme asiatique qui prétendait aimer le chocolat ne pouvait pas en avaler plus de quelques bouchées. Il n'avait commencé à manger du chocolat que quelques semaines plus tôt, et n'avait pas encore assez d'expérience pour être « accro ».

Noam Sobel, de l'Université de Californie à Berkeley, apprécie le chocolat, mais il aime par-dessus tout le goût et l'odeur de « la tarte feuilletée au café et à la poire », car sa mère lui en faisait quand il était enfant. Pour le pire arôme/parfum de tous, il estime que les matières fécales sont en bonne position. La plupart des gens ne sont pas vraiment dégoûtés par l'odeur de leurs propres excréments, ou par ceux de leurs proches. « L'hédonisme de l'odorat et du goût sont fortement influencés par l'expérience. L'odeur forte d'un fromage avancé sera divine ou écœurante » (les acides organiques contenus dans les fromages forts se trouvent aussi dans le vomi ou dans la sueur des pieds).

Étant peu familier de la puanteur causée par le Bandimon, un champignon vert avec des yeux, Sobel a préféré proposer l'odeur des cheveux brûlés comme idée pour la pire dragée de Crochue. « Je connais pourtant une étude interculturelle qui a montré que si les Européens détestent cette odeur, certains Africains l'associent aux médecines traditionnelles, et ne s'en plaignent donc pas autant », commente Jeanine Delwiche de l'Université d'État d'Ohio, qui considère comme pire substance l'alun, un astringent composé d'aluminium, de potassium et de sulfate, qui a un goût « tout à fait terrible ».

Nous reculons tous devant des produits chimiques possédant des odeurs horribles : sulfate d'hydrogène (œufs pourris), mercaptan de méthyle et skatole (excréments), cadavérine (cadavres), putrescine (viande faisandée), acide isovalérique (pieds malodorants). Le vomi est aussi en bonne place dans les odeurs les plus désagréables, car il a été développé par l'évolution pour avoir un impact maximal. Sa seule odeur peut nous faire vomir à notre tour, par protection. La régurgitation nous sert à rejeter des substances toxiques ingérées. Puisque les gens vivaient en communautés réduites, si une toxine affectait un membre du groupe, elle avait des chances de toucher tous les autres à leur tour. Si quelqu'un commençait à être malade, il fallait donc que ses voisins vident également leur estomac, car ils avaient sans doute partagé son repas.

D'autres idées pour la pire de toutes les dragées pourraient naître d'un projet de l'armée américaine pour développer la pire des boules puantes. Les militaires rêvent d'une puanteur telle qu'elle disperserait rapidement les émeutiers et viderait des rues entières. L'effort fait pour créer une mixture de molécules malodorantes qui ne tue ni ne blesse mais peut arrêter des foules en colère fait partie du programme d'armes non létales du Pentagone.

Ce n'est pas la première fois que l'armée américaine s'intéresse aux odeurs. Au cours de la Seconde Guerre mondiale, elle avait imaginé « Qui, moi ? », une puanteur censée aider les résistants français à humilier les officiers allemands en leur donnant une mauvaise odeur. Mais elle était si volatile que tout ce qui se trouvait à proximité était contaminé. Pam Dalton, du Centre sensoriel chimique Monell, a mené une équipe pour créer et tester plusieurs odeurs désagréables sur des volontaires, à la recherche de ce qu'elle appelle la « mauvaise odeur universelle ». Deux sembleraient transcender les cultures. D'une part, une mauvaise odeur typique des toilettes, concoctée pour tester les produits nettoyants. L'autre est une version remise à jour de « Qui, moi ? », un bouquet de molécules de sulfure rappelant la nourriture avariée et les carcasses en putréfaction. Une combinaison de ces deux odeurs devrait affecter n'importe qui, pense-t-elle. Il y a peut-être une dragée de Bertie Crochue quelque part qui porte ce cauchemar gastronomique. Prenez garde.

Deuxième partie

L'histoire de la pensée devrait nous mettre en garde contre l'idée que puisque la théorie scientifique du monde est la meilleure que l'on ait formulée jusqu'alors, elle est forcément achevée et définitive... En dernière analyse, magie, religion et science ne sont que des théories de pensées. Et si la science a supplanté ses prédécesseurs, elle pourrait bien un jour être remplacée par une hypothèse plus parfaite.

Sir James Frazer, *Le Rameau d'or.*

Avant-propos

Aucune histoire de la magie ne serait complète sans référence à l'état magique de l'esprit moldu. Les nombreux échecs de leur cerveau peuvent expliquer bien des choses sur la sorcellerie et la magie au travers des âges. De même, les récits moldus sur les monstres, sorciers et enchantements peuvent nous en apprendre beaucoup sur les mécanismes imparfaits à l'œuvre entre chaque paire d'oreilles humaines.

Les Moldus sont convaincus d'avoir un encéphale merveilleux. Ils nous rappellent sans cesse que le cerveau humain est ce qu'ils connaissent de plus complexe, mais taisent toujours ses erreurs. Ils croient ce qu'ils voient, sans comprendre que ces preuves sont altérées par leur esprit embrumé. Ils se fient à leurs souvenirs, contaminant leurs souvenirs par l'imagination et la suggestion. Hélas, cher lecteur, pour ce qui est de capacités mentales, les Moldus ne font pas de miracles.

Il existe de nombreuses limitations de l'esprit moldu, des hallucinations aux illusions manifestes. Les humains peuvent être troublés, trompés ou manipulés, voire même embrouillés ou distraits. Inspirés par les fossiles ou les mésaventures d'autrui, ils peuvent conjurer toute une ménagerie – dragons, loups-garous, fées et géants. Privés de leurs facultés, ils commencent à voir des sorcières, des démons et des fantômes. En s'éveillant, ils peuvent être convaincus qu'une vieille harpie les écrase de tout son poids. De plus, la mémoire humaine est si imparfaite et l'imagination si fertile que les magiciens pourraient se passer de sortilèges d'amnésie quand les Moldus aperçoivent un bout du monde magique.

On trouve une autre preuve de leur insuffisance mentale dans le traitement infligé aux magiciens et sorcières par le passé, de la torture ou la pendaison à la lapidation ou au bûcher. D'autant plus qu'aucune de ces victimes n'était très douée pour la sorcellerie. Pourquoi les Moldus croient-ils en ces choses particulières qui les poussent à des actes aussi terribles ?

Mais ce n'est pas tout. Parmi les extraordinaires convictions qui affligent l'esprit moldu, on trouve la certitude d'une théorie imminente capable de tout expliquer. Mais aucun Moldu ne pourra jamais expliquer pourquoi Harry aime la Bièreaubeurre, ou l'amour d'Hagrid pour les créatures redoutables. Vraisemblablement, rien ne fera jamais de la science un implacable ennemi de l'émerveillement. Elle ne pourra jamais éliminer la magie de notre quotidien.

Chapitre 8

Étoiles, poulets mystiques et pigeons superstitieux

La superstition est la religion des faibles d'esprit.

Edmund Burke.

Il y a plusieurs siècles, la distinction entre la science et les activités paranormales n'était pas aussi nette. Au début du XVII⁰ siècle, des personnalités influentes comme Tycho Brahe, Galilée et Johannes Kepler – personnages majeurs dans le développement de la physique moderne – tenaient l'astrologie en haute estime. Le grand pionnier irlandais de la chimie, Robert Boyle, croyait aux anges et à la possibilité de produire de l'or avec la pierre philosophale. Sir Isaac Newton, sans doute la personnalité la plus importante de l'histoire de la science, s'est de tout temps intéressé à l'alchimie et à la religion.

Bien que la science ne soit pas à proprement parler présente dans les livres de Harry Potter, notre héros aux yeux verts doit observer le ciel nocturne tous les mercredis, et son professeur d'astronomie, Mme Sinistra, lui enseigne les mouvements des planètes et les noms des différentes étoiles. Jusque-là, rien que de très rationnel. Mais le professeur Sibylle Trelawnay lui révèle également les supposés secrets de l'astrologie, la chiromancie, la lecture des boules de cristal et l'examen des entrailles d'oiseaux dans son cours de divination. Harry étudie la botanique avec Mme Chourave, et sans aucun doute un peu de jardinage. Ses cours de potions avec le professeur Rogue couvrent sans doute ce que les Moldus appellent chimie et pharmacologie, ainsi que les quelques tours habituels. Comme nous l'avons déjà vu, la manipulation génétique et la physique quantique pourraient bien faire partie de ce que Harry a appris, comme la transfiguration, la défense contre les forces du mal, les créatures magiques, les sorts, malédictions et charmes.

Bien qu'un acte magique suggère un événement surnaturel, au-delà des lois de la nature, il existe des liens entre la pratique de la magie et celle de la science. Toutes deux sont poussées par la curiosité – le besoin de comprendre et manipuler le monde qui nous entoure. Les humains les exercent pour compenser leur incertitude et retrouver la confiance dans un environnement hostile.

La magie rendait le monde plus prévisible pour un esprit antique. On pouvait prononcer un sort, une prière, ou mener un rituel pour favoriser sa survie. En déclarant ce que l'on voulait et en s'y attachant, on avait une chance de le concrétiser. Selon la pensée magique, l'esprit peut influencer la matière, l'imagination bien entraînée peut altérer le monde physique, tous les aspects de l'univers sont liés et l'observation révèle des correspondances entre le cosmos et le quotidien.

La science cherche également des liens dans la nature pour comprendre et manipuler le monde naturel. Toutefois, la science va un peu plus loin que la magie, puisqu'elle teste ces correspondances au travers d'expériences et qu'il en découle une théorie. Il a fallu des siècles pour que la science prenne le pas sur la magie, mais elle n'a pas purgé les cultures modernes de leur fascination pour ce sujet, comme le montre la passion pour Harry Potter. Il reste en fait des points d'attache entre les domaines magique et scientifique. Tout d'abord, le besoin de croire en quelque chose, aussi étrange que ce soit, est abordé au chapitre 14. Ici, je vais aborder les fondations erronées sur lesquelles sont établies ces croyances.

Les origines de la superstition

Superstition, science et magie tirent leur force de notre quête de compréhension. L'évolution nous a dotés d'un esprit à la recherche de schémas, comme ceux qui reliaient nourriture et survie : le lieu où poussaient les bonnes racines nourrissantes tous les ans, la période à laquelle les plantes fleurissent et portent des fruits, les signes du passage d'un prédateur. Beaucoup d'événements dans le monde sont organisés de façon non-aléatoire, et il est crucial, pour nous comme pour tous les animaux, de pouvoir repérer la régularité de la nature.

Nous sommes nés pour remarquer les répétitions. Les bébés reconnaissent leur langue natale avant la naissance, distinguent une langue étrangère après quelques jours de vie seulement, et sont intrigués par les tours de magie dès deux mois et demi. Ce besoin impérieux de schémas, le lien entre la cause et l'effet, est un moindre mal. Sans lui, nous ne pourrions pas en parler. La difficulté vient de l'équilibre nécessaire entre la non-reconnaissance d'un schéma qui pourrait nous sauver la vie et la projection d'un schéma là où il n'y en a pas.

Cette facilité est si importante que le cerveau moderne cherche avidement les schémas pour relier les causes aux effets : il va sans doute construire des coïncidences, même si deux événements ne sont absolument pas liés. Telle est la source de la magie et de la superstition des Moldu.

Ces tendances sont universelles. Les chats associent des événements proches, sans discerner les véritables causes et effets, selon une expérience menée il y a plus d'un demi-siècle. À l'Université de Washington de Seattle,

Edwin Guthrie et George Horton avaient construit une « cage à énigme » dont un chat pouvait se libérer en appuyant sur un poteau. Après avoir observé huit cents sorties par une cinquantaine de chats, ils découvrirent que les animaux reliaient leur sortie à leur dernière action plutôt qu'au déclenchement du mécanisme. Guthrie commenta : « Quand la sortie de la boîte suivait presque n'importe quel comportement, un choc contre le mécanisme, une pression de la patte, une pression de dos, sauter en haut de la boîte en retombant sur le mécanisme, s'allonger et rouler par inadvertance sur le mécanisme, on pouvait presque toujours s'attendre à ce que le chat répète rapidement le même mouvement quand on le remettait dans cette boîte. » Les sorties furent décrites dans un livre publié en 1946. Il faut tout de même reconnaître aux chats qu'ils avaient établi le lien entre la sortie et le mécanisme, même s'ils n'avaient pas compris ce qu'il fallait faire pour l'activer.

Une expérience peut aller plus loin et être conçue pour effacer tout lien entre la cause et l'effet. Les coïncidences peuvent alors donner le jour à des superstitions. Telle fut la découverte du psychologue behavioriste B. F. Skinner, de l'Université de l'Indiana dans les années 1940. De tous les articles qu'il écrivit, le plus connu parut dans le *Journal de Physique expérimentale* sous le titre : « Superstition chez le pigeon. »

Dans son expérience, Skinner s'assurait tout d'abord que ses pigeons avaient faim, puis il plaçait un oiseau dans une cage où un mécanisme déposait de la nourriture toutes les quinze secondes. Les oiseaux pouvaient se contenter d'attendre leur nourriture. Mais ils développaient des rituels instinctifs, sans doute parce qu'ils les reliaient à la réception des aliments. « Un oiseau s'est conditionné pour faire le tour de la cage dans le sens contraire des aiguilles d'une montre, faisant deux ou trois tours entre chaque livraison. Un autre mettait la tête dans le coin supérieur gauche de la cage. Un troisième développa une réponse « d'activation », comme s'il plaçait sa tête sous une barre invisible et qu'il la soulevait de façon répétée. Deux oiseaux développèrent un mouvement pendulaire de la tête et du corps... Les oiseaux exécutaient une réponse quand la nourriture arrive. Ils ont donc tendance à répéter cette réponse. »

Les pigeons, à l'affût de liens entre les événements, ont fait une connexion causale erronée. C'étaient des pigeons superstitieux. Nous avons beaucoup de points communs avec eux, quand il s'agit de nous faire tromper par les coïncidences et faux liens. Skinner lui-même note cette analogie : « Les rituels pour faire tourner sa chance lors des parties de cartes sont de bons exemples. Quelques liens accidentels entre un rituel et une situation favorable suffisent à établir et maintenir un comportement, malgré des échecs subséquents. Le joueur de bowling qui a lancé sa boule mais continue de la "contrôler" en tournant le bras est un autre bon exemple. »

D'autres ont fait remarquer que ce genre d'expériences traduisait peut-être plus le comportement naturel des créatures étudiées – surtout, la tendance d'un chat à se frotter contre quelque chose, que ce soit la jambe d'un laborantin ou un mécanisme qui active sa porte de sortie. Toutefois, ce genre d'expérience a même créé des comportements superstitieux chez les enfants. En 1987, au lieu d'une mangeoire, Gregory Wagner et Adward Morris de l'Université du Kansas ont utilisé un clown mécanique qui distribuait des billes avec la bouche. On dit à chaque enfant que s'il récupérait assez de billes, on lui donnerait un jouet. Tout comme dans l'expérience de Skinner, Bobo régurgitait des billes à intervalle régulier, quoi que fasse l'enfant. Et tout comme les pigeons, les enfants développèrent des comportements superstitieux pour contrôler ce mécanisme, que ce soit par des grimaces, des gestes ou en touchant le nez de Bobo. La même année, Koichi Ono de l'Université Komazawa au Japon utilisa une approche similaire chez des étudiants, en les récompensant avec des points au lieu de billes. Une participante infatigable pensait que la clef du succès était de sauter en touchant le plafond. («Elle s'est arrêtée au bout de vingt-cinq minutes, peut-être à cause de la fatigue.»)

Ces recherches nous apprennent que rares sont les gens capables d'accepter le rôle important du hasard dans leur vie. Ils cherchent des raisons, des corrélations, des connexions logiques – même si elles n'existent pas. L'esprit humain, loin d'être malléable, impose certaines attentes naturelles sur l'expérience. Chaque fois qu'il y a incertitude ou angoisse, la pression pour trouver des schémas s'accroît, et nous sommes donc encore plus facilement dupés par ce qui paraît magique.

La magie de la chance

Beaucoup de gens, et pas seulement les plus crédules, seraient impressionnés par une émission de télévision au cours de laquelle les montres des spectateurs s'arrêteraient sur l'ordre d'un médium. Mais parmi les dix millions de téléspectateurs, il y aura bien une personne dont la montre s'arrêtera, que ce soit à cause d'une pile épuisée ou d'un ressort détendu. Même si la probabilité était d'une sur un million, cela donnerait aux producteurs de l'émission dix personnes potentielles qui, éblouies par le pouvoir du médium, annonceraient ce miracle. Selon les standards de la télévision, cela suffit à prouver le pouvoir du médium. Le sorcier des statistiques, Sir Ronald Fisher, a un jour fait remarquer que «ce qui a une chance sur un million d'arriver se produit invariablement, avec cette même probabilité, aussi surpris que nous soyons que cela nous arrive *à nous.*»

Qui ne s'est jamais étonné de recevoir un coup de téléphone d'une personne à qui l'on pensait, ou autre coïncidence du même ordre? La loi des statistiques est plus à même que les forces occultes (ou liens psychiques et résonances vibratoires d'énergie cosmique) d'expliquer ce phénomène. Vu la fréquence à laquelle nous pensons aux gens, il serait plus surprenant de ne jamais vivre cette surprise. Nous avons tendance à oublier les non-événements. Mais oncle Freddy finit forcément un jour par frapper à la porte quelques secondes après que vous vous soyez demandé ce qu'il faisait. Un ami ou un parent va forcément mourir le jour même où vous avez pensé à lui... un jour ou l'autre...

Certaines coïncidences sont exagérées par notre esprit parce que les humains sont les rois de la mémoire sélective. Nous nous concentrons sur les coïncidences, tout comme on se rappelle plus facilement les bons moments d'une relation que les épisodes pénibles. Ce qui nous rend réceptifs à la magie.

Sorcellerie de l'âge de pierre

Le mot « superstition » découle du latin *superstitio* (« se tenir au-dessus d'une chose avec étonnement »). Cela nous montre une autre cause de superstition : nous sommes facilement étonnés. Richard Dawkins, de l'Université d'Oxford, pense que notre cerveau s'étonne d'un rien – et reste superstitieux – parce que nous sommes encore adaptés aux besoins de nos ancêtres, qui vivaient des existences assommantes et sans surprise en petits groupes.

L'anthropologie et les fossiles suggèrent que, pendant des centaines de milliers d'années, nos ancêtres vécurent dans des communautés réduites, qu'il s'agisse de clans nomades ou de hameaux. Nos cerveaux sont donc calibrés sur des coïncidences impliquant au mieux quelques dizaines de personnes. « Nos cerveaux sont réglés pour détecter des schémas, et sont ébahis devant des niveaux de coïncidence assez faibles si notre groupe d'amis et de connaissances est large », explique Dawkins.

De nos jours, bien sûr, grâce à la télévision, à Internet et autres formes de communication de masse, notre afflux d'information est devenu énorme, et ce calibrage délicat de notre cerveau est déclenché bien plus souvent qu'à notre époque de chasse et de cueillette. « Nos cerveaux sont calibrés par une sélection naturelle ancestrale pour gérer des coïncidences bien plus rares, correspondant à la situation d'un petit village, poursuit Dawkins. Si nous sommes si impressionnables, c'est simplement en raison de cela. »

Autre facteur qui pourrait réduire notre seuil d'étonnement, le rythme de la vie moderne. Nous faisons plus d'expériences, voyageons plus loin et faisons plus de choses en une heure que ce n'était possible il y a quelques siècles, ce qui renforce les probabilités d'événements surprenants, et embrouille encore un peu plus notre cerveau.

Le poulet mystique

Le besoin de causalité étant si fort dans la vie quotidienne, nous cédons à la superstition – partout, tout le temps, pour un oui ou pour un non. Le psychologue américain Stuart Vyse cite l'exemple de Wade Boggs, ancien joueur de base-ball des New York Yankees, qui était convaincu qu'il jouait mieux après avoir mangé du poulet, surtout sa propre recette de poulet au citron. Il en a mangé au dîner avant chaque match pendant vingt ans. Il se rendait aussi à son poste en quatre foulées, ne marchait jamais sur la ligne blanche quand il courait sur le terrain et, quand il prenait la place du batteur, il traçait le symbole hébreu *chai* avec sa batte.

Avec le même raisonnement, une femme qui porte des chaussures vertes le jour où elle gagne au bingo se persuade que les chaussures lui portent chance. Un joueur crie le chiffre qu'il désire avant de lancer les dés. L'élève se rend à tous ses examens avec son « stylo porte-bonheur ». On ne se défait pas si facilement de son instinct de survie, et nous nous comportons encore comme les pigeons de Skinner. Même si la femme aux chaussures vertes ne gagne plus jamais au bingo, elle trouvera de bonnes raisons pour expliquer leur échec. Elle a peut-être mal noué ses lacets.

Beaucoup croient encore à un lien entre le passage sous une échelle et la malchance, ou une patte de lapin et la chance. Beaucoup d'entre nous portent encore des bracelets porte-bonheur et croisent les doigts. Stuart Vyse a découvert un jour que seul un autre psychologue et lui acceptaient de s'asseoir dans la treizième rangée d'un avion quand tous les autres sièges étaient pris. « Les gens croient-ils que cette rangée connaîtra un sort différent des autres ? » se demande-t-il.

Certains immeubles, en Grande-Bretagne et aux États-Unis, n'ont pas de treizième étage (du moins, il ne porte pas ce numéro). Ce fut sans doute l'idée de quelqu'un qui craint le nombre 13, un triskaidékaphobe. Un réceptionniste d'hôtel à Boston m'apprit que les clients n'aimaient pas séjourner dans la chambre 666 (et ils avaient raison, comme je devais le découvrir, car l'air conditionné et les machines à glaçons y faisaient un vacarme épouvantable). Tout près, dans l'un des grands pôles américains de la connaissance, l'Institut de Technologie du Massachusetts, plusieurs générations sont passées devant la plaque de bronze de l'inventeur George Eastmann et lui ont frotté le nez pour attirer la chance. On ne sait jamais, ça peut toujours servir.

D'après Vyse, beaucoup de personnes considèrent la superstition comme une assurance. C'est une sorte de « pari de Pascal » : le philosophe du XVIIe siècle trouvait rationnel de croire en Dieu, au cas où il existerait. Il n'y a qu'une faible chance pour que le ciel et l'enfer existent, mais l'on devrait mener une vie chrétienne pour se prémunir contre tout risque de damnation. De la même façon, bien des gens pensent qu'ils n'ont rien à perdre en contournant une échelle au lieu de passer en dessous.

De tels actes sont d'autant plus remarquables que l'on affirme que la science a chassé la magie de nos vies. Mais ces idées scientifiques sont soumises au scepticisme (manifesté par les expériences à témoin, les mathématiques, les placebos, la reproductibilité, le jugement des pairs et autres précautions de la méthode scientifique). Le résultat d'un dialogue sans fin entre théorie et expérience est un corps de connaissances objectives et surtout complémentaires. Ainsi, ce que les chimistes connaissent de la structure de l'héritage génétique (ADN) correspond à ce que les biologistes moléculaires savent des unités d'héritage (gènes). Ce que les zoologues voient ramper, onduler et voler dans le monde naturel. Ce que les modèles informatiques révèlent sur l'évolution. Ce que les chasseurs de fossiles trouvent dans la terre et les dépôts.

Toutefois, le fossé entre la compréhension scientifique et les avantages matériels que l'on peut en tirer est large, obscurcissant le lien entre la cause et l'effet. Il fallut des siècles avant que l'on sache que le médecin « scientifique » soignait mieux – avec de la pénicilline par exemple – que l'équivalent de Rogue avec ses herbes et ses potions. Il fallut aussi des siècles pour démêler l'astronomie de l'astrologie et la soi-disant influence occulte des étoiles sur les affaires humaines.

Astrologie

Rendez-vous en haut de la tour Nord de Poudlard, et vous pourriez avoir la chance d'assister à un des cours de divination de Sibylle Trelawnay. Autrement, tentez de vous procurer un exemplaire de *Cristal brisé : les mauvais coups du sort*, ou de *Présages de mort : que faire quand on sent venir le pire*. Entre autres méthodes employées par Sibylle Trelawnay pour lire l'avenir, on trouve les présages dans le feu, la chiromancie, et surtout l'astrologie. Les événements peuvent être prédits simplement en observant les corps célestes. De nos jours, l'astrologie fait partie de l'industrie du loisir. Toutefois, la distinction était plus floue avant le XVIIᵉ siècle et ses lumières scientifiques. L'astronomie se concentrait sur les changements du ciel d'une saison sur l'autre, le mouvement des quelques corps célestes connus et la possibilité de prévoir leur position : l'astrologie lisait dans leurs mouvements les caractéristiques et activités humaines. Notre fascination pour le ciel nocturne est aussi vieille que l'histoire humaine. Beaucoup de croyances anciennes sur le pouvoir des cieux sont apparues pour les mêmes raisons que le comportement des pigeons de Skinner. Les Aztèques, de crainte que le soleil ne se lève pas le lendemain, assuraient l'aube nouvelle par un sacrifice humain. Ils obtinrent systématiquement le résultat escompté. Nos ancêtres organisaient des festivités d'hiver, semblables à celles qui ont lieu à Poudlard à chaque Noël, pour hâter le retour du soleil, de la chaleur et de la fertilité. Leurs rituels tournaient autour des épineux (qui semblaient défier le froid de l'hiver) et la lumière d'une flamme vive. Selon divers rituels païens, un arbre était décoré pour encourager les « esprits des arbres » à venir reverdir la forêt, ce qu'elle faisait bien sûr à chaque printemps.

Mais certaines associations très réelles et très importantes émergèrent quand les civilisations lièrent les événements célestes avec la survie. Cet intérêt pour les cieux permettait – de façon imparfaite – à un sage, saint, chaman ou autre de prédire l'avenir, de guider la tribu dans les saisons, de savoir quand moissonner et quand déplacer les troupeaux. Il l'aidait aussi à prédire les événements marquants, comme les crues des rivières. Dans les temps anciens, toute personne qui pouvait prédire l'assombrissement des cieux avant une éclipse détenait un grand pouvoir et s'attirait le respect (comme le découvre Tintin au cours d'une de ses découvertes, et comme H. Rider Haggard l'a écrit dans ses *Mines du roi Salomon*).

Le soleil, notre étoile locale, influence effectivement nos vies. Il ne fait aucun doute que les changements graduels de l'orientation de la terre par rapport au soleil modifient notre climat, et les changements saisonniers influent sur les maladies ou nos cycles hormonaux. Dans ce sens très restreint, la connaissance des étoiles éclaire légèrement notre destin.

L'anniversaire de Harry Potter peut nous apprendre une chose ou deux sur son avenir. Puisque le cinq centième anniversaire de Nick Quasi-sans-Tête a eu lieu quand Harry avait douze ans, et que N. Q-s-T est mort en 1492, Harry est sans doute né en 1980. Différents éléments dans les romans, comme un article sur le cambriolage de la banque Gringotts, laissent à penser que Harry est né le 31 juillet, ce qui est aussi l'anniversaire de J. K. Rowling (tous les indices ne concordent pas : le premier livre nous dit que le onzième anniversaire de Harry tombe un mardi, alors que le 31 juillet 1991 était un mercredi).

Harry est lion, et donc confiant, courageux et ainsi de suite, comme tout le douzième de la population mondiale qui partage son signe astral. Les raisons en sont troubles, si ce n'est que ce sont les qualités léonines traditionnellement. Pas très convainquant. Toutefois, des recherches récentes ont montré que cette date de naissance pourrait influencer tout le restant de la vie de Harry, du fonctionnement de son système immunitaire au risque de maladies cardiaques ou à ses réussites intellectuelles et sportives.

Au risque de mettre le professeur Trelawnay au chômage, voyons ce que la vie réserve à Harry. Un effet « astrologique » faible apparaît dans les sports, où le développement physique est important. D'après une étude de l'Université d'Amsterdam, les enfants les plus jeunes d'un groupe d'âge, comme c'est le cas de Harry, sont désavantagés parce qu'ils sont nés vers la fin de l'année de sélection (ce qui n'a pas empêché Harry de devenir Attrapeur). Michael Holmes, de l'Université Queen Margaret à Édimbourg, a découvert que les naissances entre mai et septembre sont les plus propices à donner des réactionnaires. Une autre étude montrait que ceux qui naissent en été sont plus intelligents. L'auteur se gardait toutefois bien de trouver une explication astrologique, et spéculait que les bébés nés pendant les mois d'été ont moins de chances de tomber malades et d'être confinés à l'intérieur. Cela leur permettrait d'être plus aventuriers et de vivre dans un environnement plus stimulant. Les expériences ont montré que c'était un facteur important pour le développement du cerveau. Ceci ressemble bien à notre héros aux yeux verts.

Outre ces faibles liens entre la date de naissance et l'avenir, l'idée que l'astrologie peut nous renseigner sur notre vie et notre personnalité est aussi ridicule que les prédictions les plus sombres du professeur Trelawnay. Harry lui-même en vient sagement à la conclusion qu'elle se fonde avant tout sur des déductions et des façons grandiloquentes. Sibylle Trelawnay prédit fréquemment la mort d'un élève, elle finira bien par avoir raison un jour ou l'autre.

Des millions de personnes croient que la position des corps célestes au moment de leur naissance aide à déterminer leur personnalité et leur destinée. Les astrologues n'ont jamais exposé de mécanisme convainquant par lequel cette influence pourrait s'exercer. La gravité ne saurait justifier ces influences natales, puisque l'attraction des personnes proches – le médecin, la sage-femme – serait aussi importante. Il n'y a pas non plus la moindre preuve que l'astrologie fonctionne : les meilleurs astrologues (selon leurs pairs) se sont régulièrement montrés incapables d'associer des profils de personnalité à des données astrologiques, en une proportion supérieure à celle du hasard. Les convaincus citent toujours les mêmes études, et, pour ma part, je n'ai jamais rien lu dans un journal scientifique qui valide l'astrologie.

Dans notre âge de micropuces, alors que nous pouvons marcher sur cette lune si influente et que nous envoyons des sondes vers la terrible Mars et au-delà, beaucoup s'accrochent plus que jamais à cette pseudo-science. L'idée qu'un objet aussi distant que Pluton puisse exercer un effet mesurable sur notre vie est absurde, et encore plus qu'un astrologue pourrait le prévoir. Certes, la relation de la terre avec notre étoile locale est très importante, vu son influence sur les saisons. Certes, nous pouvons prévoir le mouvement des planètes avec une précision incroyable. Certes, la mécanique quantique nous dit que nous pouvons être affectés par un seul électron aux frontières du cosmos. Mais il y a beaucoup d'électrons autour de nous. La théorie du chaos assure qu'il nous faudrait des informations infinies pour prédire le comportement futur de deux boules de billard ricochant sur une table de billard idéalisée. Alors que penser d'une chose aussi complexe qu'une vie humaine ? On réalise rarement que l'astrologie est en contradiction avec la science, mais aussi avec la magie. L'astrologie part du principe que les humains sont impuissants, incapables de contrôler leur destinée, tandis que la magie estime que les humains sont capables de la changer d'un coup de baguette.

Climat et sorcellerie

Les sorciers peuvent prédire la pluie grâce au cri déchirant de l'Augurey (ou Phénix irlandais). Malheureusement, son chant triste est inconnu dans le monde moldu, où l'on cherche des alternatives depuis des millénaires. Bien que les anciens aient pu relier les cieux au passage des saisons, beaucoup de connaissances climatiques sont aussi vieilles que les légendes, et aussi peu fiables. « Attention de ne pas semer quand le vent est au nord, ou de ne pas greffer et inoculer quand le vent est au sud », écrivait Pline dans un adage opposé à celui qui circulerait au XVIIᵉ siècle. Néanmoins, toutes les tentatives antiques pour utiliser les étoiles comme outil de divination ne sont pas à rejeter...

Des études de ce que l'on pourrait appeler l'ethnoclimatologie ont montré que, quand il s'agit d'utiliser les cieux pour une prévision climatologique à long terme, les Incas des régions victimes de sécheresse étaient excellents. Une tradition transmise de génération en génération chez les cultivateurs de pommes de terre incas s'appuyait sur la luminosité d'un groupe d'étoiles, les Pléiades, pour prédire la pluie quelques mois plus tard – d'octobre à mai – au cours de la saison de culture.

Pendant des siècles, les locaux liaient la luminosité perçue des étoiles – donc la clarté du ciel – à des pluies plus proches et plus abondantes et donc à une récolte de pommes de terre plus abondante entre mars et mai de l'année suivante. Cette récolte était la plus importante, et possédait des racines assez peu profondes. En cas de faible pluie, les montagnards du Pérou et de la Bolivie décalaient les plantations dans les mois où la pluie serait plus abondante.

Le même genre de prévision stellaire a été remarqué par Mark Cane, climatologue à l'Université de Columbia, pendant ses vacances dans les Andes. « Un guide m'a dit qu'un fermier des environs avait prédit la récolte à venir en montant sur un sommet en juin. » Les fermiers faisaient souvent leurs observations entre 15 et le 24 juin, cette dernière date étant le festival de San Juan. Cane a avancé que leurs prédictions fonctionnaient parce que la visibilité des Pléiades était plus ou moins liée à El Niño, événement climatologique majeur qui a lieu de manière cyclique dans la partie équatoriale du Pacifique, où les eaux chaudes se déplacent vers l'est, et rejoignent la côte ouest de l'Amérique du Sud, changent les pluies sur toute la planète.

Dans le cadre de cette étude, l'anthropologue Benjamin Orlove de l'Université de Californie à Davis a passé en revue les études ethnologiques des villages du Pérou et de la Bolivie, et découvert que cette référence des Pléiades est utilisée dans toute la partie haute des Andes (l'altiplano) pour prédire la récolte suivante. Un troisième scientifique, John Chiang, alors étudiant de Cane, fit le lien entre des cirrus de haute altitude en juin et El Niño. Les nuages atténuent la lumière des Pléiades et masquent complètement cinq des onze étoiles principales des Pléiades, celles qui se trouvent sur le bord de la constellation, ce qui donne l'impression qu'elle a rétréci quand on la regarde à l'œil nu. Le lien entre l'apparence de cette constellation et El Niño explique la réussite des Incas et des fermiers qui ont depuis utilisé cette méthode pour savoir quand la pluie va tomber, à plusieurs mois de là.

D'autres études ethnoclimatologiques sont menées en Inde depuis les années 1970 par des scientifiques de l'Université agricole du Gujarat, qui possède un campus à Junagadh (Saurashtra), à l'ouest de l'état du Gujarat, où les sécheresses sont fréquentes. La saison de la mousson, de juin à septembre, est caractérisée par des averses erratiques et inégales. Les fermiers des alentours donnent une grande importante aux prédictions exactes sur le déclenchement de la mousson pour savoir quand planter telle ou telle plante. Un déclenchement avancé convient aux plantes à la croissance lente, comme le coton et la châtaigne de terre. Quand les pluies sont plus tardives, le choix se restreint aux légumineuses, au mil à chandelles, au ricin et à un type de graine d'arachide.

Une étude systématique des méthodes traditionnelles de prévision fut entreprise en 1990. Le département de météorologie avait prévu une mousson normale pour toute l'Inde et les averses sur Saurashtra furent retardées cette année-là, à la consternation des fermiers locaux. Or un conférencier d'Université, Purshottambhai Kanani, avec la collaboration de Devji bhai Jamod (conducteur d'engins du village de Jetalsar) et Jadhav bai Kathiria (instituteur du village d'Alidhra), tous deux fascinés par les prévisions traditionnelles, avait prévu que la mousson ne pouvait pas arriver avant le 15 août, selon la croyance traditionnelle qui dit que : « *S'il y a de la pluie avec des éclairs et des "rugissements de nuages" [tonnerre faible] au deuxième jour de Jayastha [mai-juin, selon le calendrier lunaire hindou], il n'y aura pas de pluie pendant les soixante-douze jours suivants.* » Ces mots sont extraits des couplets (*Bhadi Vakyas*) écrits aux alentours du XIIe siècle par Bhadli et transmis de façon orale. Ils décrivent dix « chefs » (variables) responsables du développement de « l'embryon éthéré » de la pluie : le vent, les nuages, les éclairs, les couleurs du ciel, les grondements, la rosée, la neige, l'arc-en-ciel et l'apparition d'un orbe autour de la lune et du soleil.

Exactement comme Bhadli l'avait prédit, il y eut une averse soixante-douze jours plus tard, le 15 août 1990, sur Saurashtra, permettant aux fermiers de planter des cultures à période de croissance plus courte. Cela impressionna tant Kanani qu'il en parla à la presse locale et décida d'approfondir ses recherches sur le folklore climatologique.

La culture locale se fonde sur les pratiques d'astrologues comme Varahmir (VIIIe siècle), Ghagh (XIIIe siècle) et Unnad Joshi (XVe siècle), qui faisaient leurs prévisions en observant les interactions entre le vent, les nuages et les éclairs, la floraison et le feuillage de certaines espèces d'arbres, ou le comportement des oiseaux et des animaux : le chant des grenouilles, les paons ou les serpents.

Ces croyances furent traitées comme des hypothèses par Kanani et testées sur une période de huit ans. Certaines sont prometteuses. Par exemple, il y aurait un lien entre la direction du vent pendant Holi (festival hindou au printemps) et la force de la mousson la même année.

Kanani pense que ces méthodes traditionnelles peuvent prédire les variations régionales. Bien sûr, tous ses pairs ne sont pas convaincus qu'ils devraient délaisser leurs ordinateurs pour écouter chanter les grenouilles.

Là où la magie s'arrête, la science commence

Ces méthodes sont un exemple de magie ouvrant la voie à la science, une fois qu'elle a été validée par l'expérience. On pourrait donc imaginer qu'il est facile d'examiner les documents historiques pour déterminer quand la magie cède le pas à la science. Mais ce n'est pas aussi simple, comme l'a montré le groupe d'étude de la métallurgie ancienne de l'Université de Bradford. Timothy Taylor a examiné la magie et la science des métaux au travers des âges, de la production des grossières haches de cuivre aux alliages avancés utilisés dans la navette spatiale.

Notre idée du progrès scientifique suggère que les efforts des sociétés depuis la nuit des temps ont construit une pyramide de connaissances expliquant pas à pas le fonctionnement du monde. Une fois la fondation posée sur un principe de base, de nouvelles briques de savoir pouvaient y être établies. Le modèle de la pyramide, explique Taylor, représentait une séquence progressive et rationnelle de développements scientifiques dans « la métallurgie du cuivre, du bronze et du fer jusqu'aux succès de l'industrie aérospatiale ».

Mais avec son collègue Paul Budd, Taylor fait remarquer que ce paradigme semble séparer la métallurgie d'arts comme la fabrication de paniers, la taille des silex ou la poterie, qui ont tous évolués de façon non-scientifique. Ils écartent cette distinction et assurent que la métallurgie antique était loin de la science, et serait impossible à comprendre sans référence à la culture de l'époque. « Le travail du métal et la magie peuvent aisément aller de pair. »

Dans les sociétés où l'écriture était rare ou non existante, les recettes de métallurgie étaient mémorisées sous forme de formules « magiques ». Quand ces sorts étaient utilisés, ce n'était pas la fonction qui primait : si une personne pouvait donner un beau spectacle pyrotechnique pendant la fabrication du métal, elle s'attirait sans doute un plus grand respect car elle impressionnait les foules. À l'époque, la métallurgie était partie prenante des rituels menés par un shaman, dont les pouvoirs scientifique et technologique confirmaient le pouvoir spirituel.

La magie est encore à l'œuvre dans notre époque de médecine New Age, de phénomènes psychiques et d'intérêts paranormaux. Ce n'est sans doute pas étonnant, puisque la superstition s'alimente d'incertitude, très présente dans ce monde où tant de choses échappent à notre contrôle, de la visite d'un inspecteur du fisc au diagnostic du cancer.

Les anthropologues culturels, des Moldus spécialisés dans la magie, n'ont pas encore trouvé de société sans croyance paranormale. En cela, notre société ressemble parfaitement aux cultures soi-disant primitives. Bien des Occidentaux se fient à l'astrologie, à la psychanalyse freudienne et aux médecines alternatives. Ces dernières sont même si répandues qu'elles influencent les recherches médicales plus sérieuses.

Même si l'on accepte que la magie ait perdu du terrain devant l'avancée de la science, cela n'est pas forcément lié à la montée de la science. D'autres facteurs nous ont rendus moins dépendants de la magie, comme l'alphabétisation croissante ou la relative sécurité dont nous jouissons. Le lien entre le développement de la science et la chute de la magie pourrait bien être un autre exemple de schéma qui satisfait nos sens mais ne repose sur aucun fait.

Il a fallu longtemps pour que la science concrétise toutes ses promesses d'avantages matériels. La technologie, qui va des origines de l'agriculture à la construction des grandes cathédrales, est antérieure à la science. Même après les travaux de Newton, l'impact de la science sur la vie quotidienne était tout sauf évidente. Le moteur à vapeur devait sans doute plus aux forgerons et à leur ingéniosité qu'aux conférences sur des idées révolutionnaires données par les philosophes – les scientifiques de la nature – de la Société Royale, l'académie des sciences britannique.

William Harvey a peut-être présenté sa théorie de la circulation du sang en 1616, mais elle n'a sauvé aucune vie à court terme. C'est sans doute l'introduction des égouts qui a amélioré l'état de santé général, et non la compréhension de l'anatomie. Les observations basiques qui liaient la cause et l'effet ont mieux repoussé la maladie qu'une compréhension quelconque de son fonctionnement. Edward Jenner observa que les laitières contractaient rarement la variole, ce qui le mena à utiliser une variété bovine de la maladie, plus bénigne, pour élaborer son vaccin.

De nos jours, il existe un lien clair entre la compréhension scientifique fondamentale et la qualité de la vie. Quand les scientifiques découvrent le lieu d'action d'un composant chimique dans le corps, ils peuvent manipuler ce messager pour concevoir d'éventuels traitements. Cela reste de la magie car les scientifiques eux-mêmes tâtonnent parfois en aveugles.

Ce genre de magie repose sur l'incapacité du cerveau à comprendre certains processus. Toutefois, il peut également «créer» la magie, la sorcellerie et l'illusion. Il déforme notre perception du monde, et nos souvenirs. Il joue avec le temps. Comme nous allons le voir, le cerveau est le plus grand de tous les magiciens, et ses tentatives désespérées pour comprendre le monde se trouvent au cœur de la magie.

Chapitre 9

Le plus grand sorcier

Les « vrais » magiciens, ceux qui se produisent sous les néons de Las Vegas, accomplissent l'impossible à chaque représentation. Pourtant, il existe une connivence tacite entre le public et eux : tout est affaire d'illusion. Contrairement à ce qui a lieu à la lueur des bougies flottantes de Poudlard, il n'y a aucune magie à Las Vegas. C'est pourquoi nous parlons de tours ou de prestidigitation.

Bien des conjurations sont utilisées pour tromper le public de ces cabarets : sortir un lapin d'un chapeau, ou faire disparaître une pièce. Entrer dans une malle et y échanger sa place avec une charmante assistante. Changer la couleur d'un paquet de cartes. Traverser des objets, et imbriquer des anneaux apparemment solides. Réparer des objets endommagés, parvenir à des miracles de mémoire, transformer une assistante en léopard, déplacer des objets sans les toucher (télékinésie), pratiquer la perception extrasensorielle (lire les pensées d'un membre du public), ou encore les grandes évasions comme celles pratiquées par Harry Houdini.

Il existe nombre d'explications rationnelles pour tout ce qui précède, toutes à base de fumée et de miroirs. Aucun de ces tours ne nécessite un accès quelconque au monde des esprits, à la sorcellerie, aux enchantements ou aux sortilèges. Comme pour mieux souligner que la magie se limite aux lois de la nature, certains illusionnistes, comme James « L'Incroyable » Rand, attaquent sans répit ceux qui prétendent détenir le moindre pouvoir.

L'apparition mystérieuse d'un lapin suggère que l'animal s'y trouvait déjà, caché, ou a été secrètement placé dans le chapeau. L'inverse est vrai pour les supposées disparitions. Un mélange de ces stratagèmes est utilisé pour les transpositions et transformations. La télékinésie repose sur une manipulation invisible, ou des illusions d'optique. La perception extrasensorielle peut être truquée avec un paquet de cartes identiques, un comparse dans le public, ou une façon de voir des informations secrètes écrites par un membre du public. Le moindre numéro est une tromperie exploitant les failles de la perception du cerveau, de sa mémoire et de sa capacité d'attention.

Les Moldus ont l'incroyable capacité de se faire des illusions (pensez à la vision idéale que Vernon et Pétunia ont de leur fils Dudley...). Selon Richard Wiseman de l'Université du Hertfordshire (un psychologue qui a fait quelques recherches dans ce domaine en tant que membre du Magic Circle, le plus grand club de magiciens), les magiciens utilisent cette capacité pour réussir leurs tours. Et si un magicien vous disait comment il effectue un tour – ce qu'aucun d'entre eux ne ferait –, cela signifierait qu'il n'a aucune idée du fonctionnement de ces techniques de distraction. Wiseman pense qu'une étude des spectacles d'illusion aiderait les scientifiques à comprendre le fonc-tionnement du cerveau, et donc à développer de nouveaux tours.

Le plus important, pour un illusionniste, est de détourner l'attention. Il peut convaincre le public de regarder dans une certaine direction, afin de cacher un lapin dans le chapeau, par exemple. La façon dont le cer-veau focalise son attention reste largement inconnue des scientifiques. Certains, comme Francis Crick, croient qu'il y a un faisceau d'attention situé dans le thalamus, la porte du cortex. D'autres, comme Semir Zeki de l'University College de Londres, pensent que la partie la plus active du cerveau – par exemple, celle qui remarque la baguette que l'on pointe dans notre direction – emporte la course à l'attention.

Les magiciens qui font leurs tours en « close-up » sont les plus fascinants, car leur simple proximité semble amplifier l'effet de la magie sur les spectateurs. On pensait autrefois que la prestidigitation dépendait de la vitesse de mouvement. Il s'avère que les magiciens ne comptent pas sur leur rapidité, mais sur des stratégies plus lentes – et plus discrètes.

Pour distraire le cerveau des spectateurs, ils utilisent l'inattendu, le mouvement, le contraste, le langage corporel, la voix et le regard. Ils savent que pour forcer un public à regarder un objet, ils doivent le regarder eux-mêmes. De même, en regardant le public, ils savent que les spectateurs leur rendront leur regard. Ils savent aussi qu'un bon numéro possède un rythme, pour concentrer l'attention du public, puis la relâcher. Avant tout, ils savent que l'on trompe plus facilement l'esprit que l'œil. Tel est le secret de la magie.

Les trappes dissimulées, les fils invisibles et la manipulation, tout cela a déjà été présenté dans le détail, ainsi que les trucages technologiques utilisés par la magie télévisée. Je n'ai pas l'intention d'en reparler. Après tout, les magiciens moldus s'énervent quand on révèle les secrets de leur art complexe et délicat. Richard Wiseman, comme les autres membres du Magic Circle, a juré le secret.

J'aimerais plutôt me concentrer sur le complice caché que tous les magiciens utilisent, le sorcier secret qui a maîtrisé l'illusion dans le temps et l'espace. Ce magicien, le plus grand de tous, pèse un kilo et demi, est aussi gros qu'un chou, possède la consistance d'un avocat mûr et loge entre vos oreilles. On dit souvent que c'est la chose la plus complexe de l'univers, et il a la lourde tâche de construire notre monde – une réalité cérébrale. Ce qui, comme nous allons le voir, est différent de la réalité matérielle.

Il prend de petites images à l'envers dans vos yeux et les traduit en schémas d'activité nerveuse qui créent une expérience relative à votre environnement. Alors même que vous lisez ces mots, il vous joue des tours, déformant votre sens du temps et de l'espace. À chaque minute de chaque heure de chaque jour et de chaque semaine, il vous trompe. Vous croyez sans doute faire la différence entre la magie et les simples tromperies. Erreur. Depuis les travaux des grands psychologues de la Gestalt, au début du XXᵉ siècle, on a prouvé que la « réalité cérébrale » était déconnectée du monde réel. Vous ne me croyez pas ? Regardez autour de vous. Pour paraphraser Arthur Weasley, nous prenons les plus grandes peines du monde pour ignorer la magie, même si elle nous passe sous le nez. Une fois que vous avez vu ce magicien en action, les plus grands illusionnistes moldus vous laissent de marbre.

On ne remarque pas grand-chose...

Nous sommes vulnérables à la canalisation de notre attention par les magiciens. En fait, nous remarquons très peu de ce que nous voyons, malgré tout ce qui peut se produire dans notre champ de vision. Notre étonnant manque d'attention a été illustré de manière saisissante par l'expérience de Daniel Simons de l'Université d'Harvard et Daniel Levin, de l'Université d'État du Kent dans l'Ohio. Une personne demandait son chemin à des gens traversant le campus. Après une minute de conversation, deux hommes soutenant une porte en bois passent entre le sujet et son interlocuteur. À la fin de la conversation, on demande au sujet s'il a remarqué quelque chose après le passage de la porte. La moitié des sujets n'avaient pas remarqué que leur interlocuteur avait été remplacé par une autre personne, de taille et de corpulence différentes, vêtue différemment, ne portant pas la même coiffure et ayant une voix différente.

Ce phénomène, que les psychologues appellent cécité au changement, souligne que nous voyons beaucoup moins de choses que nous le croyons. Le cerveau semble extraire des détails importants et remplir les blancs à partir de ses souvenirs pour libérer de la puissance de calcul pour d'autres processus neuronaux. Pour représenter le monde, le cerveau fonctionne comme un peintre : il identifie les points clés d'une image et rejette le superflu.

Dans un travail avec Christopher Chabris, Simons passa une cassette vidéo d'un match de basket-ball et demanda à ses sujets de compter les passes faites par l'une des équipes. Environ 50 % ne remarqua pas une femme déguisée en gorille qui traversait l'écran pendant cinq secondes, alors que cette intruse était passée entre deux joueurs. Toutefois, si les sujets regardaient simplement la cassette, ils remarquaient très bien le gorille. Certains refusèrent de croire qu'il s'agissait de la même cassette, et préférèrent penser qu'il s'agissait d'une autre version, où l'on avait rajouté le gorille. Richard Wiseman répéta récemment cette expérience devant un public à Londres (dans le cadre du *Théâtre de la Science*) et découvrit que seuls 10 % des 400 spectateurs remarquaient le gorille.

Malgré toute notre connaissance de ce monde visuellement riche, il semble que nous ne percevions que quelques faits nouveaux, avant de les ajouter à des images et convictions enregistrées, pour produire un tout dans lequel il est impossible de faire la part du réel et du souvenir. Puisque nous n'avons, dans le meilleur des cas, qu'une vision partielle du monde, il est normal que l'illusion continue de fonctionner.

...et le peu qu'on voit est déformé

Pour faire disparaître quelque chose, aucun besoin de Conjunctivus ou de Deletrius. Chaque fois que vous ouvrez les yeux, votre esprit fait disparaître quelque chose. Je parle de l'« angle mort ». L'information que nous envoient nos yeux est incomplète : il y a un point sur la rétine, au fond de votre œil, où la lumière n'est pas détectée et notre cerveau pallie ce manque.

Même les yeux verts de Harry portent cet angle mort. Mais nous ne le remarquons que dans certaines circonstances. Un tour de magie pour enfants fait « disparaître » l'un des deux points dessinés sur une feuille de papier en rapprochant la feuille de l'œil. Charles II faisait parfois semblant de décapiter ses courtisans en fermant un œil et en faisant coïncider son « angle mort » avec leur tête quand il regardait leur portrait. Harry doit parfois utiliser la même technique pour décapiter le professeur Binns quand il rabâche ses cours de magie, pour se soulager de l'ennui ou créer un deuxième Nick Quasi Sans-Tête.

Cet angle mort a été étudié par Richard Gregory de l'Université de Bristol et Vilayanur Ramachandran de l'Université de Californie à San Diego. Ils commencèrent par se demander pourquoi, puisque tous les yeux ont un angle mort, nous ne voyons pas de point noir dans notre champ de vision. Les calculs ont montré que ce point devrait être évident, et prendre la taille d'environ six lunes dans le ciel. À l'échelle de cette page, l'angle mort se situe à cinq ou six mots de celui que vous lisez, et représente la taille d'un mot.

Plusieurs idées ont été avancées pour expliquer comment le cerveau répare cette image (sans même crier « Réparo ! »). Soit nous ne remarquons pas ce point mort, soit le cerveau le « remplit » en extrapolant à partir des informations visuelles dont il dispose autour de l'angle. Gregory et Ramachandran croient que cette dernière explication est la bonne, car ils ont mené plusieurs expériences en montrant des motifs vidéo créés par ordinateurs à des sujets chez qui on avait créé un angle mort artificiel. L'équipe a comparé ce qu'elle avait projeté et ce que voyaient les sujets. On a ainsi appris que le cerveau comblait le vide et complétait l'image. Par exemple, si l'image d'une ligne droite traverse l'angle mort, le cerveau déduit de cette représentation rétinienne qu'il doit y avoir continuité, et trace le tronçon manquant.

Il existe d'autres formes de cécité dont nous souffrons tous sans le savoir. Par exemple, si vous vous concentrez sur un motif de points tourbillonnants sur des points stationnaires, ces derniers apparaissent et disparaissent en permanence. Cette cécité mobile a été étudiée par Yoram Bonneh de l'Institut de Recherche oculaire Smith-Kettlewell à San Francisco. Les points sont effacés dans l'esprit, et non sur l'image : face à un stimulus conflictuel, le cerveau passe en mode « tout ou rien » et consacre toute son attention à une partie seulement de ce qu'il voit. Quand un automobiliste est mis face à des phares avant et arrière qui se déplacent rapidement, les lumières relativement stationnaires de la voiture qui le précède pourraient potentiellement disparaître.

La cécité mobile reproduit également quelques effets du désordre simultagnosia, dont les victimes – généralement atteintes de lésions cérébrales – sont incapables de percevoir plus d'un objet à la fois. Un exemple extrême est présenté dans *L'Homme dont le monde volait en éclats*, du neurologue russe Alexandre Luria, qui contient les notes d'un blessé de la bataille de Smolensk au cours de la Seconde Guerre mondiale : « Alors que je baissais les yeux, j'eus un frisson. Mes mains et mes pieds avaient disparu. Que leur était-il arrivé ? » Une fois de plus, le cerveau peut faire disparaître des choses comme par magie. En plus d'ignorer la réalité physique, le cerveau peut également créer sa propre réalité.

Vous voyez du mouvement là où rien ne bouge...

Certains arts peuvent vous remuer sans toucher à vos émotions. *Enigma*, un tableau entièrement en noir, bleu et blanc d'Isia Leviant, possède un effet étrange sur l'observateur. Alors que l'image est statique, on aperçoit des nuées se déplaçant dans ses anneaux. C'est un exemple remarquable du pouvoir d'évocation du cerveau. Semir Zeki a étudié cet effet et examiné avec ses collègues John Watson et Richard Frackowiak ce qu'*Enigma* fait au cerveau d'un observateur. Ils voulaient déterminer si une modification de l'activité cérébrale pouvait être reliée au mouvement tournant suggéré par le tableau.

L'équipe de Zeki avait déjà utilisé un scanner pour découvrir qu'une zone de l'étroite bordure à l'arrière du cerveau, appelée V5, qui analyse les stimuli visuels en mouvement. La même région cérébrale et certaines autour d'elles sont faiblement stimulées quand les gens regardent une version en noir et blanc d'*Enigma*. Cela suggère que l'activité dans cette région produit la sensation de mouvement circulaire. « Pour une raison quelconque, cette image statique provoque une activité en V5, et nous percevons un mouvement dans une image immobile », commente Zeki. Bien que ses collègues et lui sachent à présent ce qu'*Enigma* fait au cerveau, ils ne comprennent pas pourquoi les cercles concentriques du tableau font percevoir un mouvement qui n'existe pas. C'est une sorte de magie.

...et vous arrêtez le mouvement qui montre l'écoulement du temps

Avez-vous déjà regardé une horloge et eu l'impression que l'aiguille des secondes prenait plus d'une seconde pour bouger ? Vous aviez peut-être figé cette aiguille en criant : « Abracadabra ! » Mais ce n'était pas nécessaire, car le cerveau étire aisément le temps sans aucun sort.

Quand nos yeux se déplacent pour se poser sur une horloge, l'image devrait être floue. Mais le cerveau lance un sort pour s'assurer que tout est net en coupant notre vision pour la durée du déplacement. Pour vous éviter toute désorientation, il ajoute à l'impression de la première image stable le temps nécessaire à ce déplacement. Cela fait donc apparaître l'image *plus tôt* que dans la réalité, pour éviter toute interruption de conscience.

Notre cerveau peut faire apparaître ce que nous voyons jusqu'à 1/20 de seconde avant le déplacement de nos yeux, au lieu de commencer cette perception au moment où nos yeux atteignent leur objectif, selon une étude de Kielan Yarrow et de John Rothwell à l'Institut de neurologie à Londres. Si la trotteuse se déplace juste avant que vos yeux arrêtent leur mouvement, vous aurez l'impression qu'il s'écoule plus d'une seconde avant le mouvement suivant. Et en fait, grâce au voyage dans le temps opéré par votre cerveau, tel est bien le cas.

La durée de cette illusion de chronostase (temps arrêté) est liée à la taille du mouvement oculaire qui la précède. L'illusion repose sur le fait que le cerveau suppose la cible du mouvement oculaire immobile, même si nous ne pouvons pas la voir. Nous avons l'impression d'une expérience sensorielle fluide et complète au fur et à mesure des événements, mais un examen plus méticuleux prouve que nous la devons à certaines suppositions faites par le cerveau pour aplanir les situations ambiguës. Nous ne devenons conscients de ces suppositions qu'en regardant une horloge.

Vous pourriez aussi lier le son du tic-tac au moment précis du déplacement d'une aiguille. Mais le son et la vision sont traités par différentes parties du cerveau, parfois sans rapport direct. Ceci est apparu dans une série d'expériences censées montrer ce que nous entendons par « maintenant ». Si un pétard explose au bout de son bras, le temps nécessaire pour qu'une personne ait conscience du bruit de la détonation est différent du temps nécessaire pour qu'elle visualise l'éclair, car chaque sens est géré par un circuit différent du cerveau. Après 1 000 tests « éclair/détonation » auprès de dix-sept personnes, Stone découvrit que la différence entre le son et l'image est grande. Certaines personnes percevaient la lumière jusqu'à 21 millisecondes avant le son, suggérant qu'elles pouvaient identifier la lumière plus rapidement que le son.

Toutefois, la plupart des gens entendent avant de voir : il a parfois fallu attendre 150 millisecondes (un septième de seconde) après le son pour percevoir la lumière (dans ce cas particulier, la personne ressent généralement un décalage entre la voix d'une personne et le mouvement de ses lèvres). « Nous avons découvert que "maintenant" est une expérience différente d'un individu à l'autre, mais très stable chez un individu donné. »

Résultat, quelques Moldus très éminents sont perdus. Les différences individuelles dans la perception du son et de la lumière pourraient même expliquer pourquoi, en 1794, David Kinnebrook, nouvel assistant de l'astronome Royal Nevil Maskelyne, fut renvoyé. Kinnebrook reçut l'ordre de noter les observations des étoiles et de leur position par la méthode « œil et oreille », qui s'appuie sur le tic-tac d'une horloge et la vision du moment où une étoile donnée passe entre deux lignes. Maskelyne vérifia les travaux de Kinnebrook mais parvint à des valeurs différentes, montrant que Kinnebrook était en retard d'une demi-seconde. Kinnebrook ne parvint pas à améliorer ses observations, et fut licencié. Vingt ans plus tard, le grand astronome allemand Friedrich Bassel concluait que ces écarts étaient dus à des différences entre les scientifiques – et les méandres magiques sous leur crâne – et non à un travail inférieur.

La couleur du mouvement

Nous pouvons séparer plus que le son et l'image. Le lien entre le mouvement et la couleur peut également se défaire. Imaginez un métronome dont la barre alterne entre rouge et vert au fil de ses mouvements. Il s'avère qu'à certaines vitesses, les couleurs semblent aller à l'envers de ce qu'elles font en réalité. Dans une étude sur neuf volontaires avec des carrés colorés en déplacement, Semir Zeki a découvert que si les sujets se concentraient sur la couleur des carrés rouges montants, ils associaient cette couleur avec les carrés descendants verts, qui apparaissaient à l'écran 8/100e de seconde plus tard. Une fois de plus, parce que différentes régions du cerveau fonctionnent à des rythmes différents.

D'après les standards des signaux qui traversent le cerveau, 8/100e de seconde est un délai assez long. La confusion apparaît parce que nous traitons la couleur d'un objet plus vite que son mouvement. D'où l'association de cette couleur au mouvement des carrés verts. Cette découverte suggère que le cerveau doit travailler plus dur pour traiter les informations du mouvement que celles de la couleur. C'est étonnant, car la partie qui traite le mouvement dans le cerveau a de l'avance pour le traitement des informations visuelles. On sait que les signaux du mouvement arrivent aux zones concernées dans le cerveau avant les signaux de la couleur.

Ce genre d'expérience possède des implications importantes. Auparavant, les neurologues croyaient que le cerveau était organisé de façon hiérarchique : les différentes régions référaient à une « zone en chef ». Mais personne n'a jamais localisé cette zone « dictateur ». Ensuite, on imagina que toutes les régions parlaient à un « synchronisateur » qui intégrait toutes les informations et présentait un tout compact au cerveau. « Mais il n'y a pas non plus de coordinateur », constate Zeki.

Au lieu de cela, le cerveau semble travailler de façon

démocratique et interactive. Quand nous regardons quelque chose, les cellules sensibles à la lumière de la rétine envoient des informations visuelles au cortex visuel, qui comprend le centre de traitement des couleurs (V4) et celui du mouvement (V5). Avec assez de temps, ces différentes régions sont capables de se « parler » pour relier les différentes informations en un tout unifié dans la conscience. Mais quand les événements ont lieu en moins de 100 millisecondes (1/10e de seconde), les limitations de vitesse inhérentes à chaque partie du cortex deviennent significatives, et notre impression unifiée du monde commence à se diviser.

Parfois, le cerveau résout un conflit entre les sens en choisissant un camp, comme dans l'exemple du ventriloque, où l'origine de la voix et le mouvement des lèvres de la marionnette ne coïncident pas. Notre vision est meilleure que notre ouïe pour repérer l'emplacement d'un son, et le mouvement domine donc l'origine du son. C'est pourquoi le son semble bien sortir de la bouche de la marionnette.

Ce que nous voyons en entendant

La nature démocratique du cerveau se trahit dans d'autres expériences. Dans une étude menée par Steven Hillyard de l'Université de Californie à San Diego, on demanda à des sujets si une lumière tamisée apparaissait rapidement après un son. Hillyard remarqua que la lumière était plus aisément remarquée si elle apparaissait du même côté que le son : ce que nous entendons influence ce que nous voyons. « Nos résultats suggèrent que vous verrez un objet ou événement plus clairement s'il fait un bruit avant que vous l'aperceviez », explique-t-il. On imagine qu'un illusionniste utiliserait un tel tour pour détourner l'attention de son public.

Toutefois, les sons font plus que guider la vision. Les

expériences de Ladan Shams de l'Institut de Technologie de Californie à Pasadena montraient que le son peut même changer la vision, de telle façon que vous voyez aussi ce que vous entendez : quand un seul éclair est accompagné de plusieurs bips, nous croyons à tort percevoir plusieurs éclairs. Cette capacité de créer de la lumière à partir de rien nous rappelle la Main de la Gloire aperçue chez Barjow et Beurk, qui ne donne sa lumière qu'à celui qui la porte.

L'expérience sape l'idée d'indépendance des sens et de traitement séparé des informations, ensuite regroupées pour nous présenter une image équilibrée. En fait, notre vision bénéficie de signaux venus d'autres sens. Le mélange de ces facultés renforce l'avantage que le corps tire de chaque sens.

Des souvenirs éphémères

Le ministère de la Magie utilise des sortilèges d'amnésie pour cacher le monde des sorciers à celui des Moldus. Cette forme de charme est même si routinière qu'on utilise des Oubliators pour cela. Mais selon de nombreuses recherches, cette profession ne doit pas être bien épuisante, car la mémoire moldue est fuyante et créative.

Notre mémoire est tout sauf parfaite. On n'a fait que confirmer ce point depuis les premières études, menées il y a plus d'un siècle par Hermann Ebbinghaus, psychologue expérimental allemand auteur du révolutionnaire *Mémoire : une contribution à la psychologie expérimentale* (1885) ; il y développa sa « courbe d'oubli » qui révélait que, une heure après l'apprentissage, plus de la moitié des informations mémorisées étaient oubliées. Puisque notre identité dépend de nos souvenirs, pouvons-nous être sûrs d'être vraiment nous-mêmes, puisque nos souvenirs sont incertains ?

Les témoins oculaires ne sont pas capables de dresser

un portrait robot utile à partir d'une vision fugitive. Les gens prêtent souvent une moustache à un homme glabre, des cheveux frisés à un homme aux cheveux courts, etc. L'hypnose, elle, peut implanter de faux souvenirs. Les souvenirs estompés peuvent se déformer. Le pouvoir de la suggestion seul a suffi à faire croire à certains qu'ils étaient nés gauchers, avaient été perdus par leurs parents dans leur petite enfance, avaient renversé du punch à un mariage et cassé une fenêtre. Des publicités télévisées représentant des scènes d'enfance peuvent aussi fabriquer des souvenirs : dans une étude, quelques adultes se « souvenaient » d'avoir bu de la bière sans alcool Stewart dans leur enfance, alors que les bouteilles n'étaient en vente que depuis dix ans (avant cela, la boisson n'était disponible que dans des bars).

« Un fin rideau sépare la mémoire de l'imagination », commente Elizabeth Loftus, experte en la matière. Au cours de ses nombreux projets d'étude, elle a étudié la version commerciale du syndrome des faux souvenirs auprès de cent vingt sujets avec Jacquie Pickrell à l'Université de Washington à Seattle. Les chercheurs ont montré la malléabilité des souvenirs à propos d'une fausse publicité montrant des « visiteurs » de Disneyland avec Bugs Bunny. Les amateurs de cartoons sauront bien sûr que Bugs n'a jamais appartenu à Disney, puisqu'il est de l'écurie Warner Bros. Il n'a jamais rencontré l'univers Disney, mais plusieurs personnes se rappelaient très clairement ce moment magique. Environ un tiers des sujets qui ont vu cette publicité savaient qu'ils avaient vécu ce même événement improbable.

« Le plus effrayant dans cette étude, c'est qu'elle montre à quel point il est facile de créer un faux souvenir, remarque Pickrell. Il n'est pas nécessaire d'avoir un accident de voiture, ou de se faire implanter un faux souvenir par un thérapeute. La mémoire est très vulnérable, malléable. Les gens ne sont pas toujours conscients des choix qu'ils font. Cette étude montre le pouvoir de subtils changements d'association sur la mémoire. »

L'influence de l'environnement sur nos souvenirs, qu'il s'agisse de l'attitude de l'Église quant aux aventures de Harry Potter ou des succès d'Hollywood sur les manifestations démoniaques, a été montrée par une autre étude de Loftus. Elle remarque que le nombre de gens qui font état de possession démoniaque augmente après des films ou programmes télévisés traitant de ce sujet. La publication du livre *L'Exorciste* (1971) et sa version cinématographique (1973) créèrent une mini-épidémie de demandes d'exorcisme. « Un certain nombre de gens qui regardent ces films d'exorcisme seront affectés et développeront des symptômes d'hystérie », confirme Loftus, qui, avec Giuliana Mazzoni et Irving Kirsh, mena une étude pour définir une façon d'induire des « événements autobiographiques incroyables ».

Leurs recherches sur deux cents étudiants montrèrent qu'environ 1/5e de ceux qui avaient déclaré que la possession démoniaque n'était pas très crédible pouvaient être convaincus du contraire. Les chercheurs s'attaquaient aux convictions et aux souvenirs pour introduire l'idée que les sujets avaient eux-mêmes été victimes de possession dans leur enfance. Quelques étapes simples suffisaient : on montrait aux sujets des articles disant que la possession démoniaque était plus courante qu'on ne le croyait. On leur demandait de faire la liste de leurs peurs. Et, enfin, on leur disait que ces peurs avaient été causées par leur participation à un cas de possession dans leur enfance.

« Ce sont les premières étapes de la création d'un faux souvenir, dit Loftus. Il existe une controverse sur la possibilité de fabriquer des souvenirs sur des événements improbables. En tant qu'humains, nous pouvons développer des souvenirs à partir de ce que d'autres personnes pensent avoir vécu. Il suffit d'être exposé à une information crédible pour s'engager sur cette voie. Voilà pourquoi les gens qui regardent les émissions de société ou qui suivent une thérapie de groupe croient que ces choses étranges leur sont arrivées personnellement. Cela fait partie du processus mémoriel normal. »

Les recherches de Loftus renforcent l'idée que les thérapeutes doivent être prudents quand ils aident leurs patients à retrouver des souvenirs « perdus » d'anciens événements traumatiques, qu'il s'agisse d'enlèvements par des extraterrestres, de blessures subies dans une vie antérieure ou de rites sataniques. En fait, au vu de la frénésie créée par Harry Potter, il serait normal que les rencontres avec des sorcières et magiciens de tout poil se fassent plus fréquentes.

Rêves ensorcelés

« La présence avait une nature démoniaque, le mal le plus pur, décidé à posséder mon âme... Je trouve cela particulièrement terrifiant, plus que toute autre expérience réelle que je pourrais imaginer, tant cela est contraire à la réalité et pourtant tout à fait authentique. »

Cette réponse à un sondage auprès de milliers de personnes du monde entier montre que, même sans hallucinogène, l'esprit peut créer d'étranges expériences qu'on aurait à certaines époques attribuées à la sorcellerie. Au cours de leur vie, beaucoup de gens tombent dans une étrange pénombre de conscience où ils sentent la présence d'un mal proche et menaçant. Je l'ai moi-même vécu dans mon adolescence. Le souvenir seul suffit à me faire rougir. Dans les petites heures du jour, je m'éveillai et vis un cow-boy avec une arme. Je voulus crier, mais j'étais paralysé par la peur. Un poids m'écrasait la poitrine, et j'avais peine à respirer. Je restai au lit pendant une éternité avant de comprendre que ce cow-boy était en fait l'ombre d'un lampadaire. On pourrait penser que cela m'aurait fait rire et que je me serais rendormi. Mais j'étais encore secoué, car je n'avais jamais ressenti de peur aussi primale. Je me sentis un peu idiot. Ce n'est que bien plus tard que j'appris que cela s'appelait une « paralysie du sommeil » – une sorte de rupture entre le cerveau et le corps qui a lieu à l'endormissement ou à l'éveil.

Les détails de ces épisodes varient d'une personne à l'autre. Certains entendent des sons chuintants, des voix indistinctes et des babillements démoniaques. D'autres voient des humains, des animaux ou des créatures surnaturelles. Le point commun est l'incapacité totale à parler ou bouger, et la sensation d'un poids sur la poitrine. Toute aussi typique est la sensation de flotter hors de son lit, de voler ou de tomber en tourbillonnant. Ces expériences étranges sont souvent accompagnées de peur et de terreur. La transe s'interrompt généralement au bout d'une à deux minutes.

On estimait autrefois que c'était un phénomène rare. Mais les études récentes de Kazuhiko Fukuda, de l'Université Fukushima au Japon, suggèrent qu'elle pourrait frapper entre 40 et 60 % de la population mondiale au moins une fois. Environ 4 % de l'humanité en feraient l'expérience de façon régulière. Fukuda a également découvert que, bien que l'expérience soit aussi fréquente au Canada qu'au Japon, les gens n'y voyaient, au Canada, qu'un rêve, car il n'existe pas d'expression pour y faire référence. Au Japon, en revanche, on l'appelle *kanashibari*. Il y a de fortes chances pour que Harry Potter, malgré son lit à baldaquin dans le dortoir de la tour, ait également connu ce phénomène, constaté plusieurs fois au travers des siècles.

Le Mari ensorcelé du peintre et graveur allemand Hans Baldung est typique de l'imagerie de la Renaissance, où les artistes représentaient des dormeurs tourmentés par des animaux, des démons, des sorcières... Un récit évoquant des hallucinations causées par la paralysie du sommeil apparaît dans *Le Horla* de Guy de Maupassant, une nouvelle où cette présence effrayante joue un rôle central. Ce phénomène a peut-être inspiré le tableau de Füssli, *Le*

Cauchemar (1781), qui montre un démon velu assis sur l'estomac d'une femme endormie.

Le mot « *incube* » (un démon qui s'allonge sur les gens endormis) vient du latin *incubare*, « être allongé ». Dans le Nouveau Monde, la paralysie du sommeil est appelée *old hag* (« vieille sorcière ») car elle est souvent accompagnée de la vision d'une vieille sorcière assise sur la poitrine du dormeur (Harry en a rencontré une, qui mangeait du foie cru, au Chaudron Baveur). Les Chinois parlaient de *gui ya*, ou pression fantôme, quand un esprit s'asseyait sur les dormeurs impuissants. Certaines parties de l'Allemagne parlaient d'*Hexendrücken* dans les mêmes conditions. Très loin, dans les Antilles, il y avait le *kokma*, un bébé fantomatique qui sautait sur la poitrine des dormeurs et les étranglait. Dans le Japon médiéval, on parlait d'un diable géant.

Un expert en ce domaine, Allan Ceyne, trouve significatif que l'ascendance magique de Harry Potter lui soit révélée par Hagrid. *Hagrid* est un terme utilisé à Terre-Neuve pour décrire l'apparence de quelqu'un qui a été *hag-ridden* (chevauché par une vieille sorcière, littéralement) la nuit précédente. On y reconnaît parfois une corruption du mont *hagard* (coïncidence amusante, le dictionnaire nous apprend que *haggard* désigne en anglais un hibou qui possède son plumage adulte).

Pour savoir comment les gens rationalisent ces étranges expériences de sommeil halluciné et effrayant, Cheyne a étudié des réponses données à l'enquête sur les troubles du sommeil menée par l'Université de Waterloo qui a examiné près de 11 000 cas à travers le monde.Ces réponses sont glaçantes. On y parle de silhouettes spectrales : « Je vis une ombre humanoïde se déplacer au plafond au-dessus de ma tête, puis elle sembla se laisser flotter jusque sur moi. » Cela ressemble beaucoup au Morenplis, une créature semblable à une cape noire qui enveloppe ses victimes endormies. D'autres rappellent les pires cauchemars de Harry, les Détraqueurs. Une personne interrogée décrivit une présence « qui cherchait à aspirer ce que je pensais être mon âme ». Une autre que « cela veut prendre mon âme ou mon esprit ou me priver de mon corps ».

Derrière cette silhouette masquée, il était « absolument sûr que la chose était surnaturelle et maléfique ». Certaines personnes entendent une présence, détectant même parfois des bribes de Fourchelang : « Je me suis éveillé devant une créature mi-humaine mi-reptilienne qui me criait à l'oreille des mots dans une langue incompréhensible. » D'autres furent saisis par un géant : « Cette présence fut une sombre silhouette maléfique, et une autre fois une brume blanche, qui m'appela par mon nom et me toucha l'épaule. »

Les gens projettent dans ces expériences ce qui leur est directement accessible, et leur interprétation dépend largement de la culture, explique Cheyne. Il y a quelques siècles, on parlait de victimes emportées de force par les sorcières pour un vol en balai. Même avec l'avènement de la science au XIXᵉ siècle, ces expériences ne furent pas rationalisées comme un événement cérébral, mais engendrèrent de nouvelles explications. De nos jours, les gens parleront plus facilement d'enlèvements par des extraterrestres s'ils ont lu des livres ou vu des films traitant de ce sujet. Cheyne dit que certains peuvent même voir Dark Vador ou Freddy Krueger.

Notre culture est riche en histoires d'ovnis. Elles sont donc la réponse la plus simple pour un esprit s'efforçant de comprendre la paralysie du sommeil. Ainsi, dans son livre de 1994, *Abduction*, John Mack (psychologue à Harvard) affirmait que « plusieurs centaines de milliers voire plusieurs millions d'Américains auraient pu vivre des expériences d'enlèvement ou liées à des enlèvements ». La paralysie du sommeil étant si répandue, cette estimation extraordinaire paraît plausible.

« Une présence ressentie, un vague charabia, des créatures ténébreuses se déplaçant dans la pièce, une

193

immobilité étrange, une pression écrasante et des sensations douloureuses dans diverses parties du corps – tout cela est compatible avec l'attaque d'un démon primitif, mais aussi avec les examens pratiqués par les extraterrestres, explique Cheyne. Et les sensations de flottement et de vol expliquent les récits de lévitation et de transport vers un vaisseau extraterrestre. »

Cheyne pense que le sens d'une autre présence, la peur et des hallucinations visuelles et auditives viennent d'un état hypervigilant du cerveau, qui reflète les événements dans sa partie médiane et dont la fonction normale est de résoudre les ambiguïtés inhérentes aux menaces. Ce mécanisme aide à différencier l'inanimé de l'animé. Mais au cours de la paralysie du sommeil, il pourrait donner à une ombre ou une forme vague l'apparence d'une chose animée, une présence sacrée ou démoniaque. La source de la peur que déclenche cette « terrible impression d'étrangeté », décrite par Cheyne, se trouve sans doute dans le cerveau. La paralysie du sommeil est un éveil plongé dans le rêve, où le siège des émotions, le système limbique du cerveau, joue un rôle prééminent.

Les limbes entre le sommeil et la conscience où apparaît la paralysie du sommeil sont décrites par Emmanuel Mignot, directeur du centre pour la Narcolepsie à l'École médicale de l'Université de Stanford et, tout comme ses deux fils, fan de Harry Potter. La paralysie du sommeil paraît avoir lieu quand le corps est en sommeil REM, et donc rêve. Au cours du sommeil REM (Rapid Eye Movement, les mouvements oculaires rapides qui ont lieu au cours des rêves), le cerveau se déconnecte du corps. Les expériences menées sur des animaux ont montré que cette interruption empêche les rêveurs de vivre leurs rêves et cauchemars, ou les chats de courir après des souris dans leur sommeil.

Les centres moteurs du cerveau restant inertes quand ils glissent dans cet intervalle de conscience, les victimes sont paralysées au point qu'elles n'ont plus de réflexes automatiques. Cela pourrait aussi expliquer les difficultés respiratoires, la pression sur la poitrine. Mignot imagine que, par le passé, les gens qui se trouvaient souvent dans cette zone étrange entre le rêve et l'éveil avaient plus de chances que d'autres de devenir chamans et de prétendre pouvoir entrer dans le monde des esprits. Le lien entre la paralysie du sommeil et le rêve conscient (état hypnagogique, en langage scientifique) où l'on entre avant le sommeil total pourrait même permettre d'imaginer un traitement : boire une potion de sommeil sans rêve comme celles auxquelles Harry est habitué, et ainsi éviter le sommeil REM où naît la paralysie du sommeil.

Des fantômes qui hantent l'esprit ?

Le cerveau est une machine à accumuler la connaissance et, pour fonctionner efficacement, il doit se concentrer sur ce que l'évolution a placé en tête de ses priorités. Il effectue des abstractions sans fin pour former des concepts, qu'il s'agisse d'une voiture, d'une ligne ou de l'amour. Toutefois, les sorcières et les fées y rôdent aussi, ainsi que des fantômes. On a étudié les hallucinations subies par certaines personnes ne possédant aucune lésion cérébrale ou psychose mais qui ont perdu la vue.

On les appelle hallucinations de Charles Bonnet, du nom du naturaliste suisse qui a rapporté les étranges expériences de son grand-père, et finit par en souffrir lui-même. Dominic Ffytche de l'Institut de psychiatrie de Londres a étudié de nombreux patients atteints de ce mal. « Les hallucinations sont souvent brèves – quelques minutes ou secondes –, réapparaissent au bout de quelques heures, jours, mois voire années. Les expériences peuvent paraître effrayantes mais, avec le temps, la plupart des victimes les reconnaissent en tant qu'hallucinations et apprennent à les ignorer. Certains trouvent même un réconfort dans leurs formes étranges et amusantes, dans leurs détails précis – des détails qu'ils sont incapables de voir dans la vie courante. »

Étonnamment, Ffytche a détecté des répétitions dans ces visions. Les patients rapportaient des apparitions généralement réparties en quelques catégories, comme des visages déformés, des silhouettes en costume et autres visions étonnantes. « Je suis sûr que les fantômes, fées et sorcières sont tous rattachés à certains aspects de ces hallucinations désincarnées », explique-t-il.

Un patient décrivit qu'un ami travaillant devant une haute haie de troènes disparut soudain, comme s'il avait enfilé une cape d'invisibilité. « Il y avait une casquette orange qui flottait devant la haie, sans rien en dessous. » Il y a aussi les goules. Le visage déformé ou désincarné d'un étranger aux yeux fixes et aux dents proéminentes aperçu par la moitié des patients. Il ne s'agit parfois que d'un contour, comme un visage de dessin animé. Ffytche appelle ce genre d'apparition « prosopometamorphosia ». Ces visages « sont souvent décrits comme grotesques, ou semblables à des gargouilles ».

Dans les hallucinations, les objets ou personnes apparaissent souvent plus petits qu'ils ne sont dans la réalité, mais parfois bien plus grand (« micropsia » ou « macropsia »). Ces déformations pourraient-elles expliquer la vision des petits peuples et des géants ? D'autres patients souffrent de « polycopia », un objet dans leur champ de vision est multiplié en rangées ou en colonnes, créant des têtes multiples, toute une pelouse d'oiseaux, ou un mur de tasses à café. Un patient décrivit « deux têtes jointes comme celles de Janus », ce qui ressemble bien à ce que Harry a trouvé à l'arrière de la tête de Quirrell, le plus terrible visage qu'il eût jamais vu. Un autre patient apercevait de terrifiants Détraqueurs : certains visages à orbites vides, « à l'expression maléfique et malveillante ».

Quant aux fantômes, ils sont généralement petits, portent des vêtements d'époque et se déplacent de façon réaliste. En tout, 40 % de ceux qui souffrent de ces hallucinations voient des silhouettes en costume. « Il peut s'agir de costumes edwardiens, de chevaliers en armure étincelante, d'uniformes militaires, d'uniformes napoléoniens ou de la Première Guerre mondiale, explique Ffytche. Ils portent souvent des chapeaux ou des casques. »

Certaines hallucinations sont faites de motifs géométriques qui ressemblent aux peintures de l'Europe préhistorique. De nos jours, des visions similaires sont reçues par la tribu des Ju'hoansi en Namibie, au cours d'une danse nocturne accompagnée de claquements de mains rythmiques et de chants. La tribu adopte en théorie le pouvoir des esprits animaux et les utilise pour guérir. Outre les motifs aléatoires et les formes géométriques, les patients de Ffytche voyaient également des paysages sereins et des vortex. Selon lui, les expériences de quasi-mort pourraient activer les mêmes zones du cerveau que celles qui produisent ces hallucinations.

Heureusement pour les patients, ces illusions ne sont pas un signe de démence. Ces fantômes apparaissent quand la vision atteint un certain point de détérioration, généralement suite à une maladie comme la dégénérescence maculaire, le glaucome ou la *retinis pigmentosa*. Quand les yeux ne donnent plus assez d'informations au cerveau, celui-ci compense par une activité anormalement augmentée et conjure des hallucinations dues à des cellules nerveuses déclenchées de façon aléatoire. « Vous avez le même phénomène chez les patients qui sont privés de leurs deux yeux, explique-t-il. Quand aucune information n'entre, le cerveau est inactif, les cellules s'activent et produisent des hallucinations stéréotypées. » La paralysie du sommeil pourrait générer le même genre de symptôme.

Avec un scanner cérébral, Ffyche a observé une activité dans la fine épaisseur à l'arrière du cerveau qui traite la vision au cours de ces hallucinations, comme quand une personne à la vision altérée ouvre les yeux. Les visions se rangent dans certaines catégories parce que le cerveau possède une approche systématique pour comprendre les informations dégradées envoyées par le cerveau.

Telles sont les règles que le cerveau utilise pour donner un sens aux informations visuelles. Mais pour Ffytche, peu importe l'information résiduelle dégradée soumise par les yeux. Seule compte l'absence ou perte d'information visuelle qui déclenche une activité spontanée dans les zones spécialisées de la vision pour créer ces fantômes.

Ffytche croit qu'en étudiant ces hallucinations, les scientifiques comprendront mieux le traitement de la vision ; il a déjà atteint certaines conclusions quant à l'origine de ces illusions. Les zones d'activité cérébrale au cours de ces hallucinations correspondent à ce que l'on sait du traitement de la vision par le cerveau. Les hallucinations colorées se traduisent par des frémissements de la partie du cortex qui gère la couleur, les hallucinations avaient lieu lors d'activités plus intenses dans la partie qui reconnaît les visages, etc. Mais d'où venaient ces apparitions évoquant des gargouilles ? Ffytche fait remarquer qu'une partie du cerveau, la zone occipitale latérale, nous prévient de la possibilité que ce que nous regardons soit un visage. Cette région détecte les éléments d'un visage – les yeux, le nez, les lèvres et le menton, par exemple – mais n'enregistre pas leur emplacement. Peu lui importe par exemple que le menton soit sur le front, ou les yeux sous le nez. « Nos résultats ont montré que c'était ce détecteur d'éléments faciaux qui causait les visions de gargouilles – son indifférence à l'emplacement de chaque élément mène aux déformations caractéristiques des gargouilles, l'exagération de certains éléments, les yeux protubérants. »

L'association régulière d'hallucinations de silhouettes et de jardins suggère que la partie du cerveau concernée par les terrains, paysages et panoramas se trouve à côté de cette qui traite les silhouettes et les objets. L'activité de l'une a des chances de déborder dans l'autre, menant à l'association spontanée des deux hallucinations. L'abondance de chapeaux pourrait indiquer que les cellules du lobe temporal du cerveau, qui s'occupe des formes allongées, s'activent. Mais Ffytche admet que la raison pour laquelle les silhouettes sont si souvent en costume d'époque ou portent des chapeaux extravagants reste un mystère digne des couloirs de Poudlard.

Le miroir du Riséd

L'un des moments les plus troublants dans le premier livre de Harry Potter plonge les yeux de notre héros dans le Miroir du Riséd. À cet instant précis, Harry regarde sa famille pour la première fois de sa vie consciente. Le miroir possède une propriété spéciale, essentielle à l'intrigue. Il peut lire vos désirs les plus profonds et les plus douloureux, vos rêves les plus sincères (dans le cas de Dumbledore, il s'agit d'une paire de grosses chaussettes en laine).

Le cerveau pourrait-il croire la réalité montrée par un miroir ? Un syndrome Alice au Pays des Merveilles, qui persuade les gens sensés que les reflets du miroir sont réels, a été signalé par Vilayanur Ramachandran de l'Université de Californie de San Diego. Avec Steven Hillyard et Éric Altschuler, il explique que les victimes peuvent parfois souffrir d'un mal – l'agnosie du miroir – qui leur fait se cogner la tête contre les miroirs pour atteindre un objet qui se trouve « à l'intérieur. » L'histoire de Lewis Carroll emmenant Alice de l'autre côté du miroir pourrait trouver là sa source.

Mais comment Harry a-t-il pu voir ses parents ? La technologie pourrait permettre cet exploit, de façon brutale : on pourrait, en théorie, utiliser un scanner cérébral et, grâce à une compréhension de l'activité cérébrale qui nous échappe encore, déceler le plus grand désir de Harry et le projeter sur le miroir. Toutefois, la discussion qui précède montre une autre possibilité. Le cerveau de Harry pourrait très bien créer cette image tout seul.

Les hallucinations d'espoir sont un élément bien connu qui suivent la perte d'un être aimé, selon Ffytche. Des études montrent qu'environ 10 % des personnes en deuil croient avoir aperçu le défunt, tout comme les amoureux confondent un étranger marchant, vêtu ou parlant de la même façon avec l'objet de leur désir. Ces hallucinations font sans doute appel à des « fonctions cognitives supérieures » du cerveau. Albus Dumbledore explique que les morts que nous avons aimés ne nous quittent jamais vraiment et, dans ce sens, il a raison.

Il y a une autre histoire derrière ce miroir. J. K. Rowling fut grandement affectée par la mort de sa mère, décédée d'une sclérose multiple en 1990, à l'âge de quarante-cinq ans. Elle est morte avant que le succès extraordinaire de la série ne propulse sa fille au rang de vedette internationale. En créant ce miroir du Riséd dans le premier roman de Harry Potter, J. K. Rowling rendait hommage de façon émouvante à sa mère et disait la douleur causée par sa disparition.

Le sort d'Impérium

Le magicien de notre crâne est très puissant, mais il a pitié de son hôte moldu et a la gentillesse de nous faire croire que nous contrôlons nos actes. Prenez le simple allumage d'une lumière, par exemple. Pour cela, il faut que la partie du cerveau qui prend une décision consciente entre en action *avant* la partie du cerveau qui contrôle le mouvement du doigt sur l'interrupteur.

Faux. Il y a vingt ans, les scientifiques ont découvert avec étonnement que quand on demande à quelqu'un de lever le doigt, il devient conscient du besoin de le déplacer 300 millisecondes *après* l'activité cérébrale qui déclenche le mouvement. On dirait que le sorcier niché entre nos oreilles lance un Impérium, l'un des trois Sortilèges impardonnables, qui permet de contrôler sa victime.

Patrick Haggard et ses collègues du University College de Londres se sont penchés sur cet étrange effet en examinant ce qui se produit quand une personne décide de lever le doigt pour déclencher un interrupteur émettant un bip. Pour créer l'illusion de contrôle, il s'avère que le cerveau joue un tour : quand on demande à l'individu quand il a déplacé le doigt, il estime que le mouvement a eu lieu *plus tard* qu'en réalité. De même, le bip est perçu *plus tôt* par l'individu.

Le libre arbitre semble nous faire croire que la cause (la pression sur le bouton) et sa conséquence (le bip) sont plus rapprochées qu'en vérité. « Le cerveau relie nos actions et leurs effets pour produire une expérience consciente cohérente », explique Haggard. Ce « lien » reflète notre impression de contrôle.

L'équipe a poussé cette étude un cran plus loin en utilisant une technique appelée stimulation magnétique transcrâniale, où des électroaimants sont appliqués au crâne pour activer le cortex moteur du cerveau, centre du mouvement. Cela faisait bouger les doigts des sujets sans leur coopération. Quand on les utilisait comme marionnettes, les sujets percevaient plus d'écart entre le mouvement et le bip que quand ils voulaient appuyer sur le bouton.

Ceci suggère que, sans libre arbitre, l'augmentation du temps perçu entre le mouvement involontaire et le bip pourrait refléter la tentative du cerveau de séparer deux événements qui ne peuvent logiquement être liés. Le truc utilisé par le cerveau pour créer l'illusion de contrôle est parfois perdu, donnant l'impression que nos actions ont été contrôlées par autrui, ou que l'on est un robot programmé, commente Chris Firth, collègue de Patrick Haggard.

Certains schizophrènes se plaignent que leurs actes sont dictés par « une force extérieure ». Ceci suggère qu'ils auraient conscience de lever le verre avant de savoir qu'ils comptaient le faire. Comme l'a montré l'équipe de Haggard, le moment auquel nous croyons que nos actions ont lieu est une construction du cerveau pour donner l'impression que nous en avons le contrôle. Les schizophrènes sont peut-être plus en phase avec la réalité que les gens normaux.

L'illusion de la conscience

Ces informations devraient vous avoir persuadé qu'il ne faut pas grand-chose pour créer des illusions où la réalité fabriquée par le cerveau diffère de celle qui nous entoure. Pour faire disparaître quelque chose, il n'est pas forcément nécessaire qu'un sorcier vienne vous murmurer « Oubliettes » à l'oreille. Le sorcier ridé de votre crâne se débrouille très bien pour déformer la mémoire et les perceptions ou créer l'illusion du libre arbitre.

Non seulement le cerveau « rate » certains détails clés du monde, mais il peut générer des illusions, des visions et des fantômes. La paralysie du sommeil est accompagnée par une légion de personnages et créatures étranges, comme des démons, des sorcières et des harpies. Ils sont tellement réels que l'on peut les voir, les entendre et même les toucher.

Les hallucinations causées par une vue défaillante peuvent susciter d'autres créatures, rendre les choses invisibles ou semer notre champ de vision d'oiseaux. Et les endeuillés peuvent même conjurer le fantôme d'une personne disparue, témoignant du pouvoir de l'amour. Imaginez à présent l'impact de ces étranges visions sur l'esprit moldu, qui y est exposé depuis des millénaires. Elles ont créé les dragons, loups-garous, géants et tant d'autres choses. La mythologie est née quand le cerveau s'est efforcé de comprendre ce qui l'entourait.

Chapitre 10

Ici, des monstres. Vraiment.

La science commence toujours dans les mythes.

Sir Karl Popper.

On trouve dans les livres de Harry Potter de nombreuses références au plus fantastique des animaux magiques. Des dragons gardent les coffres de haute sécurité de Gringotts. Harry se retrouve face à un Magyar à Pointes noires assez caractériel lors du Tournoi des Trois Sorciers. Nous apprenons qu'il existe plusieurs espèces de ces créatures, comme le Suédois à museau court, qui est cornu et bleu-gris ; le Boutefeu chinois, rouge avec des pointes dorées ; et l'Opalœil des antipodes, aux écailles iridescentes. Enfin, bien sûr, il y a la devise de Poudlard, *Draco dormiens nunquam titillandus*. Cela tombe sous le sens : on ne chatouille pas un dragon qui dort.

Les organismes de gouvernement du monde des sorciers se sont mis en devoir de cacher l'existence de ces créatures depuis 1750, date à laquelle on ajouta une clause au Code du Secret en vigueur. On lance des sorts aux Moldus pour leur faire oublier qu'ils ont vu des dragons, même un petit comme Norbert le Norvégien à Crêtes. Mais ces efforts n'ont pas toujours suffi. Newt Scamander, auteur des *Animaux fantastiques*, détaille l'incident d'Ilfracombe en 1932, où un dragon vert gallois terrorisa les estivants britanniques. Il termine en rappelant que les sorciers sont très heureux de la façon dont ils ont étouffé l'incident.

J'aimerais pourtant rappeler que les preuves d'une rencontre avec des dragons existent depuis plusieurs centaines d'années. En Grande-Bretagne, ils apparaissent souvent dans la légende et le folklore. Un « dragon de feu » fila entre deux collines près de Cadbury, Devon. Un « dragon dévorant » amateur de lait fut tué par Sir Maurice de Berkeley à Bisterine, Hampshire. Un autre se fit décapiter, et un autre encore dormait au soleil, « les écailles redressées ». On rapporte un combat entre un dragon noir et un « dragon rouge tacheté », le 25 septembre 1449 près de Little Cornard, Suffolk. Un spécimen à cinq têtes sema la panique à Christchurch, Dorset. Neuf vierges furent dévorées par un monstre écossais. Il y eut même un opéra burlesque, au XVIIIe siècle, *Le Dragon de Wantley*, inspiré d'une fausse ballade de dragon imprimée en 1699 dans *Esprit et Joie ; remède à la mélancolie*. Un dragon du Yorkshire y meurt après un coup de pied donné par un « chevalier furieux », More of More Hall, qui avait consommé un litre d'eau-de-vie et six chopes de bière pour trouver le courage de livrer bataille :

Au meurtre, au meurtre ! cria le dragon,
À l'aide, à l'aide, pauvre de moi ! [...]
Puis sa tête trembla et trembla et s'agita,
Et il s'affala et cria.
D'abord sur un genou, puis chavira sur le dos,
Grogna, rua, chia et mourut.

Le prestigieux journal *Nature* publia même un article sur l'écologie des dragons écrit par le biologiste mathématicien Lord May, qui devint conseiller scientifique du Premier Ministre britannique et dirige aujourd'hui la Royal Society de Londres. May fait remarquer que les dragons sont « à la fois omnivores et voraces », avec un régime qui varie grandement : l'un se contentait de deux moutons par jour, tandis qu'un autre, élevé par le Pape saint Sylvestre, consommait six mille personnes chaque jour. Leur espérance de vie semble comprise entre mille et dix mille ans. Et pourquoi ne voyons-nous aucun dragon de nos jours ? L'homme les a poussés à l'extinction, bien sûr, avant tout pour des raisons pharmacologiques.

May tente ensuite de faire coïncider les dragons avec l'arbre de la vie, et observe que le dragon et le griffon ont six membres (quatre pattes, deux ailes), tandis que la wyverne (une bête héraldique) et la cockatrice (mi-coq, mi-serpent) en ont quatre (deux pattes, deux ailes). Cette configuration à quatre membres est typique des créatures possédant une colonne vertébrale. La cockatrice et la wyverne peuvent donc être envisagées comme des variations autour du thème classique des vertébrés. Mais les dragons, griffons, centaures et anges appartiennent à un lignage radicalement différent, à l'évolution entourée de mystère.

Nous savons simplement que les dragons paraissent réels aux Moldus. Bien qu'ils soient avant tout le produit de l'imagination humaine, leur inspiration est venue des créatures qui habitaient autrefois la Terre. L'invention des dragons, géants, trolls et autres monstres permettait à nos ancêtres d'expliquer certaines découvertes déroutantes, comme des cornes, des ossements géants ou les lumières et les bruits dans le ciel, ou même des pierres à la forme étrangement régulière. Comme l'a suggéré Hermione Granger, l'alter ego de J. K. Rowling, les légendes reposent sur la vérité. Newt Scamander rappelle également que certaines créatures exotiques que l'on croyait imaginaires existaient au Moyen Âge.

Prenez le troll, par exemple. On peut imaginer que cette créature est apparue quand les humains modernes, les Cro-Magnon, ont quitté l'Afrique pour l'Europe il y a environ quarante mille ans et ont rencontré l'homme de

Neandertal. Ces cousins ont disparu il y a environ vingt-huit mille ans, et l'on ne sait toujours pas pourquoi. Ils survivent peut-être aujourd'hui dans nos fables. L'homme de Neandertal était assez fort et intelligent pour qu'on le craigne, ce qui en faisait une source idéale de légende. Le souvenir d'hommes puissants au front proéminent et aux cerveaux importants qui faisaient des outils et enterraient leurs morts survit peut-être de nos jours grâce à une chaîne de conteurs qui remonte au folklore scandinave (*troll* signifie « démon » en vieux nordique) et même plus loin, il y a des dizaines de milliers d'années.

Loups-garous, professeur R. J. Lupin et autres hybrides

Les trolls ne sont pas la seule légende tirée de la réalité. Beaucoup des monstres que Harry rencontre habitent l'esprit humain depuis des millénaires. Par exemple, le professeur Remus Lupin, le loup-garou. Les archéologues et anthropologues croient que notre vision d'hommes à moitié animaux remonte à l'aube de l'humanité moderne, il y a environ cinquante mille ans en Afrique.

Cette fascination ancestrale apparaît dans des peintures rupestres en Europe, Afrique et Australie. Ces dessins partagent tous un élément : des hybrides animaux-humains, selon Christopher Whippindale de l'Université de Cambridge, qui a mené l'étude avec Paul Tacon du Museum australien de Sydney.

Leur étude s'est attachée à quelques-uns des sites préhistoriques les plus importants, des falaises du nord de l'Australie à certaines pierres d'Afrique du Sud et cavernes de France et d'Espagne. On y représentait souvent les créatures chassées dans la région. Par exemple, celles de la grotte Chauvet, près des gorges de l'Ardèche, ont plus de trente mille ans et montrent des rhinocéros en train de charger et des chevaux cabrés. Mais Tacon et Chippindale n'ont trouvé qu'un seul élément commun aux cinq mille éléments d'art de l'âge de pierre sur les différents continents : 1 % de ces images étaient des « thérianthropes », « zoomorphes » ou « anthropozoomorphes » – des hybrides hommes animaux ou créatures composites.

Les descriptions ressemblent à ce que l'on trouverait entre les pages du *Mensuel de la métamorphose*. Une statuette à tête de félin, estimée à trente-deux mille ans, a été découverte en Allemagne. Un humain à tête de bison et un étrange mélange d'humain, de renne, de cheval et de félin sortait du rocher des Trois-Frères, en France. En Australie, des peintures en pigments minéraux rouges, orange et jaunes représentait des humains à têtes d'oiseaux, de serpent ou de lézard. On trouve des dessins d'hommes à tête de chauve-souris ou de kangourou, et des sculptures sur écorce représentant des sirènes. Les hybrides animaux-humains étant l'art le plus ancien qui nous a été transmis, les chercheurs pensent que les humains ont commencé à imaginer et dessiner des hybrides dès qu'ils sont devenus modernes.

On peut imaginer comment ces croyances ont émergé dans l'esprit des anciens, qui communiaient étroitement avec les animaux et dépendaient d'eux pour leur survie. La foi en des hommes monstres est « au centre de la psyché humaine » et fait partie de ce qui nous rend humains, d'après Tacon et Chippindale. Ces chimères mettent en lumière nos liens étroits avec le monde animal, avec qui nous vivions, et dont nous dépendions pour la nourriture et la chaleur. Ils proposent une compréhension darwiniste de notre évolution. Ils soulignent aussi les forces et faiblesses humaines. L'homme représenté comme un ours était l'équivalent moderne d'un surhomme à la force physique immense. D'autres hybrides représentaient notre désir de voler comme des oiseaux, ou de galoper aussi vite qu'un cheval.

Les créatures mixtes, comme les femmes à tête de chat, peuvent aussi représenter une transition dans la vie de l'âge de pierre, commémorant un changement de statut social – par exemple, de l'enfance à l'adolescence, de la fille à la femme, ou du garçon au mari. Ils peuvent représenter des changements radicaux dans une culture, comme l'apparition de nouveaux venus ou d'une technologie puissante. Ou même des changements de l'environnement. En Australie, par exemple, la montée du niveau de la mer à la fin de la dernière époque glaciaire coïncide avec une augmentation des peintures sur roche.

Plus profondément encore, ces hybrides illustrent peut-être une transition entre le monde réel et un autre monde. Ils expriment le sentiment que la vie ne se limite pas au monde matériel. Les autres mondes sont nombreux, des cieux aux enfers en passant par les résidences des fantômes, dieux, créatures mythiques et ce que Chippindale appelle « les esprits ancêtres qui sont mystérieux, puissants et dangereux ». On peut imaginer que ce sont les mêmes dimensions alternatives dans lesquelles les gens se plongent en utilisant des drogues, des rituels ou des transes.

Les neuroscientifiques ajouteraient que ces êtres hybrides peuvent révéler en partie la façon dont le cerveau classifie les informations sur les créatures. Ceci est mis en lumière par le cas de Philip, victime d'un accident de voiture où il reçut une grave blessure à la tête. Cet ancien dessinateur industriel souffre aujourd'hui d'agnosie visuelle, qui l'empêche de reconnaître les visages – même celui de sa compagne ou de leur fille. Quand il regarde un mouton, un daim ou même un ours, il y voit une créature fabuleuse, selon Roz McCarthy, neuropsychologue de l'Université de Cambridge, qui a étudié le cas de Philip. C'est comme si ce dernier avait été visé par un sort d'oubli. Il prend un montage de lapin et d'éléphant, un « lapinphant, » pour une créature réelle. Si les représentations d'hybrides étranges, comme les chimères, centaures et dragons, ne sont pas le fruit de personnes souffrant d'agnosie, elles traduisent bien la façon dont le cerveau stocke les connaissances des formes et structures naturelles.

Brève histoire des chimères

Une fois les hybrides établis dans la conscience humaine, ils y restèrent. C'étaient les dieux adorés par les Égyptiens – tel Anubis, le dieu à tête de chacal, ou Rê, Thot et Horus, ayant chacun une tête d'oiseau. Il y avait les satyres (humain-bouc) et les centaures (humain-cheval) qui rôdent encore dans la Forêt Interdite, près de Poudlard. Et puis le Minotaure, un humain à tête de taureau appréciant la chair athénienne. Et, bien sûr, le Sphinx, qui avait un corps de lion et une tête de femme.

Plus tard vinrent les légendes du loup-garou (avant que l'on puisse contrôler l'état du professeur Lupin avec une potion Tue-Loup ou un sort d'Homorphus), puis des créations spécifiques comme le Dracula de Bram Stoker, un « mort-vivant » possédant des traits de chauve-souris et qui s'attaque aux vivants. Les films d'horreur qui suivirent s'inspirèrent eux aussi d'une pulsion très ancienne. Les hybrides humain-animal ont une longue histoire d'attirance et d'horreur. Il est intéressant de voir que l'un des êtres à tête d'animal de l'âge de pierre décrits par Tacon et Chippindale attaque une femme, exactement comme sur une affiche de vieux film d'horreur.

On imagine l'impact que cela avait sur celui qui voyait une telle représentation. « Pour toute personne de l'âge de pierre, équipée d'une simple flamme vacillante, cette expérience devait être terrifiante. Accroupi dans un couloir, vous vous retrouviez soudain nez à nez avec une créature mi-homme, mi-lion, ou autre variation », raconte Chippindale. Cette expérience aurait été particulièrement forte pour une personne dans un état second, droguée d'hallucinogènes naturels ou plongée dans une transe hypnotique par la danse.

La culture moderne est inhabituelle car très matérialiste, remarque Chippindale. Considérer les animaux comme des objets physiques tout en rejetant ces chimères comme imaginaires, ce n'est pas le même point de vue que les cultures anciennes. Dans les sociétés anciennes, il y avait trois types d'êtres : les humains, les animaux et les « autres ». Et c'est à cause de cette dernière que nous frissonnons encore à l'idée de traverser les bois la nuit, et que Harry Potter craint la Forêt Interdite. Quelque chose pourrait y rôder (le mot « sauvage » vient du latin *silvaticus*, « de la forêt »).

On trouve de nombreux exemples de créatures dignes des mythes et légendes autour de Harry Potter : le professeur Minerva McGonagall, principale de Poudlard, qui peut se transformer en chat aux yeux cerclés. Peter Pettigrow, alias Croûtard le rat, un Animagus. Et, bien sûr, les Épouvantards, qui traînent dans les espaces clos. Cette créature est un métamorphe particulier, qui prend l'apparence de vos pires peurs.

Griffons et dragons

À l'époque classique, d'autres monstres émergent, car les gens tentent de rationaliser l'étrange, l'étonnant et l'incroyable. Les Grecs et les Romains connaissaient déjà les fossiles des créatures disparues et s'efforçaient de comprendre ces restes étranges, d'après la chercheuse indépendante Adrienne Mayor. En fait, ils voulaient tant comprendre que leurs efforts pour expliquer les fossiles découverts dans les dépôts sédimentaires auraient pu créer bien des animaux dont Harry est familier.

L'histoire du griffon, une race légendaire d'oiseau à quatre pattes possédant un bec, des ailes d'aigle et des pattes de lion, marque l'un des meilleurs exemples d'influence paléontologique sur l'art classique et la littérature, encore sensible de nos jours. La créature apparaît même dans le nom de la maison de Harry, Gryffondor, qui rappelle l'association originelle de cette créature avec l'or. Et Buck, l'hippogriffe qui s'échappe avec Sirius Black, est une version médiévale du griffon classique, ajoute Mayor. La légende du griffon commence vers 675 av. J.-C., quand des nomades de Scythe rencontrèrent le voyageur grec Aristeas au pied des Monts Altai et lui parlèrent des terres de l'est, où de terribles créatures gardaient des montagnes d'or. Aristeas incorpora ces griffons (du grec *grups*, « crochu ») dans une histoire où des hommes à cheval affrontaient ces créatures pour s'approprier les champs d'or. Dans les récits ultérieurs, les griffons protégeaient leurs nids et leurs petits contre les mineurs d'or. Il est révélateur, selon Mayor, que les récits contemporains concernant les griffons n'en fassent pas des enfants des dieux vivant dans le passé mythique, mais des créatures actuelles. Le griffon devint rapidement une image récurrente dans l'art et l'architecture classiques, et le reste de nos jours. Dumbledore a même un marteau de porte en bronze en forme de griffon à l'entrée de ses appartements.

Dans sa recherche des griffons, Mayor découvrit une piste d'indice qui s'étire de la mer Noire aux champs d'or du Kush hindou, les Montagnes Altaï, et le désert de Gobi. Dans les vents dansants du désert, Mayor a découvert le griffon archétypal : le Protoceratops. Toute la légende du griffon peut remonter aux restes de ce dinosaure qui parsèment le désert, selon son livre, *Les Premiers Chasseurs de fossiles*.

Le Protoceratops, herbivore de deux mètres cinquante, est le fossile dinosaure le plus courant dans le Gobi. Le contraste est marqué entre ses restes blanchis et le rouge du désert. Beaucoup d'aspects de ces fossiles collent à la légende : le bec de la bête, sa taille, les restes de nids, l'association avec les dépôts d'or (via les mineurs scythes), la façon dont sa collerette pouvait se briser en laissant un semblant d'oreilles, et ses omoplates allongées, qui auraient pu être prises pour des attaches d'ailes.

Il y a longtemps, les gens craignaient le Gobi. Ses sables étaient pleins de morts, allant des carcasses de chevaux aux restes de leurs cavaliers. Au XIIIᵉ siècle, les Chinois craignaient « les champs d'ossements blancs ». Dans les dunes balayées par le vent, les coupables potentiels de tels carnages étaient mis à nu par la force de l'érosion. Toute personne passant près des restes d'un Protoceratops avait la preuve que ce désert possédait un terrible gardien.

Peu de personnes ont vu ces restes, mais cela a suffi pour créer la légende. On peut donc se demander combien d'autres sont inspirées par des fossiles. Beaucoup, d'après Mayor. Les mythes grecs sont pleins de héros et de géants, montrant que les peuples antiques possédaient une abondance des restes pétrifiés remarquables des créatures gigantesques qui vivaient autrefois sur Terre.

L'anthropologue Stewart Guthrie de l'Université de Fordham, a avancé que l'instinct d'anthropomorphisme est fort. Quand de vastes ossements étaient ramenés à la surface par les charrues romaines, ce qui arrivait fréquemment d'après le poète Virgile, on les prenait souvent pour les restes d'antiques guerriers. Les squelettes fossilisés de girafes géantes, de mastodontes et autres titans disparus captivaient l'imagination des Grecs et des Romains désireux d'y voir les vestiges de géants et monstres primordiaux. Ils chérissaient ces ossements et les exposaient dans des temples et autres lieux publics. L'empereur Auguste (63 av. J.-C.-14 apr. J.-C.) créa même le premier musée paléontologique, dans sa villa de Capri. Son biographe, Suétone, rapporte qu'il possédait des os de géants et des armes de héros antiques.

Les anciens n'auraient pas été surpris de rencontrer une personne de la taille de Hagrid. Les hommes de l'époque mesuraient un mètre cinquante, mais les anciens héros paraissaient trois fois plus grands. Rien d'étonnant à cela, puisqu'un fémur de mammouth est trois fois plus grand que celui d'un humain. Pline l'Ancien fit remarquer que, d'après ces ossements, « la stature de toute la race humaine est en train de s'affaisser ».

Mayor cite d'impressionnants exemples pour asseoir sa théorie. Une clavicule d'éléphant fossilisé pourrait devenir la relique du géant Pélops, héros de l'antiquité. Les restes que les Lydiens prirent pour ceux de l'ogre Géryon et son troupeau gigantesque étaient sans doute des mastodontes et bovidés éteints dont les fossiles jonchent l'est de la Turquie. Quand on déterra à Plymouth Hoe, Grande-Bretagne, une mâchoire et des dents gigantesques, on les prit pour celles de Gogmagog, le géant légendaire.

Il était aussi courant d'attribuer des creux dans les rochers aux pas d'ancêtres fabuleux. Depuis l'époque classique, les traces des créatures préhistoriques ont été prises pour celles des dieux, des géants, des fées, des anges, des diables et des conflits héroïques. Hérodote, vers 450 av. J.-C., vit une empreinte de pas d'un mètre de long, supposée laissée par Hercule, par exemple. D'autres traces attribuées à ce héros au sud de l'Italie sont sans doute celles d'un ours des cavernes, mais peuvent facilement être confondues avec des traces de pieds humains.

Les dragons ont sans doute eux aussi une origine préhistorique. Le paléontologue Kenneth Oakley suggéra que les caractéristiques du dragon chinois rappelaient étrangement les mammifères préhistoriques de la Chine ou de la Mongolie. Les lits fossilisés du Siwalik, situés dans les contreforts qui s'étendent du Népal au Cachemire, auraient pu inspirer la vision de dragons de grande taille, de la variété qu'Apollon de Tyane affirmait venir du nord de l'Inde. Et les traces des dinosaures autour des sables rouges du Triasique dans la vallée du Rhin sont certainement à l'origine de la légende narrant la mort du dragon Fafnir, tué par Siegfried. Le mot « dragon » vient d'un terme latin utilisé au Moyen Âge pour décrire ce reptile volant et cracheur de feu du mythe germanique. Pendant ce temps, dans l'Europe médiévale, d'énormes ossements de créatures préhistoriques furent attribués aux saints. Les mammouths et les rhinocéros étaient redressés et pris pour des géants, d'anciens hommes des cavernes ou même des barbares comme les Visigoths. Dans le nord-ouest de l'Australie, les Aborigènes croyaient que les traces à trois orteils des grands dinosaures carnivores avaient été laissées par Marella, un « émeu humain » géant. À Malte, des creux à cinq orteils étaient pris pour l'empreinte du diable, alors qu'ils n'étaient que la trace fossile d'oursins.

Le Basilic

Les dragons ne sont pas les seules créatures des livres de Harry Potter qui pourrait être nées dans un fossile. Le basilic, le roi des serpents (de *basileus*, roi), apparaissait dans les légendes classiques et pouvait tuer d'un souffle empoisonné ou d'un regard. Selon la description de J. K. Rowling, ce serpent est d'un vert nauséeux, aussi large qu'un tronc de chêne, avec une tête plate couverte d'écailles. Harry le rencontre dans la Chambre des Secrets.

On trouve chez les Aborigènes une créature comparable, dont la description remonte à six mille ans. Appelé Serpent Arc-en-ciel, cet être ancestral avait parfois une tête de kangourou et était responsable de grands actes de création et de destruction. Il vivait à une période de la préhistoire ancestrale aussi appelée *garrewakwani* (« le rêve ») à l'époque où vivaient des hommes hybrides d'animaux, de poissons ou d'oiseaux qui ouvrirent la voie vers l'évolution des humains.

Les preuves d'un étonnant antécédent du basilic ont été découvertes en Afrique du Nord, dans une région appelée le Fayoum, en Égypte, au sud-ouest du Caire. Aujourd'hui désertifiée, c'était autrefois une zone tropicale, avec un lac, une rivière et un marais. Le sable a recouvert divers restes fossiles.

On a découvert sur le site les vestiges de créatures ressemblant à des hippopotames et à des rhinocéros, et des chasseurs proches des hyènes et des charognards. D'étranges bêtes semblables à des éléphants, des baleines ancestrales qui avaient encore des membres, des tortues, des veaux marins, des oiseaux et des rongeurs. Et, parmi eux, un lointain ancêtre du basilic. Appelé *Gigantophis* (serpent géant), c'est sans doute le plus grand serpent au monde. Il vivait en Égypte et en Libye entre moins 35 et moins 45 millions d'années.

Le nom *Gigantophis* est approprié, car les vertèbres de ce reptile étaient plus grosses que celles des plus grands anacondas. « Je pense que le *Gigantophis* devait mesurer environ 12 mètres de long », commente l'expert en serpents Jason Head, de l'Université méthodiste du Sud à Dallas, Texas. *Gigantophis* était parent des boas et pythons, qui possèdent encore des orteils semblables à des griffes, vestiges d'anciens membres. Ce grand serpent possédait sans doute les mêmes « crochets » qui sont en fait de minuscules fémurs. « Les boas et les pythons les utilisent pour s'accoupler, le serpent frottant ces crochets contre la femelle pour initier la copulation », précise Head.

Nous savons bien sûr grâce à Harry Potter qu'un énorme *Gigantophis* était resté caché dans la Chambre des Secrets de Poudlard. Nous savons aussi que ce basilic avait une morsure venimeuse qui, sans les larmes de Fumseck le Phénix, aurait tué Harry. Toutefois, Head affirme que *Gigantophis* ne correspond pas au type de serpent ayant aujourd'hui une morsure venimeuse.

J. K. Rowling mentionne le regard assassin du basilic. Cela fait peut-être référence aux fosses sensibles à la chaleur sur la face du serpent, qu'il utilise pour trouver ses proies à sang chaud de nuit. « *Gigantophis* était, comme l'indique son nom, un énorme serpent, et il s'aidait de son flair pour traquer de grosses proies, explique Head, car on peut les repérer de plus loin par l'odeur que par la chaleur. »

Il n'y eut pas que des créatures vivantes pour pousser les anciens à croire aux dragons et géants. Certains disent que la Cornouaille a plus d'histoires de géants que tous les autres contés anglais car les habitants étaient impressionnés par les nombreux mégalithes. Dans les traditions anglaises et nordiques, on disait que ces édifices de pierre étaient « l'œuvre des géants ».

Les phénomènes cosmiques sont tout aussi influents. Le folklore suggère que la mort du roi Arthur – en 539 ou en 542 – plongea la Grande-Bretagne dans un âge de ténèbres. En étudiant les anneaux des arbres, et en cherchant particulièrement des anneaux plus fins, liés aux climats les plus éprouvants, Mike Baillie de la Queen's University à Belfast a découvert qu'un climat hostile était apparu de 536 à 545. Fouillant les légendes arthuriennes pour trouver les sources de ce désastre, Baillie suggère qu'une comète ait frôlé la Terre, dont l'atmosphère se serait chargée de poussière et de débris, amenant l'obscurité et la mort des récoltes. Rien d'étonnant que Merlin, l'enchanteur d'Arthur, soit décrit dans la mythologie comme un « dragon rouge flamboyant traversant le ciel » et lançant des éclairs.

En d'autres occasions, les mythes ont sans doute été inspirés par la visite d'une comète, d'une pluie de boules de feu et de météores. L'Apocalypse mentionne un énorme dragon rouge à plusieurs visages dans le ciel. La mythologie babylonienne parle de *tiamat*, représentant le chaos primordial, donnant naissance à des serpents géants, un serpent cornu et des dragons.

Outre ces tendances destructrices, les tendances constructrices de la nature mènent aussi aux légendes. Les Celtes croyaient que la Chaussée des Géants en Irlande du Nord, une structure incroyable d'environ 40 000 colonnes de basalte à forme géométrique, était l'œuvre d'un des parents d'Hagrid. Le géant Finn McCool aurait construit cette chaussée pour atteindre la cachette d'un géant écossais, Benandonner, qui vivait sur l'île de Staffa.

Le premier signe suggérant que le guerrier géant d'Ulster était un mythe est apparu en 1693. Un rapport d'expédition de la Société philosophique de Londres conclut que cette mystérieuse formation de colonnes de basalte était en fait le résultat de causes naturelles, sans qu'on les connaisse précisément. On a cru récemment qu'elles avaient été créées par de la lave refroidie, mais nul n'a jamais compris exactement comment ces formes régulières avaient été obtenues.

La réponse pourrait enfin avoir été apportée par Alberto Rojo de l'Université du Michigan, et Eduardo Jagla du Centre atomique de Bariloche, en Argentine. Selon eux, la chaussée s'est formée quand, alors que la lave refroidissait, des fractures se sont formées à sa surface et se sont affaissées. Au sommet, la structure des fractures ressemblait à ce que nous voyons sur la boue ou la peinture – des lignes courbes aléatoires. Mais tandis que les fractures descendaient, elles empruntèrent le chemin de moindre résistance. Il s'avère que la configuration qui minimise l'énergie requise pour pénétrer dans une telle masse est une structure régulière d'hexagones, de pentagones et d'heptagones. Ces motifs réguliers plus profonds – la Chaussée des Géants – ont depuis été dégagés par l'érosion.

Les chercheurs étayent leur théorie par un modèle informatique du processus correspondant à ce modèle mathématique et par une simple expérience que n'importe qui peut faire chez soi avec de la farine de maïs. Bien que les frontières de la physique moderne se trouvent sans doute dans le royaume quantique du minuscule et le domaine relativiste de l'immense, Rojo croit que les questions ouvertes et les mystères garderont des dimensions plus familières. Même sans Finn McCool, il reste beaucoup de magie dans la vie quotidienne.

Chasse aux loups-garous

L'imagination humaine possède une autre source d'inspiration pour créer sa ménagerie fantastique : le malheur. Au fil des siècles, les anomalies, défauts génétiques et maladies ont créé des êtres effrayants qui finirent par peupler les légendes et la psyché humaine.

La légende du loup-garou, par exemple, serait liée à un désordre psychiatrique appelé lycanthropie. Il existe de nombreux cas documentés de personnes décidant qu'ils sont des loups ou autres animaux sauvages, bien qu'il soit impossible de dire si l'origine se trouve dans la légende ou dans le trouble du comportement.

D'autres ont attribué la légende du loup-garou à une maladie rare appelée hypertrichose généralisée congénitale. Ceux qui en souffrent ont une quantité de poils excessive sur le visage et le haut de leur corps. Cette mutation génétique est très intéressante car elle pourrait expliquer les origines humaines. On pense que cette maladie est un défaut génétique atavique, réactivant un gène supprimé par l'évolution.

Ces défauts auraient été aussi fascinants pour un esprit antique que pour un généticien moderne. On compte dans leur nombre le troisième téton porté par certains, l'apparition occasionnelles de membres postérieurs sur les baleines modernes (dont les ancêtres ont quitté la terre pour la mer il y a 40 ou 50 millions d'années), et peut-être le genre de pelage intégral que nos ancêtres arboraient autrefois. Les victimes d'hypertrichose généralisée congénitale ont longtemps travaillé dans des cirques en tant qu'« hommes-singes » ou « loups-garous » On peut sans doute aussi y compter les Bizarr'sisters qui ont joué au Bal d'Hiver de Poudlard.

L'hypertrichose fut pour la première fois identifiée chez une famille mexicaine et nommée en 1984 par l'équipe de José María Cantú à l'Université de Guadalajara. Une chasse au gène fut lancée par une équipe internationale menée par Pragna Patel de l'Académie de Médecine Baylor à Houston. À la publication de ce livre, elle n'avait toujours pas trouvé le gène du loup-garou. Sa réussite ferait la lumière sur l'origine l'hypertrichose, et pourrait aussi expliquer pourquoi les cheveux de Harry repoussent aussi vite.

L'influence de la génétique réelle sur les créatures mythiques ne s'arrête pas là. Les vampires et les loups-garous sont peut-être liés à une découverte récente, sans doute abordée par Gilderoy Lockhart dans *Voyages avec les vampires*. David Dolphin, biochimiste de l'Université de Colombie britannique, proposa, en 1985, une origine médicale à l'aspect de ces créatures lors d'une réunion de l'Association américaine pour l'Avancement de la Science. Ces individus étaient peut-être atteints de porphyrie, comme ce fut sans doute le cas du roi George III.

Cette anomalie biochimique rend la peau sensible à la lumière, ce qui explique pourquoi ses victimes évitent le soleil. La meilleure défense contre les effets douloureux du soleil, avance Dolphin, serait de ne sortir que la nuit, comme les vampires et les loups-garous. Certaines victimes de cette maladie deviennent également très poilus, sans doute pour protéger leur peau du soleil.

Cette maladie peut provoquer un retrait des gencives, les rendant si fines que les dents, bien que d'une taille ordinaire, dépassent de façon menaçante, donnant un air plus animal qu'humain – nourrissant encore les mythes du vampire et du loup-garou. Et cette maladie pourrait expliquer pourquoi les vampires, ou victimes de la porphyrie, avaient peur de l'ail, conformément à la mythologie. L'ail, d'après Dolphin, contient un produit chimique qui exacerbe les symptômes de la maladie.

Dolphin fait ensuite remarquer que l'un des traitements contre cette maladie est l'injection d'un produit du sang, l'hème. Puisque ce traitement n'existait pas au Moyen Âge, l'époque où ces mythes trouvent leur origine, il suppose que les victimes cherchaient instinctivement de l'hème en buvant du sang. Voldemort, l'ennemi juré de Harry, appréciait le sang de licorne, et l'on peut se demander s'il n'est pas lui-même atteint de cette maladie.

Ce n'est aucunement la fin des réflexions scientifiques sur les vampires. En 1998, le neurologue espagnol Juan Gomez-Alonso fit le lien avec la rage. Les symptômes comprennent l'insomnie, une aversion pour les miroirs et les odeurs fortes (pas seulement celle de l'ail) et une pulsion sexuelle accrue. Et la rage, bien sûr, se transmet par la morsure, ce qui expliquerait pourquoi la victime d'un vampire se transforme en vampire.

Zombies

> J'avais presque perdu le sens du toucher, et ne distinguais plus les objets lourds des légers, un pot plein d'eau et une plume me donnaient la même sensation. Nous nous fîmes vomir, puis eûmes une suée qui nous fit le plus grand bien.
>
> Captain James Cook,
> Sur un empoisonnement au fugu, 1774.

Les zombies sont censés être des « morts-vivants », assez proches des terribles Détraqueurs qui gardent Azkaban. Ils apparaissent de temps en temps dans les livres de Harry Potter. Pour avoir chassé un zombie particulièrement pénible, Quirrell se serait vu offrir un turban par un prince africain.

Il est étonnant que l'école de Poudlard ne soit pas plus souvent troublée par des zombies. On rapporte plus de mille cas de zombification par an à Haïti. Beaucoup d'explications ont été avancées pour expliquer cet état. Les docteurs parlent d'empoisonnement. Le clergé pense que les victimes sont vraiment touchées par le vaudou. D'autres soupçonnent des maladies mentales. Les détails étranges rappellent la façon dont Voldemort a été séparé de son corps quand la mère de Harry s'est sacrifiée pour sauver son fils et détourner la malédiction du Sombre Seigneur.

Dans une situation de zombification typique, une jeune personne tombe malade, semble mourir, et est enterré. Un sorcier (*boko*) vole sa dépouille, et le cadavre est secrètement ramené à la vie. Toutefois, il y a un problème. Les croyances locales séparent la forme physique du principe animant et de la conscience/mémoire (*tibon anj*). Cette dernière est prélevée et conservée par le sorcier, et est alors appelée *zombi astral*. Reste un corps sans volonté, un zombie qui fera la volonté du *boko*.

Wade Davis a expliqué ces cas par l'utilisation d'une neurotoxine. Davis étudia le cas étrange d'un homme prétendant être Clairvius Narcisse, un Haïtien déclaré mort par des médecins en 1962. D'après le récit de Narcisse, il était simplement paralysé. Il se souvenait d'avoir été mis en terre. On l'avait ensuite sorti de la tombe, battu et asservi aux ordres d'un « maître des zombies » vaudou.

Davis découvrit que les *bokos* utilisent une poudre composée d'ingrédients divers, entre autre du porc-épic et un poisson, deux animaux contenant de la tétrodotoxine. Cette puissante neurotoxine marine tire son nom de l'ordre de poissons chez qui on la trouve le plus souvent, les Tétraodontiformes (*tetras*, quatre, et *odontos*, dents). Cette toxine n'est pas produite par le poisson lui-même, mais par une bactérie qui vit dans leur corps : en conséquence, ces poissons élevés en culture ne produisent pas la toxine à moins d'être nourris de tissus contenant cet organisme.

Au Japon, ces poissons sont un mets très apprécié. Des traces infimes de cette toxine dans le fugu induiraient des picotements aux extrémités et une sensation d'euphorie. Mais ces poissons doivent êtres préparés par des chefs autorisés, capables d'ôter toutes les parties contenant la toxine, notamment le foie et les ovaires.

Cette toxine bloque les canaux dans les membranes des neurones, déstabilisant le fragile équilibre chimique nécessaire pour que les neurones fonctionnent convenablement. Quand les canaux s'ouvrent, il y a impulsion nerveuse, changement de voltage au travers de la paroi nerveuse. L'impulsion voyage le long du nerf parce que les canaux s'ouvrent les un après les autres, comme un effet domino. Mais s'ils sont bloqués par la tétrodotoxine, les nerfs ne peuvent plus fonctionner.

Le premier signe d'empoisonnement est une légère insensibilité de la langue et des lèvres, au bout de vingt minutes à trois heures après l'ingestion de la toxine. Les sensations de légèreté ou de flottement suivent, ainsi que la migraine, la nausée et les vomissements, jusqu'à ce que la paralysie s'installe. La victime, quoique totalement paralysée, peut rester consciente et totalement lucide presque jusqu'à la mort. Les cas les plus sévères prennent une teinte bleuâtre, leurs yeux sont fixes et dilatés. Les signes vitaux peuvent disparaître, même pour un médecin expérimenté. En d'autres termes, la victime *semble* morte. On raconte aussi que la victime est ramenée à la vie avec la pomme du diable – *datura stramonium* – bien que la plante contienne de l'atropine et de la scopolamine, des alcaloïdes qui peuvent causer des délires, illusions, hallucinations, sensations de désorientation, paroles incohérentes, voire attaques, coma et mort.

D'autres pistes apparurent après une étude de trois cas de zombification par Roland Littlewood de l'University College de Londres et Chavannes Douyon de la Polyclinique de Port-au-Prince, Haïti. Cette étude fut rapportée dans le *Lancet*. Ils constatèrent tout d'abord que la violation des tombes par les *bokos* est fréquente, et ensuite, en faisant des analyses d'ADN sur deux victimes, que l'une n'était pas le fils de ses parents putatifs, et que l'autre n'était pas de la même famille que les deux hommes qui prétendaient être ses frères. Ils constatèrent aussi la tendance à prendre pour des zombies les gens qui, à Haïti, sont atteints de schizophrénie, de lésions cérébrales ou de handicaps à l'apprentissage. « On ne les craint pas du tout, à Haïti. On ne craint que le *boko* et la zombification », explique Littlewood. Les familles sont prêtes à accueillir les victimes. « Une fausse identification d'un étranger dément par des parents en deuil est l'explication la plus probable – comme dans les cas des deux victimes dont l'ADN a été analysé. » Il reste à comprendre pourquoi une jeune personne adoptée de cette façon par une famille affirmerait non seulement être un zombie, mais aussi un parent.

La conclusion est qu'il n'y a sans doute pas d'explication simple à ce phénomène : « La mort étant déclarée localement sans possibilité de certification médicale, et l'inhumation ayant souvent lieu une journée après le décès, il n'est pas impossible qu'une personne déterrée soit vivante. L'utilisation de *datura stramonium* pour la ranimer, et sa possible administration répétée pendant la période d'asservissement, pourrait produire un état de passivité psychologique extrême. »

Les fées, les lutins et les elfes

Les fées, lutins et elfes qui peuplent les légendes existent peut-être également.

En Cornouailles, une race de fées appelées *spriggans* gardait les trésors ou volaient de la nourriture sous le couvert de l'invisibilité. Quelque part près de Milford Haven se trouvent les Îles Vertes de la Mer, le pays invisible des fées. Le dernier refuge des fées en Angleterre fut Harrow Hill, dans le Sussex. Mais certaines vivent peut-être de nos jours, sous forme d'une maladie génétique appelée Syndrome de Williams, d'après Howard Lenhoff de l'Université de Californie à Irvine. Sa fille Gloria souffre de cette condition. Ce syndrome affecte environ une naissance sur vingt mille. Il est causé par la perte de vingt gènes spécifiques placés sur une branche du chromosome 7. Les personnes atteintes de ce mal ont des problèmes cardiovasculaires, une intelligence inférieure à la normale et une sensibilité particulière au bruit. Elles sont affectueuses, attentionnées et sensibles aux sentiments d'autrui. Malgré leur faible QI, beaucoup des individus atteints sont de bons conteurs et ont un talent pour la musique, notamment une oreille parfaite. Le plus frappant dans tout cela reste leur apparence : ils sont assez souvent petits, ont un visage enfantin avec un petit nez retroussé, des oreilles ovales, une bouche large aux lèvres pleines et au menton petit. Ils ressemblent et se comportent comme la description traditionnelle des elfes. « Le petit peuple des anciennes légendes est souvent musicien et conteur, rappelle Lenhoff. Les fées sont souvent appelées "le bon peuple", répètent les chansons qu'elles ont entendues, et peuvent enchanter les humains par leurs mélodies. On pourrait dire la même chose des victimes du syndrome de Williams. »

La ménagerie magique des Moldus

Poudlard n'a pas le monopole des créatures étranges. Les dragons, géants, zombies, loups-garous, lutins, elfes et sorcières habitent aussi le monde moldu, et ont tous une chose en commun. Ils ont été créés pour expliquer des événements naturels. Vu ce que nous savons de la fertile imagination humaine, il est étonnant que nos ancêtres ne nous aient pas légué un bestiaire magique plus riche encore.

Chapitre 11

Le Maître de potions

Double, double peine et tourment
Chaudron bouille à feu brûlant
Filet de chauve-souris
Dans le chaudron bous et cuis

Shakespeare, *Macbeth*.

Les potions aux recettes étranges ont toujours fait partie de l'arsenal du magicien. Au cours de potion de Severus Rogue, dans les donjons de Poudlard, Harry Potter en apprend beaucoup sur les herbes, les champignons, les yeux de poissons et autres ingrédients bizarres. Entouré de pupitres de bois, de chaudrons fumants, de balances de bronze et de bocaux, Harry a sans doute tenté de préparer une Potion d'enflure et un Somnifère, entre autres, et parcouru les manuels standards comme *Potions magiques*. Assurément, nombre de ces concoctions furent également préparées par les médecins et Mme Pomfresh, l'infirmière de Poudlard.

Les livres antiques des Moldus révèlent bien des choses sur les plantes, d'herbes et autres ingrédients utilisés par les sorcières et les magiciens. La recette du philtre le plus connu de tous est sans doute celle que les sorcières préparent dans *Macbeth*. Outre le filet de chauve-souris, on y trouve des produits toxiques, comme une racine de ciguë ou un rameau d'if, et d'autres exotiques comme une squame de dragon et une momie de sorcière. Cette dernière rappelle sans doute la foi selon laquelle on pouvait acquérir les qualités d'un objet, comme la longévité d'une momie, en l'avalant.

Comment les ancêtres de Rogue et ceux qui préparaient des potions dans le monde des Moldus ont-ils obtenu ces connaissances ? Kennilworthy Whisp, somme de connaissance sur les sorciers, décrit la visite d'une équipe de biologistes en Nouvelle-Zélande, au XVIIᵉ siècle, pour étudier les plantes et champignons magiques. Mais les origines remontent bien plus loin. Étonnamment, cette forme particulière de sorcellerie était sans doute apparue avant l'homme moderne. Le lecteur sceptique pourra donc se demander si ces potions fonctionnent vraiment. Si les Moldus ont découvert que, grâce aux pouvoirs de conjuration du cerveau humain, cela n'a pas toujours d'importante, tous les anciens philtres et sérums ne reposent pas uniquement sur la psychologie. Leur héritage survit à l'hôpital St. Mungo pour Maladies et Blessures magiques et dans l'industrie pharmaceutique mondiale. Tous deux exploitent l'éventail de remèdes naturels, qui va diminuant. La population moldue de la planète est en train de détruire les forêts tropicales et autres habitats complexes avant que nous ayons étudié les plantes, insectes et microbes qui y vivent. Certaines des potions les plus puissantes ne seront peut-être jamais découvertes.

Comment les médicaments fonctionnent

Les Moldus comprennent l'action des médicaments et des potions grâce aux efforts des sorcières, magiciens et autres experts en chimie, biologie moléculaire et pharmacologic. Bien que le mot « produit chimique » soit souvent utilisé comme terme générique (assez péjoratif) pour toutes les toxines et les carcinogènes, il décrit aussi tous les remèdes et toutes les substances de votre corps, qu'elles traversent vos veines, collent les cellules les unes aux autres ou ouvrent une fenêtre pour vos yeux, ou vers l'âme d'ailleurs.

Tout médicament, que ce soit un ancien remède de bonne femme ou une gélule moderne, contient des produits chimiques, des collections d'atomes liés les uns aux autres pour former des molécules. Ils doivent leurs propriétés médicales à la façon dont ils interagissent avec d'autres molécules du corps : récepteurs, protéines des membranes des cellules qui répondent généralement aux hormones, enzymes (un autre type de grosse protéine qui accélère les réactions chimiques dans les cellules), les pores ou canaux dans la paroi des cellules, ou même le matériel génétique de l'ADN et de l'ARN, qui contiennent les instructions pour fabriquer la protéine, brique de construction de toutes les cellules.

Si Rogue utilise tant de plantes pour ses potions, c'est un résultat indirect de leur immobilité. Les films en animation accélérée montrent que par des mouvements imperceptibles, les plantes enfoncent leurs racines dans le sol, ouvrent et referment leurs fleurs, et pivotent face au soleil. Mais elles ne peuvent pas se débattre, marcher ou voler comme les vers, les humains ou les oiseaux (sauf peut-être le Saule Cogneur).

Faute de locomotion, les fleurs ont développé des odeurs attirantes et des fruits nourrissants pour établir le contact avec d'autres espèces, capables de se déplacer pour répandre leur pollen et leurs graines. Puisqu'elles ne peuvent ni fuir ni se cacher, les plantes ont aussi développé de terribles armes chimiques pour se protéger contre les insectes et animaux qui les mangent. Nous avons appris à exploiter ces nombreux produits chimiques. Les ethnobotanistes Michael Balick et Paul Alan Cox estiment qu'environ un quart de nos médicaments et toutes nos drogues récréatives proviennent du royaume végétal, « y compris la caféine du café, la nicotine du tabac, la théophylline du thé, la théobromine du chocolat, et une foule d'autres psychotropes. » Et bien sûr les hallucinogènes dont nous avons déjà parlé. Pour des raisons évidentes, l'exploitation des propriétés médicinales des plantes remonte bien avant la fondation de Poudlard. Ces plantes auraient renforcé les chances de survie de nos ancêtres, mais leur culture aurait aussi concentré les défenses chimiques des plantes comme la nicotine et la cocaïne, avancent Roger Sullivan de l'Université d'Auckland et Edward Hagen de l'Université de Californie à Santa Barbara. Au début, les plantes développèrent ces défenses pour imiter les messagers chimiques, appelés neurotransmetteurs, et ainsi perturber les signaux entre les nerfs. Mais nos ancêtres ont développé un appareil anticontamination dans le foie, notamment un enzyme appelé P-450, et une façon d'exploiter ces substituts de neurotransmetteurs. En bref, Sullivan et Hagen croient que l'absorption de stimulants et de narcotiques pourrait faire partie de notre héritage évolutif vieux de plusieurs millénaires.

Les alcaloïdes stimulants, comme ceux que l'on ingère en mâchant de la coca, du tabac ou des feuilles de khat, ou même la noix d'arec (la quatrième drogue la plus utilisée au monde), pourraient avoir aidé nos ancêtres à surmonter la fatigue et à survivre dans des environnements hostiles. Les Aborigènes utilisaient du pituri, une plante australienne forte en nicotine, pour faire passer la faim. Dans les déserts et les hautes chaînes montagneuses, les drogues végétales auraient pu compenser la diminution des neurotransmetteurs – noradrénaline, dopamine, sérotonine et acétylcholine – due à un régime déséquilibré. L'arec renforce les niveaux d'acétylcholine ; le khat affecte la noradrénaline, la dopamine et la sérotonine ; et la cocaïne du coca augmente la noradrénaline et la dopamine. Sullivan fait remarquer que certaines peuplades indigènes avaient même composé un « cocktail » de drogues en les mâchant avec une substance alcaline, comme le citron vert ou la cendre de bois, pour libérer une forme libre de la drogue et la faire absorber plus rapidement par l'organisme.

Pour ceux qui font attention à leur régime, certains extraits de plantes servirent pendant des siècles à supprimer l'appétit. D'autres étaient des contraceptifs. Le contrôle des flatulences et de la digestion étaient aussi une obsession antique, et le séné était autrefois appelé « gardien des mouvements digestifs royaux ». Les propriétés euphorisantes et analgésiques de l'opium étaient sans doute déjà connues des Sumériens il y a six mille ans. On disposait de remèdes pour les furoncles, les brûlures et autres blessures susceptibles de s'infecter. Mais ces potions avaient un aspect plus sombre, car si certaines pouvaient guérir, d'autres nuisaient ou tuaient.

L'enchantement de Rien

Toutes les herbes utilisées en magie et en sorcellerie pourraient avoir exploité une mystérieuse force curative qui reste de nos jours un grand sujet de débat : l'effet placebo (« je plairai » en latin) : une substance inerte ou un faux traitement, généralement administrés pour souligner les effets du vrai traitement, mais aussi pour guérir. Beaucoup de scientifiques croient que les placebos peuvent expliquer les guérisons miraculeuses. Le « pouvoir de suggestion » mis en jeu par l'imposition des mains guérit, comme est apaisant le baiser d'une mère. La simple incantation « Abracadabra » pourrait aider un patient à se remettre sur pieds s'il avait de bonnes raisons de croire que c'est véritablement un mot de pouvoir. D'une certaine façon, la croyance semble renforcer les pouvoirs de récupération du corps, guérissant les blessures plus vite et dopant les attaques immunitaires contre les infections. Cet effet fut pour la première fois signalé en 1955 dans l'article « Le Puissant Placebo, » de Henry Beecher, anesthésiste à l'Hôpital général du Massachusetts à Boston. Il étudia quinze études publiées et y trouva la preuve de la puissance de placebo pour traiter la douleur post-chirurgicale, les maux de tête, le mal de mer, la toux, l'angoisse et autres problèmes nerveux. Depuis, la littérature médicale a signalé de nouvelles preuves de cet effet. Entre 30 et 60 % de patients atteints de maladies, de l'arthrite à la dépression, ont constaté une amélioration de leurs symptômes après avoir reçu un placebo. Il n'est pas évident qu'un placebo peut « guérir » toutes les maladies, mais l'amélioration des symptômes et la diminution de la douleur sont impressionnantes.

Les placebos ont aidé des gens atteints d'hypertension, de dépression, d'acné, d'asthme, de rhumes, d'arthrite, d'ulcères, de maux de tête, de constipation et même de verrues. En fait, leur importance est telle qu'aucun test de médicament n'est considéré valide de nos jours si l'agent n'est pas comparé à un placebo (dans ce cas, personne ne doit pouvoir faire la différence entre le placebo et le médicament, mais il ne doit avoir aucune propriété pharmacologique). Le traitement n'est pris au sérieux que s'il est plus efficace que le placebo.

Mais tout le monde ne croit pas aux placebos. Le *Journal médical de Nouvelle Angleterre* a publié une analyse sceptique de Asbjørn Hróbjartsson et Peter Gøtzsche de l'Université de Copenhague, qui fouillèrent les publications mondiales à la recherche d'études bien menées comptant non seulement un groupe recevant un placebo, mais aussi un autre qui ne recevait aucun traitement. Ils en trouvèrent 114, avec environ 7 500 patients souffrant de 40 maux différents. Après analyse des données, ils conclurent que les patients qui ne recevaient aucun traitement connaissaient les mêmes améliorations que ceux qui recevaient des placebos. Il y avait des exceptions, notamment dans les plus petits tests, susceptibles d'être biaisés. L'équipe constata de plus un effet avéré dans les études sur la douleur, bien que, comme l'objecta Hróbjartsson, ce soient souvent des études où l'on demande : « Quelle douleur ressentez-vous ? », question à laquelle il est difficile de donner une réponse quantifiable, comparable.

L'effet placebo n'est qu'une illusion qui donne une impression de contrôle aux patients. L'idée que l'esprit peut contrôler vos symptômes et votre maladie est plaisante, et certains sceptiques l'ont qualifiée de religion séculière qui, comme d'autres types de foi, ne pourra être ébranlée par aucune preuve contraire, même si elle est publiée dans le *Journal médical de Nouvelle Angleterre*.

Toutefois, les médecins qui croient au placebo ont une riposte rationnelle à cet article, affirmant que l'étude présentée regroupait des cas trop différents pour être comparés. Ils font remarquer un effet placebo avéré pour la migraine, les douleurs chroniques, l'arthrite, la dépression et bien d'autres conditions. Comme le fait remarquer l'un d'entre eux, Hróbjartsson et Gøtzsche n'ont pas prouvé que le placebo n'améliorait rien, seulement que les placebos n'amélioraient pas *tout*. Un autre concédait qu'en aucun cas on ne peut utiliser un placebo comme traitement, mais il peut renforcer l'effet des traitements conventionnels.

Les tenants de l'effet placebo sont de grands avocats du pouvoir de la conviction, et pensent donc que l'esprit d'un malade peut affecter le fonctionnement de son corps. Par exemple, il existe un grand nombre de liens entre la maladie et le stress chronique. Il n'y a donc qu'un pas avant de conclure qu'une diminution du stress pourrait être bénéfique. « L'effet placebo ne fonctionne que pour des patients qui se sentent assez malades pour décider d'aller mieux », précise Jon Stoessl de l'Université de Colombie britannique à Vancouver.

Stoessl a placé le débat sur un nouveau terrain en donnant des preuves concrètes que cet effet est physiologique. Il a découvert qu'un placebo peut donner des effets mesurables sur le cerveau dans le traitement de la maladie de Parkinson, cette maladie neurodégénérative qui diminue la coordination et donne des tremblements en détruisant les cellules nerveuses qui produisent le messager chimique dopamine.

D'autres études épaulent ces découvertes, comme celle conduite à l'Université de Californie à Los Angeles sur 51 patients souffrant de dépression profonde. Andrew Leuchter et ses collègues y assignèrent chaque patient à l'une ou l'autre de deux études en double aveugle. Les patients recevaient un placebo ou la fluoxetine (Prozac) ou la venlafaxine (Effexor) comme traitement actif. En tout, 52 % (13 sur 25) des sujets recevant des antidépresseurs réagirent au traitement, tandis que 38 % (10 sur 26) s'amélioraient avec le placebo.

Au cours du test, l'équipe utilisa la méthode d'imagerie par électroencéphalographie quantitative pour examiner l'activité électrique du cerveau. Les patients qui réagissaient au traitement montraient une baisse d'activité dans le cortex préfrontal, tandis que ceux qui réagissaient au placebo présentaient une activité accrue dans cette même région du cerveau. « On sait depuis des années que si vous donnez un placebo à des malades souffrant de dépression ou autre maladie comparable, beaucoup iront mieux, explique Leuchter. Ce que montre cette étude pour la première fois, c'est que les gens qui vont mieux grâce au placebo présentent un changement dans leur activité cérébrale, tout comme une personne soignée. Nous savons à présent que le placebo est un traitement actif. Si nous pouvons identifier certains de ses mécanismes, il sera possible de le rendre plus efficace encore. »

C'est également vrai pour les traitements de la douleur. Martin Ingvar de l'Institut Karolinska à Stockholm a utilisé une méthode de scanner appelée tomographie pour étudier la réaction de sujets à une chaleur douloureuse et une autre confortable, après avoir reçu un véritable analgésique opiacé, un placebo ou rien du tout. Les sujets ont ressenti un soulagement grâce au médicament comme au placebo, qui ont tous deux augmenté l'activité d'une zone cérébrale appelée ACC. Le soulagement apporté par le médicament et le placebo semble impliquer des mécanismes cérébraux communs, l'équipe croit qu'un placebo peut activer également le système opioïde du cerveau, un mécanisme naturel qui atténue la douleur après avoir prévenu le corps du danger.

Le fait même de croire qu'une chose sans aucun avantage médical puisse aider à traiter les maladies pourrait expliquer pourquoi les sorciers, chamans et guérisseurs lancent traditionnellement des sorts. Les mots peuvent calmer les gens, les faire tomber amoureux, les rendre furieux, les transformer en tueurs. Les anciens auraient tout naturellement supposé que le monde naturel répondait de la même façon, et se sont sans doute dit qu'il ne servait à rien de se badigeonner d'un gruau particulièrement collant sans prononcer les mots ou le rituel appropriés pour en renforcer l'effet. Et, comme le montrent les travaux de Stoessl, le placebo aide ceux qui en attendent une récompense.

L'effet placebo pourrait aussi expliquer pourquoi certains remèdes végétaux sont utilisés pour tant de choses différentes : peut-être le remède importe-t-il peu, tant que le patient pense qu'il sera efficace. En Argentine, l'aloë vera est traditionnellement utilisé pour provoquer un avortement. Mais en Bolivie, il sert à lutter contre la constipation, contre le diabète dans les Îles Canaries. C'est un aphrodisiaque en Inde, il soigne les ulcères au Panama et l'asthme au Pérou, les rhumes à Porto Rico, ou encore les hémorroïdes en Arabie saoudite. C'est un contraceptif en Corée du Sud, un remède à l'hépatite à Taïwan, et il protège de la syphilis aux Antilles. La plante possède peut-être certaines actions inhérentes, mais le pouvoir mystérieux du placebo est le meilleur moyen d'expliquer les vertus diverses de ce remède miracle.

Les ancêtres velus de Rogue

Quand il est question des nombreux médicaments herbeux, leur action est bien plus complexe que l'effet placebo. C'était déjà évident pour nos ancêtres velus, qui détectaient les vertus médicinales d'une plante... en l'essayant ! Ils connaissaient les plantes curatives bien avant que Rogue ait préparé sa première potion.

Les singes font souvent les difficiles quant à leur nourriture, mais au fil des millénaires, la faim les a poussés à goûter de nouveaux aliments. Cela leur a permis de découvrir quelques remèdes et infligé quelques maux d'estomac. En conséquence, les singes utilisaient la pharmacie de la nature bien avant les premiers magiciens. Quand la pratique s'est répandue à leurs cousins glabres, elle a ouvert la voie à la médecine.

Dans les années 1960, Jane Goodall, spécialiste des chimpanzés de longue date, a vu des singes avaler tout rond des feuilles dans le Parc national du fleuve Gombe. Depuis, 13 études sur les primates d'Afrique ont montré qu'ils utilisent environ 34 espèces de plantes différentes. Toutes ont un trait commun : des feuilles cassantes et rugueuses. Près des montagnes Mahale (Tanzanie), cette consommation de feuilles atteint son sommet quatre à huit semaines après le début de la saison des pluies : ce début coïncide avec un pic d'infection par un ver parasite. Les feuilles sont efficaces parce qu'elles ne sont pas mâchées, passent rapidement par le tube digestif sans être digérées, et sont évacuées par une diarrhée. Dans les excréments de singes malades qui mangent ces feuilles, on trouve des vers vivants parmi les feuilles déféquées.

C'est un effet physique plutôt que pharmaceutique. Mais on trouve aussi cette dernière utilisation, que les scientifiques appellent zoopharmacognosie. Michael Huffman, de l'Institut de recherche sur les primates à l'Université de Kyoto, et le garde-chasse Mohamedi Seifu Kalunde, observaient, dans les montagnes Mahale, Chausiku, une femelle chimpanzé constipée. Ils la virent se saisir d'une pousse d'un arbre amer que les chimpanzés évitent d'ordinaire. Elle pela la branche et suça la sève amère. Dans la journée, sa constipation était finie, sa force et son appétit revenaient.

Cette anecdote, rapportée en 1987, marqua la première observation d'un chimpanzé se soignant avec plante désagréable dont les propriétés médicinales étaient connues des humains. La sève de l'arbre *Vernonia amygdalina* contient des principes actifs contre la plupart des parasites responsables de la malaria, de la dysenterie et de la schistosomiase, ainsi que des antibactériens. La peuplade locale, les WaTongwe, utilise la même plante – *Mjonso* – pour soigner le même mal, et il leur faut autant de temps pour s'en remettre que les primates. Les fermiers ougandais donnent à leurs porcs de jeunes pousses de cette plante pour les débarrasser de parasites intestinaux. Un nombre d'espèces de *Vernonia* amère d'Afrique, d'Amérique et d'Asie sont connues pour leur efficacité contre les maux d'estomac, y compris les infections parasitaires. La suppression de la maladie par un cocktail de drogues antiparasitaires, qui empêchent le développement d'une résistance, pourrait être une nouvelle voie intéressante pour les médecines sur l'être humain et le bétail, au lieu de se cantonner à l'approche unique des médicaments modernes.

L'automédication des primates pourrait nous enseigner l'origine de la médecine. Les toxines végétales ont souvent un goût amer, la sélection de ces feuilles doit donc être un comportement acquis, tout comme les humains apprennent à apprécier des goûts aussi amers que celui du Campari, de la bière ou du café. Comme tout médicament, on ne devrait pas abuser des plantes médicinales. Mais cela ne présente guère de problème aux primates qui, comme nous, sont assez intelligents pour apprendre de leurs pairs les symptômes, les meilleurs remèdes et le dosage nécessaire pour l'effet désiré. Certains mangeraient même de l'argile.

Les singes furent peut-être les premiers à jouir des herbes « illicites », bien avant la première bièraubeurre. Huffman, en collaboration avec Don Cousins, auteur de *The Magnificent Gorilla*, parcourut des études des nourritures consommées par des groupes de gorilles d'Afrique pour évaluer la possible contribution médicinale de leur régime à la prévention des maladies. À leur grande surprise, ils crurent comprendre que certains singes consommaient certaines plantes pour leur attrait récréatif, qu'il s'agisse des petits stimulants comme le café ou d'hallucinogènes qui relâchent leur emprise sur la réalité.

Les singes africains consomment les graines et les fruits de plusieurs kolatiers (arbres à kola). On appelle parfois *C. pachycarpa* « le kola des gorilles ». Les peuples d'Afrique occidentale tropicale considèrent les noix de kola comme des charmes et des remèdes, des amulettes et des aphrodisiaques. Les noix blanches ou claires représentent par exemple une « magie d'amour » tandis que les rouges ont un effet contraire.

Quand les singes mangent les graines, les chercheurs pensent qu'ils absorbent l'équivalent d'une tasse de thé ou de café. Les graines sont faibles en protéines, et sans doute appréciées pour leur caféine et leur théobromine. Ces noix feraient disparaître la fatigue et renforceraient l'endurance.

Cousins et Huffman ont découvert que les gorilles de Guinée équatoriale et les chimpanzés en république de Guinée ingèrent deux plantes hallucinogènes : *Alchornea floribunda* et *A. cordifolia* (Euphorbiacées). Les sectes gabonaises utilisent la racine d'*A. floribunda* pour s'enivrer et renforcer leur libido. On dit qu'elle procure un état d'intense excitation suivi d'une profonde dépression, parfois fatale. Les primates ont également recours à une racine étudiée par les docteurs comme antitoxine. La racine de *Taberanathe iboga* est exploitée par des gorilles de Sindara, près de la rivière Ngounié, au sud de Lambaréné, Gabon. Au sud-est du Cameroun, les gorilles mangent les fleurs et les branches de l'iboga, tandis qu'au Gabon ils en mangent les fruits, les tiges et la racine. *Tabernanthe manii*, une espèce proche ayant sans doute la même composition, contient de l'ibogaïne, actuellement étudiée pour contrer l'accoutumance sans symptôme de manque, par des scientifiques de l'Université de Miami. « Nous avons beaucoup à apprendre du royaume animal », explique Huffman.

Il est difficile de comprendre ce qui se passe dans l'esprit d'un drogué humain, et plus encore dans celui d'un animal. Nul ne sait vraiment si les gorilles apprécient la racine de *T. iboga* de la même façon que les sectes africaines qui l'utilisent pour « ouvrir leur tête », halluciner ou « rejoindre » leurs ancêtres. Pierre Henri Chanjon, chasseur professionnel, guide et ancien gardien officiel de la petite réserve de Loango au sud-ouest du Gabon, est familier des gorilles mangeurs de racines et croit que ces primates sont assez intelligents pour pratiquer une discrimination dans leur nutrition, utilisant sans doute cette plante comme tonique.

Plus étrange, les peuplades locales affirment avoir découvert les effets psychotropes de cette plante en observant des animaux, y compris des gorilles, être pris de panique, agissant comme s'ils étaient poursuivis par des objets invisibles. Dans les légendes bwitis, ce seraient les Pygmées qui ont trouvé l'iboga, mais ils ont très bien pu découvrir ses propriétés en observant des sangliers déterrer et manger les racines, avant de devenir frénétiques, de sauter sur place et de fuir devant des rêves effrayants. Le même genre de comportements a été rapporté par des indigènes chez les porcs-épics et les gorilles, qui apprécieraient ces racines. Il y a un siècle, les scientifiques étudièrent les effets de cette drogue. Les chiens à qui l'on injectait de l'ibogaïne agissaient comme s'ils voyaient des choses effrayantes ; ils se mettaient à aboyer bruyamment dans le vide, sautaient en arrière ou tentaient désespérément de se cacher dans un coin. La racine pourrait affecter la vision, permettant de voir les choses invisibles comme le Tébo, un phacochère enchanté dont Newt Scamander nous apprend qu'il vit au Congo et au Zaïre. Ce pourrait être intéressant pour le professeur Vindictus Viridian, auteur d'un classique du genre : *Sorts et Contresorts (ensorcelez vos amis et stupéfiez vos ennemis avec les sortilèges de crâne chauve, jambencoton, langue de plomb et bien d'autres encore).*

Potions antiques

> *Dans les pétales nouveau-nés de cette faible fleur*
> *Le poison a résidence, la guérison demeure.*
>
> Shakespeare, *Roméo et Juliette*.

Selon Rogue, la plus ancienne étude systématique de la médecine aurait été menée par l'Empereur Shennung, aux alentours de 2700 av. J.-C. Elle fut transcrite dans le *Pen Tsao* plus de deux millénaires plus tard. Cet herbier contient des substances que l'on a depuis identifiées comme des agents actifs, tout comme le *Papyrus d'Ebers* (1500 av. J.-C.) écrit en Égypte antique, qui traite des extraits de plantes, des minéraux, des organes d'animaux et de la magie.

Le papyrus mentionne l'opium dans la recette d'un remède à la colique. La sève blanchâtre et collante de la graine du *Papaver somniferum* (*Papaver* est le nom grec du pavot, et son nom d'espèce, *somniferum*, est un mot latin qui parle de lui-même) contient 25 % d'alcaloïdes d'opium. Le pavot apparaît également dans la mythologie grecque, où il est consacré au dieu des rêves, Morphée. Les représentations des frères jumeaux Hypnos et Thanatos (le sommeil et la mort) les montrent couronnés de ces fleurs ou les tenant à la main, preuve que les Grecs connaissaient le risque de ne jamais s'éveiller d'un sommeil induit par l'opium. Pline accompagnait ses instructions pour cueillir l'opium de cette mise en garde : « Une prise en trop grande quantité donnera un sommeil semblable à la mort. »

Il est aussi possible, comme le disait Rogue, de mettre la mort en bouteille. Pour savoir exactement quoi mettre en bouteille, Cléopâtre utilisait ses esclaves comme cobayes. Les extraits de digitale étaient rapides mais douloureux comme ceux de la jusquiame (son ingrédient le plus actif, l'hyoscine-scopolamine, est aujourd'hui utilisé comme sédatif). La strychnine, rapide, laissait le visage déformé mais le venin d'aspic assurait un trépas rapide et tranquille – idéal pour une reine aux tendances suicidaires.

Rogue mentionne également une façon traditionnelle de contrer ces poisons : une masse dure – une pierre ou une boule de poils – dans l'estomac d'un animal comme un bouc ou une antilope était considérée comme une antidote. On appelait cela un bézoard, du mot perse signifiant « contrepoison ». Un bézoard ne pouvait sans doute pas lutter contre une toxine, mais les anciens, et même les singes et les primates, savent que la terre, l'argile et le charbon en sont capables.

Les connaissances des propriétés végétales continuèrent de s'accroître. Au premier siècle, le médecin grec Pedanius Dioscorides écrivit un lexique de 500 plantes médicinales, *Des substances médicales*, qui fit référence jusqu'à la Renaissance.

Un exemple très connu de « manuel médical » de l'époque, écrit par Bald et Cild vers 900 apr. J.-C., contenait quelques traitements dont l'action est explicable par les scientifiques modernes. Mais il y avait sans doute plus de placebo que de réelle pharmacologie, sans parler de breuvages fantaisistes. L'armoise, par exemple, était utilisée avec du lupin et son absoption accompagnée de chants comme « baume contre la race elfique et les visites nocturnes des gobelins ».

Le *Livre des propriétés des choses* de Bartholomaeus Anglicus, paru aux alentours de 1250, donnait des renseignements sur les anges, des créatures ailées comme les griffons, ainsi que des descriptions de plantes médicinales et d'essences corporelles. Il faudrait encore quelques siècles pour que l'on pose les premières bases des médicaments grâce aux progrès en chimie.

Une importante contribution à ce domaine fut écrite au XVIᵉ siècle par John Gerard. Dans les 1 392 pages de son *Herbier, ou l'histoire générale des plantes* (1597), l'herboriste et barbier-chirurgien élisabéthain rassembla plus de deux mille deux cents gravures et une somme de renseignements sur une grande variété de plantes, dont certaines seraient bien connues de Rogue. Gerard mentionne l'*Aconitum napellus* (l'aconit), un poison utilisé depuis l'époque classique. Selon la mythologie, cette plante surgit des vomissements du célèbre ancêtre de Touffu, Cerbère. Ses propriétés mortelles étaient bien connues d'Hécate, déesse de la sorcellerie et maîtresse de l'empoisonnement.

Dans son cours de potions, Rogue mentionne d'autres noms et fonctions de l'aconit. La plante sert à tuer les loups, et la forme de l'un de ses pétales lui vaut parfois l'appellation de « capuchon de moine ». Ses autres noms sont moins poétiques : tueuse de femme, tueuse de brute et tueuse de léopard. Absorbés par voie orale, ses puissants alcaloïdes produisent une sensation de brûlure et de démangeaison parce qu'ils perturbent la façon dont les atomes de sodium chargés traversent les membranes des cellules. L'aconit finit par perturber les battements de cœur et la respiration. Gerard décrit la langue et les lèvres gonflées, les yeux exorbités, le raidissement des cuisses et la façon dont « les victimes perdent la raison ».

En liant les doses aux réactions des patients, comme un docteur le ferait de nos jours, la médecine naturelle se fit plus efficace. Ce progrès fut rapporté dans *Compte rendu de la digitale et de ses usages médicaux*, écrit en 1785 par William Withering. À son époque, la digitale pourprée était encore utilisée pour traiter l'hydropisie, un gonflement des membres et du torse dont nous savons aujourd'hui qu'elle est causée par un pompage insuffisant du cœur.

La préface disait : « L'utilisation de la digitale pourprée se répand, et il vaut mieux que le monde tire quelque éducation, toute imparfaite qu'elle soit, de mon expérience, plutôt que de mettre en danger la vie des hommes par un usage inconsidéré ou préférer ignorer car incontrôlable un remède efficace. »

Dans son cours de potions, Rogue mentionne une autre plante qui peut être dangereuse en grandes quantités. L'armoise est l'ingrédient amer de l'absinthe, cette fée verte légendaire du XIXᵉ siècle appréciée par Gauguin, Van Gogh, Baudelaire et leurs semblables. Sa consommation excessive entraînait des lésions cérébrales et la mort. L'armoise contient de la thujone, un stimulant nerveux. On l'utilise depuis des millénaires comme remède, entre autres pour traiter les vers. Toutefois, Rogue parle aussi de mélanger l'armoise avec l'asphodèle, de la famille des lys aux grappes de fleurs blanches et associé à la légende grecque des enfers. Le résultat, selon lui, était une potion de sommeil appelée Goutte du Mort-vivant.

Le Cri de la Mandragore

Des cris de mandragore à peine arrachée du sol.

Shakespeare, *Roméo et Juliette.*

Harry a beaucoup appris sur l'étrange mandragore au cours de ses cours de botanique avec le professeur Chourave. Ces mandragores furent par exemple utilisées pour préparer une potion curative pour contrer la pétrification subie par Hermione Granger, Colin Creevey et Miss Teigne, le chat de l'intendant.

Les livres de Harry, *Potions magiques* et *Mille Herbes et Champignons magiques*, contiennent sans doute de nombreuses références à l'extraordinaire réputation de la mandragore. La racine de cette plante ressemble à un bébé boueux, petit et grotesquement laid, selon J. K. Rowling. Quand elles entrent dans l'adolescence, les mandragores deviennent apparemment sombres et secrètes, tout comme les humains.

Dans le monde moldu, on trouve cette plante dans les pays méditerranéens. Elle possède une racine en forme de Y, dont on a longtemps souligné la ressemblance avec le corps humain. Cela importait en raison de la « doctrine des signatures » selon laquelle les propriétés d'une plante pouvaient être prédites selon son apparence. Le safran, jaune, aurait traité la jaunisse. Le cyclamen ayant des feuilles évoquant l'oreille humaine était utilisé dans le traitement des troubles de l'audition. La mandragore, elle, dont les racines rappellent notre corps, était liée à la fertilité et prescrite pour plusieurs sortes d'afflictions.

La mandragore étant tenue en si haute estime, les herboristes inventèrent toutes sortes de légendes pour dissuader les gens d'en déterrer les racines. Dans la classe de Harry Potter, nous apprenons que le cri de la mandragore est fatal (d'où le port des oreillettes antibruit). La plante se débat fortement si on la déracine, battant des poings et claquant des dents. Tout cela a un précédent historique. Théophraste (372 av. J.-C.-287 av. J.-C.), qui décrivait la mandragore dans son *Questionnement sur les plantes*, recommandait de tracer un cercle autour de la plante avec une épée. L'utilisation d'un chien pour déterrer la plante était recommandée depuis au moins le Iᵉʳ siècle, voire avant, apparemment pour éviter le terrible cri que poussait la plante en étant arrachée au sol.

La mandragore pouvait effectivement tuer : sa racine fermentée était utilisée par les empoisonneurs de la Renaissance, comme Cesare Borgia. Mais, à dose plus faible, on lui trouvait bien des utilisations. Le *Grand her-*

bier publié par Peter Treveris en 1526 révèle que « si la mandragore est prise en excès, s'ensuit rapidement un sommeil et une grande perte de forces, avec un long oubli ». Cette plante, utilisée comme potion revigorante dans le deuxième livre de Harry Potter, contient de puissants alcaloïdes qui assèchent la bouche, troublent la vue, donnent des hallucinations, endorment et peuvent plonger un individu dans le coma. Dans les temps anciens, la mandragore aurait placé les gens dans un état second durant les actes chirurgicaux, aurait aidé à surmonter la douleur de l'enfantement, aurait facilité le sommeil, et même provoqué un sommeil artificiel après une expérience traumatique.

Les potions ont la vie dure

Parmi les concoctions d'ingrédients étranges, bizarres voire répugnants utilisées par le passé, beaucoup sont encore en service auprès de nos magiciens et sorcières des hôpitaux. De nos jours, l'héritage de l'herborisme survit dans un grand nombre de médicaments réduits à un seul agent actif. Si les herboristes utilisent des plantes entières, les compagnies pharmaceutiques isolent l'ingrédient actif pour éliminer le risque d'effet secondaire et renforcer l'efficacité. Nous utilisons encore les analgésiques morphine et codéine issus de l'opium, ainsi que le taxol de l'if occidental pour traiter le cancer. D'autres traitements reposent sur la vinblastine et la vincristine tirées de la petite pervenche, une jolie petite fleur de Madagascar. L'alcaloïde reserpine de la plante rampante *Rauwolfa serpentina* abaisse la pression sanguine.

L'écorce de la cincona, utilisée par les Aztèques pour traiter la fièvre, contenait une quinine amère efficace contre le parasite de la malaria (jusqu'à ce que la résistance s'installe). Les scientifiques savent à présent que les digitales, comme la *Digitalis purpurea* et la *D. lanata*, agissent sur le muscle du cœur pour aider à traiter les incidents cardiaques. *D. lanata* contient de la digoxine, un glycoside cardiaque qui augmente la contractilité du muscle cardiaque. Même l'ergot qui terrorisa Salem a de bons côtés : il peut accélérer le labeur, et l'un de ses alcaloïdes, l'ergométrine, peut faire cesser les saignements après une naissance en contractant les vaisseaux sanguins.

L'écorce de saule et la reine des clairières, *Filipendula ulmaria*, furent longtemps utilisées par les médecins pour traiter la douleur et les fièvres. Ce sont toutes deux des sources de salicine, précurseur de l'aspirine moderne. Ces deux dernières décennies, on a découvert que ce léger analgésique réduisait les risques de crises cardiaques, d'attaques et de cancer du colon ou de l'estomac, protège les nerfs et bloque une protéine qui aide le virus du SIDA à se multiplier.

Comme tant de médicaments végétaux, l'aspirine est ce que les pharmacologues appellent un médicament « sale » car il affecte beaucoup de cibles moléculaires dans le corps. Les plus connues sont les enzymes COX1 et COX2. À la dose minimale d'une aspirine pour bébé par jour, COX1 est bloqué dans les plaquettes sanguines, ce qui les empêche d'adhérer aux parois vasculaires – d'où l'efficacité du médicament pour empêcher les maladies cardiaques. Deux cachets bloquent COX1 et COX2 dans presque tous les tissus, réduisant les inflammations, faisant tomber la fièvre et réduisant la douleur. À haute dose (5 à 8 grammes par jour), utilisée pour contrôler la fièvre rhumatisante et l'arthrite rhumatisante, la quantité est suffisante pour bloquer IKK-bêta, une enzyme qui empêche l'insuline de fonctionner.

Cette découverte, faite par Steve Shoelson de l'École médicale de Harvard à Boston, a suggéré de nouvelles façons de traiter le diabète. Plus récemment, un autre groupe américain a rapporté que l'aspirine peut combattre le cytomégalovirus, source de naissances anormales et parfois fatal pour les personnes à système immunitaire faible.

L'aspirine seule a encore beaucoup de choses à nous apprendre. Aujourd'hui encore, les potions de Rogue pourraient ouvrir la route à de nouveaux médicaments.

Ethnobotanique

Beaucoup de médecines traditionnelles sont étudiées par les scientifiques parce qu'elles contiennent généralement une part de vérité. Ce domaine est appelé ethnobotanique, terme choisi par le botaniste américain John Harshberger, en 1895, pour décrire l'étude « des plantes utilisées par les peuples primitifs et aborigènes » et non, comme certains le pensent de nos jours, la recherche de médicaments dans les produits naturels grâce à la haute technologie. Il reste beaucoup de choses à découvrir. Depuis l'apparition de la pharmacologie moderne, seulement 1 % des 250 000 plantes à fleurs ont été complètement étudiées pour leur usage médical, laissant un potentiel pharmacologique incroyable.

Les ethnobotanistes restent fascinés par les fléchettes empoisonnées des chasseurs shipibo, et les plantes médicinales utilisées par les guérisseurs tahitiens. Ils ont cherché à savoir si un thé préparé avec un lichen que les indiens piaroa appellent « pied d'iguane » peut vraiment soigner une infection urinaire, voire une blennorragie. Ils se sont demandé pourquoi certains Indiens préféraient les propriétés antibiotiques du miel d'abeilles sans dard à celui d'abeilles tueuses.

Toutefois, il est assez difficile d'isoler les molécules actives des plantes citées dans les remèdes de bonnes femmes, les médecines traditionnelles et les cataplasmes des guérisseurs pour transformer cette sagesse en médicaments classiques. Dans les années 50, des scientifiques découvrirent que la vinblastine et la vincristine pourraient permettre de lutter contre la leucémie. L'Institut national américain du Cancer et le département de l'Agriculture furent alors chargés de trouver dans les organismes (végétaux, marins ou microbes) un médicament utile. Depuis 1960, des dizaines de milliers d'échantillons ont été emmagasinés au Dépôt national des Produits de Frederick, Maryland. Chaque année, les scientifiques testent environ 20 000 extraits, mais 2 % seulement ont montré un certain effet contre le cancer ou le SIDA, par exemple. Depuis 1960, sept médicaments anticancer tirés de plantes ont reçu l'approbation du gouvernement pour une production commerciale. Depuis 1986, plus de 40 000 échantillons végétaux ont été testés, mais à ce jour on n'a trouvé que cinq agents chimiques vraiment actifs contre le SIDA. Au moment d'écrire ce livre, trois étaient en développement pré-clinique, isolés dans une plante basse australienne et des arbres du Sarawak, en Malaisie.

Les ethnobotanistes sont persuadés que leur discipline est plus efficace pour trouver de nouveaux traitements. Michael Balick, qui testent des échantillons pour trouver d'éventuels traitements au SIDA, a découvert qu'une poignée de « plantes puissantes » d'un guérisseur de village à Belize donnait quatre fois plus de résultats qu'une série d'échantillons pris au hasard.

Pendant ce temps, la technologie pour filtrer les molécules actives a progressé au point qu'il est possible de tester plusieurs dizaines de milliers d'échantillons par jour. La technologie du filtrage ne rendra jamais l'ethnobotanique inutile, a ajouté Mark Plotkin, ethnobotaniste et auteur de *Histoires d'un apprenti shaman*. « L'Amazonie abrite plus de 80 000 plantes à fleurs. Quelles sont les chances de recréer une potion utilisant quatre plantes – pas n'importe lesquelles, et pas n'importe quelle partie (fleur, pulpe, ou autre chose ?) – en trouvant le *bon* dosage et la *bonne* méthode de préparation ? On ne peut pas la reproduire avec des tests au hasard. C'est impossible ! »

La fin de l'ethnobotanique

Même dans le monde des sorciers, certaines espèces sont menacées : le vivet doré, un petit oiseau, a failli disparaître à cause de son utilisation dans les premières parties de Quidditch, au point de devenir une espèce protégée. Les joueurs utilisent à présent le Vif d'or, un substitut mécanique développé par Bowman Wright.

Le monde moldu n'a pas cette chance. John Riddle cite le sort d'une forme de contraceptif végétal qui fit une grande partie de la richesse de la cité-état grecque de Cyrène sur la côte de ce qui est aujourd'hui la Libye. Les Cyrénéens cueillaient cette plante et exportaient la sève d'une plante que les Grecs appelaient silphion et les Romains silphium, qui était sans doute un fenouil de la famille *Ferula*.

Le médecin antique Soranus parle du « jus cyrénaïque » que l'on pouvait boire pour éviter la conception ou provoquer un avortement. Comme d'autres plantes, il contenait sans doute des éléments proches de l'œstrogène pour perturber le délicat équilibre hormonal nécessaire à l'enfantement. Il y avait une forte demande pour ce produit, et le naturaliste romain Pline l'Ancien mentionne que le silphium coûte plus que son poids en argent. Au IVe siècle av. J.-C., les réserves sont épuisées, la plante ayant apparemment disparu. D'autres herbes avaient le même effet, mais, étonnamment, Riddle pense que le savoir de leur utilisation disparut lui aussi : les femmes qui possédaient le secret du contrôle de la fécondité furent brûlées au Moyen Âge comme sorcières, puisque c'était à elles en premier qu'on reprochait la stérilité, les fausses couches et les enfants morts-nés.

De nos jours, les forêts d'Afrique, d'Indonésie et de Malaisie reculent devant les bûcherons. On trouve plus de la moitié des espèces de plantes dans les forêts tropicales. Cela représente vraisemblablement plus de la moitié des plantes possédant un potentiel médical. Jour après jour, elles deviennent plus difficiles à trouver. Un guérisseur de Belize cueillait ses plantes médicinales à dix minutes de chez lui dans les années 1940. Près d'un demi-siècle plus tard, il doit marcher pendant trois quarts d'heure pour les trouver.

Les forêts tropicales couvrent à peine 7 % de la surface du globe, et se réduiraient d'environ 100 acres à la minute. L'Union internationale pour la Protection de la Nature a placé plus de 22 000 plantes sur sa Liste rouge, suggérant que l'extinction guette environ 10 % de la flore mondiale.

À ce jour, nous n'avons pas vraiment utilisé les 250 000 espèces de plantes à fleurs. La médecine traditionnelle chinoise en utilise 5 000, et les 120 médicaments basés sur des plantes dans le monde n'exploitent que 95 espèces, selon Norman Farnsworth de l'Université de l'Illinois à Chicago. Nous ne saurons sans doute jamais tout ce qui se trouve dans la pharmacie des primates et des chamans.

À mesure que les ingrédients des potions de Rogue disparaissent, les recettes font de même. Le savoir traditionnel, accumulé par la pratique pendant des milliers d'années disparaît à mesure que les peuples « disparaissent en costumes et en cravates » selon Mark Plotkin, qui est aussi président de l'Équipe de Protection de l'Amazonie, en Virginie. Cette homogénéisation culturelle se traduit par la perte de la diversité linguistique, la moitié des 5 400 langages terrestres étant menacés d'extinction.

Heureusement, certains foyers de biodiversité survivent encore, des lieux où l'on pourra faire d'autres découvertes. L'un se trouve sur la corne de l'Afrique, une île abritant des plantes qui ressemblent à ce que J. K. Rowling pourrait imaginer. L'île de Socotra reste presque inviolée depuis l'époque préhistorique. Un tiers environ de ses 850 espèces de plantes est unique. Son étrange végétation fait de Socotra la dixième île en quantité d'espèces de plantes endémiques, selon le Centre de surveillance de la protection mondiale.

La plante le plus primitive est peut-être l'arbre au sang de dragon (*Dracaena cinnabri*), parfois appelé « l'arbre parapluie à l'envers » en raison de sa forme étrange. La légende veut que cet arbre ait poussé dans le sang figé d'un dragon et d'un éléphant combattant à mort. Le cinabre, résidu écarlate tiré de ses feuilles et de son écorce, était apprécié dans l'ancien temps comme pigment, comme traitement contre la dysenterie et les brûlures, et pour consolider les dents branlantes et rafraîchir l'haleine.

Socotra rapporte aussi quelques exemples de gigantisme, un étrange phénomène de l'évolution sur les îles. Quand Socotra s'est séparée du continent africain, il y a environ dix millions d'années, elle a laissé les herbivores en arrière, créant une niche écologique dans laquelle les plantes pouvaient pousser sans limite – quand l'île faisait encore partie de l'Afrique tout arbre au tronc trop gros était détruit par les éléphants ou les rhinocéros. L'exemple le plus étonnant est l'arbre à concombre (*Dendrosicyos socotrana*), qui pousse jusqu'à quatre mètres de haut – loin au-dessus des plantes grimpantes ou rampantes qui appartiennent généralement à cette famille. Socotra semble être une alternative très prometteuse, quoi que plus lente que la magie, pour faire pousser les plantes jusqu'à des tailles immenses.

Chapitre 12

Les origines de la sorcellerie

Nous sommes cette nuit à l'heure des sorcières,
Où les cimetières bâillent et l'enfer soupire...

Shakespeare, *Hamlet.*

Il a vaincu le maléfique Grindelwald. On lui a demandé d'être ministre de la Magie. Il a découvert douze usages au sang de dragon et fut élevé au rang de Première Classe de l'Ordre de Merlin. Il est à présent Sorcier en chef, Mugwump Suprême et membre de la Confédération internationale des Sorciers. Je parle bien sûr d'Albus Dumbledore, directeur de l'École de Magie et de Sorcellerie de Poudlard.

D'après une source digne de confiance – les cartes des Chocogrenouilles –, nous savons aussi que Dumbledore est aujourd'hui considéré comme un sorcier d'envergure mondiale, le plus grand des temps modernes, et qu'il a autrefois travaillé avec l'alchimiste Nicolas Flamel. Mais faut-il croire tout ce que nous lisons à son sujet ? Les magiciens se promenaient-ils vraiment en cape et chapeau pointu, baguette à la main ? Dumbledore et ses semblables ont-ils vraiment existé ? Les réponses apportées par l'archéologie, l'anthropologie et la psychologie sont troublantes.

Pour compléter les efforts de ces différents spécialistes, les historiens ont aussi parcouru les archives de magie et de sorcellerie. On trouve même dans l'un des musées d'Oxford une bouteille rehaussée d'argent qui contiendrait une sorcière.

J'ai jusqu'à présent fait correspondre magie et sorcellerie, mais il s'avère que la sorcellerie est un peu plus difficile à cerner que cela. Rien d'étonnant, quand on connaît son histoire pleine de méfiance, de malchance et de préjugés, très éloignée de la magie noire, des maléfices et de l'occultisme.

De nos jours, certains se déclarent sorciers ou sorcières, quoique généralement de façon bienveillante. Toutefois, quand la peur des sorcières était à son summum, une telle adhésion aurait conduit à une mort certaine, car cela aurait signifié que vous aviez passé un pacte avec le diable. Vous auriez été membre d'une conspiration au service de Satan pour pervertir l'œuvre de Dieu et des hommes. Vous auriez été soupçonné d'utiliser des forces surnaturelles à des fins maléfiques. Aux XVIᵉ et XVIIᵉ siècles en Europe, on aurait brûlé cinquante mille soi-disant sorcières. Les Moldus expliquent aujourd'hui ce massacre autrement que par la religion, les forces sociales et la psychologie. Le climat a sans doute un rapport.

Le véritable Dumbledore

Certains voient le sage et bienveillant directeur de Poudlard, Albus Dumbledore, comme un écho de Merlin. Mais Robin Briggs, historien d'Oxford, pense que le véritable modèle de Dumbledore est aussi, d'une certaine façon, plus proche de nous et plus extraordinaire. Il s'agit de John Dee, occultiste et conseiller de la reine Élisabeth Iʳᵉ.

Les livres de Harry Potter assurent que « la vieille tradition de pensée de la magie et de la sorcellerie fait

partie d'un savoir secret pour des personnes spéciales »,
selon Briggs. En Grande-Bretagne, la tradition était d'élever les hommes qui captaient l'imagination du public au
rang de sorciers. Il y eut Roger Bacon, moine, érudit et
pionnier scientifique qui aurait fabriqué une magnifique
tête de bronze et qui prononça ces paroles restées
célèbres : « Le temps est... le temps était... le temps a passé. » Parmi ces sorciers, on trouve le cardinal Wolsey,
homme d'État qui s'occupait des politiques étrangères et
domestiques de Henri VIII jusqu'à ce qu'il échoue à obtenir le consentement du Pape pour le mariage du roi ;
Owen Glendower, chef de tribu gallois qui mena la
révolte contre Henri IV ; Sir Walter Raleigh, courtisan,
explorateur et écrivain qui introduisit le tabac et les
pommes de terre en Angleterre, et Olivier Cromwell, chef
victorieux de l'armée parlementaire dans la guerre civile
anglaise.

De toutes ces personnes qui ont prétendu utiliser de
mystérieux savoirs cachés, John Dee est l'un des plus
importants. Ce fut Dee qui comprit que la marine était
la « clef » de la puissance de l'Empire britannique. Il fut
le premier à utiliser le terme « Britannia » pour désigner
l'empire, appliqua la géométrie à la navigation, établit des
cartes et fut un personnage-clé de la géographie des
Tudors. Grand astronome et mathématicien, Dee étudia
également l'alchimie, la divination dans les boules de cristal et l'astrologie. Il fut l'un des premiers scientifiques
modernes, et l'un des derniers occultistes sérieux. Il eut
tant d'importance dans l'Angleterre élisabéthaine que certains y voient l'inspiration du *Dr Faust* de Marlowe, et de
Prospero dans *La Tempête* de Shakespeare.

Dee naquit le 13 juillet 1527, quand la différence
entre astronomie, astrologie, alchimie et magie n'existait
pas. Même le gouvernement s'intéressait alors à l'alchimie.
D'après un récit de 1574, Sir Thomas Smith, secrétaire
d'état, en avait « une haute estime ». C'est également à
cette période que les théologiens protestants différenciè-

rent la prière du sort, concluant que les mots n'avaient aucun pouvoir en soi, sauf à être entendus par le Tout-puissant.

Pour Dee, la magie n'était pas affaire de superstition, mais d'étude des forces cachées qui contrôlaient la nature, spirituelles comme physiques. Sa réputation magique apparut quand il avait dix-neuf ans. Conférencier de grec au Trinity College de Cambridge, Dee arrangea des « effets spéciaux » pour sa représentation de *La Paix*, d'Aristophane, où il fit voler un bousier géant. De ce jour, Dee fut pourchassé par des accusations de sorcellerie, ou comme il le dit dans sa célèbre « Préface mathématique » aux *Éléments euclidiens* : « Compagnon des chiens de l'enfer, et Appeleur, Conjurateur des esprits malins et damnés. »

Après l'avènement de la reine Marie Ire Tudor en 1553, Dee fut accusé de calcul, de conjuration et de sorcellerie, en référence à ses travaux en astrologie et en mathématiques. Des informateurs affirmaient qu'il avait « entrepris par ses enchantements de détruire la reine Marie ». Après la mort de Marie, en novembre 1558, le sort de Dee s'améliora pourtant.

Lord Dudley, l'un des favoris de la nouvelle reine, lui demanda de choisir un « jour propice » pour son couronnement – Dee choisit le 15 janvier 1559. Cinq ans plus tard, après une visite continentale, il présenta son œuvre *Monas Hieroglyphica* à Élisabeth qui, intriguée, finit par faire de Dee son sorcier. Tout comme le ministre de la Magie, Cornelius Fudge, envoie des hiboux quotidiens pour prendre l'avis de Dumbledore, sa majesté demandait celui de Dee sur les sujets astrologiques et alchimiques – par exemple, comment interpréter l'apparition d'une étoile incandescente dans le ciel, ou comment traiter la découverte d'une effigie de sa majesté couverte de soies de cochon. La reine était réceptive à ses idées. Après tout, elle considérait sa propre position comme magique : Élisabeth était une pratiquante assidue du « toucher royal » pour guérir l'épilepsie et la scrofule.

En 1581, Dee suivit la même voie que le professeur Trelawnay et s'essaya à la divination, dans les boules de cristal ou dans l'eau claire. Il se persuada qu'il pouvait communiquer avec le monde des esprits. Mais, à la différence de Dumbledore, Dee paraît crédule. En mars 1582, il rencontra Edward Kelley qu'il pensait être scrutateur et médium. Malheureusement pour Dee, Kelley était aussi un escroc. Dee finit par conclure que Kelley (qui se faisait appeler Edward Talbot lors de leur première rencontre) était un usurpateur. Mais ils se réconcilièrent un peu plus tard dans l'année.

Cette période de la vie de Dee vit naître en lui un changement dans sa considération des astrologues. La conjonction de Saturne et Jupiter en 1583 aurait dû marquer l'arrivée d'une ère de catastrophes jusqu'à l'*annus horribilis* de 1588, année qui vit l'assassinat d'Henri de Lorraine, duc de Guise, célèbre pour son massacre des protestants en 1572, l'échec de complots contre la Reine, la première colonie anglaise sur le Nouveau Monde, et surtout, la victoire anglaise sur l'Armada espagnole. Bref, 1588 fut l'une des plus glorieuses de l'histoire anglaise.

Malgré ses doutes croissants quant à la divination, Dee croyait que Kelley conviait effectivement les messages des anges, dans le langage que Dieu aurait enseigné à Adam et à plusieurs personnages spirituels. Ils travaillèrent également ensemble sur la pierre philosophale, qui vaudrait à Kelley une grande réputation, en plus de sa nécromancie – le pouvoir supposé de consulter les morts, par exemple, pour obtenir des informations sur l'avenir.

D'après les archives qui nous sont parvenues, Dee ressemblait effectivement à Dumbledore. Elias Ashmole se rendit, en 1672, à Mortlake pour s'entretenir avec Mme Faldo, dernière personne du village à avoir rencontré Dee. Elle se souvenait qu'il était bel homme, grand et fin, d'un teint élégant, vêtu d'une robe aux manches tombantes. Il avait une longue barbe pointue, blanche en son vieil âge. Les enfants avaient peur de Dee, car « on disait qu'il était conjurateur ». En comparaison, Dumbledore est grand, fin et très vieux. Ses cheveux sont argentés, et sa barbe assez longue pour entrer dans sa ceinture. Il porte des lunettes en demi-lune perchées sur son long nez aquilin.

Après une odyssée de six ans aux côtés de Kelley, d'Angleterre en Pologne et de Prague à la Bohème du sud, Dee revint à Mortlake en décembre 1589. Sa relation avec Kelley s'était achevée deux ans plus tôt, quand ce dernier – qui désirait la jeune femme de Dee et haïssait la sienne – entreprit d'échanger leurs deux épouses « sur ordre des anges » et conçut un enfant avec celle de Dee.

John Dee mourut dans la pauvreté, à nouveau accusé de sorcellerie. Comme pour montrer à quel point son sort était misérable, nous ignorons la date de sa mort, nous savons uniquement qu'elle eut lieu entre décembre 1608 et mars 1609, juste avant que le premier télescope ne se braque sur le ciel entre les mains de Galilée, l'un des fondateurs de la science moderne.

Dee avait enterré ses livres de mystères dans les champs de Mortlake avant son décès. Ses papiers furent déterrés quelques années plus tard par l'antiquaire Sir Robert Cotton. Des transcriptions de ces documents décrépits furent publiées en 1659 sous le titre *Véritable et Fidèle Relation de ce qu'il advint il y a plusieurs années entre le Dr John Dee et quelques Esprits*. L'image qui s'ensuivit faisait de fait ressembler Dee à un Merlin de Mortlake.

Au XIXe siècle, on tenait Dee pour un idiot, et son nom ne survivait que dans les mythes troubles de l'occultisme : on lui attribuait la fondation du mouvement rosicrucien, une confrérie secrète qui transmettrait le savoir ésotérique. En fait, Dee avait trop bien compris que le savoir de son époque était incapable de révéler les secrets du cosmos. Il avoua à Rudolf II, Saint Empereur romain et grand partisan de l'alchimie : « Je découvris (enfin) que ni aucun homme vivant, ni aucun livre que je pus lire, n'avait pu m'enseigner ces vérités que je désirais et que j'espérais. » Rudolf II le comprit sans doute lui aussi. Il emprisonna Kelley car ses transmutations étaient, bien sûr, fallacieuses.

Le matériel du sorcier

Soulevez le couvercle du grand coffre de bois de Harry Potter, et vous y trouverez les accessoires classiques de la sorcellerie : le chapeau pointu, les robes noires, une baguette magique et l'assortiment habituel de grimoires. Ces objets ne sont pas propres à l'école de Poudlard. Les Moldus ont fabriqué le même genre d'objets au cours des millénaires, certainement reliés à la magie ou aux connaissances supérieures.

Quand Harry fut admis à Poudlard, on lui demanda d'apporter un chaudron d'étain. Cet ustensile est utilisé depuis longtemps. Dans la mythologie grecque, la sorcière Médée s'en servait pour retrouver sa jeunesse (elle découpait un vieux bélier, jetait ses morceaux dans le chaudron, et un jeune agneau en sortait). Le même genre de chaudron apparaît dans la légende celte de la Mabinogion, où figure le géant Bran. Ce chaudron était le symbole d'abondance associé à la déesse irlandaise Daghda.

En Grande-Bretagne, les chaudrons de bronze remontent à 1300 av. J.-C., puis vinrent les chaudrons de fer et, au Moyen Âge, apparurent les chaudrons en étain. Mais les chaudrons utilisés par Harry ne sont pas ceux couramment utilisés par les Moldus. Sans doute parce que leur forte teneur en plomb les ferait fondre sous l'effet des vapeurs toxiques lors de leur mise sur le feu.

Les chaudrons ont toujours été très utilisés lors des rituels, pas simplement comme accessoires d'un festin mais aussi comme offrandes aux dieux. Le musée Ashmolean d'Oxford possède un tel chaudron daté de 1300 av. J.-C. Des chaudrons remontant à 900 av. J.-C. ont été retrouvés dans des dépôts de l'Âge de Bronze à Dowris, en Irlande. Et, entre 800 et 600 av. J.-C., des chaudrons furent lancés en offrande dans le lac sacré qu'on appelle aujourd'hui Glamorgan.

L'exemple le plus étonnant de chaudron associé à la magie a été découvert par des coupeurs de tourbe dans le marais de Raevemose, le 28 mai 1891, près du hameau de Gunderstrup, au Danemark. Cette découverte consiste en un fond de chaudron incurvé en argent contenant huit assiettes creuses décorées de scènes fantastiques mêlant animaux mythiques et êtres humains. Ces assiettes avaient autrefois été soudées entre elles pour former un chaudron. Mesurant environ soixante-sept centimètres de diamètre, ce chaudron « pliable » avait été fabriqué dans le sud-est de l'Europe, aux alentours du Danube, dans ce que l'on appelait alors Thrace. Démonté, il avait été posé sur la terre ferme deux millénaires plus tôt, et était resté intact, noyé dans la tourbe. Un universitaire suggéra que ce chaudron était intact parce que c'était un objet sacré, et protégé par une barrière rituelle « aussi efficace qu'une clôture électrifiée ».

Les décorations d'inspiration celte et thracienne suggèrent effectivement qu'il possédait une grande importance rituelle. « Étaient représentées des scènes de guerre et de sacrifice, des divinités barbues luttant contre des bêtes féroces, une déesse aux seins nus encadrée par des éléphants, et une silhouette autoritaire portant des bois de cerf brandissait un serpent à tête de bélier dans une main et un torque dans l'autre », décrit Timothy Taylor de l'Université de Bradford, qui a étudié ce chaudron.

Les éléphants et les silhouettes humaines au sexe mixte ou ambigu sont similaires à celles retrouvées sur des artefacts en Europe et même en Asie, montrant que ceux qui travaillaient l'argent avaient des contacts sur plusieurs milliers de kilomètres. L'image la plus frappante sur ce chaudron est peut-être celle d'une silhouette portant des bois, accroupie dans la position d'un sorcier de basse caste (adoptée aujourd'hui encore par les yogis indiens), qui apparaît aussi sur une pierre de sceau trouvée dans la vallée de l'Indus en Asie du Sud, et qui ressemble un peu au dieu cornu celte des enfers, Cernunos. Cela prouve que les traditions magiques étaient similaires dans toute l'Eurasie, d'après Taylor. On trouve même un rapport avec Harry Potter : son père était un Animagus qui pouvait se transformer en cerf.

Les bois de cerf de ce personnage nous mènent à un autre élément commun des sorciers, magiciens et autres sages : leur amour immodéré des couvre-chefs impressionnants, qu'il s'agisse d'une coiffe de plumes, des casques de bois des chasseurs en mer d'Alaska, des coiffes d'oiseau des joueurs maya, de la mitre d'un évêque ou du calot d'un enseignant universitaire britannique. Il y a une raison à ces couvre-chefs. Depuis que nos ancêtres se frappaient la tête à coup de gourdins, la taille est un élément important dans la lutte pour le pouvoir et, surtout, la lutte pour les abris, la nourriture et les partenaires.

Les animaux dominants, aussi appelés mâles alpha, étaient généralement plus gros que les autres, et donc avaient plus de chances de passer leurs gènes à la génération suivante. La taille physique a donc été associée à l'évolution. C'est également vrai pour les humains. Dans les années 1960 et 1970, Thomas Gregor, anthropologue de l'Université Vanderbilt, vécut parmi les Mehinaku, une tribu tropicale du centre du Brésil. Malheureusement pour les plus petits, appelés « peritsi », Gregor constata que plus un homme était grand, plus il avait de compagnes.

Un sorcier ou un sage mettait un chapeau et se drapait dans une robe pour accroître sa taille et donc son statut social. Inutile d'être psychologue pour le comprendre, mais comme toujours, ces derniers n'ont pu s'empêcher de se pencher sur le sujet. Une expérience souvent relatée a été menée en 1968 par le psychologue Paul Wilson. Il présenta le même inconnu à cinq groupes d'étudiants. Il le présenta comme étant un étudiant, un professeur ou un conférencier et constata que la taille perçue de l'individu augmentait en fonction de son statut relatif. Les psychologues américains Leslie Martel et Henry Biller rapportèrent dans *Stature et Stigma* (1987) que les petits étaient considérés moins mûrs, moins positifs, moins affirmés, moins masculins, moins capables, moins confiants, moins directs, plus inhibés, plus timides, plus passifs... et ainsi de suite.

Ces convictions pourraient porter à la performance, les personnes plus grandes seraient peut-être celles ayant le plus de succès et gagnant le plus d'argent. Le lien entre la taille et la réussite est si fort qu'on surestime souvent la taille d'une célébrité (Dustin Hoffman fait un mètre soixante-trois, Madonna à peine un mètre soixante). Cela suffirait à pousser n'importe qui à acheter un chapeau pointu... ou, si vous étiez responsable d'une société ancienne, à en faire confectionner un dans le seul but d'éblouir vos pairs.

Les archéologues en Allemagne pensent à présent savoir d'où vient la forme distinctive du chapeau de magicien, bien que le premier eût été fait non pas de tissu, mais de feuilles d'or martelées en forme de cône et rehaussées de symboles cosmiques. Cette conclusion est venue d'une étude d'objets coniques en or, étranges mais saisissants, remontant à l'Âge de Bronze et découverts sur plusieurs années à Schifferstadt près de Speyer et à Ezelsdorf près de Nuremberg en Allemagne, ainsi qu'à Avanton près de Poitiers en France. On retrouva aussi des bonnets d'or en Irlande et en Espagne.

De nombreuses théories furent inspirées par ces objets, qui remontent à 1400 et 900 av. J.-C. Certains y virent des éléments d'habits ou d'armures, des vases cérémoniaux, des bols ou des lumignons entourant les lieux de cérémonie à l'Âge de Bronze. Sabine Gerloff, de l'Université d'Erlangen, suggéra, en 1993, que ces cônes et bols d'or étaient en fait des chapeaux cérémoniaux – des couronnes – portés par les rois-prêtres de l'Âge de Bronze.

Peut-être portaient-ils même une cape d'or assortie. La « Cape d'Or de Mold », découverte au Pays de Galles en 1833, faisait sans doute partie d'un habit cérémonial, toujours d'après Sabine Gerloff.

Les peuples pensaient à l'époque que ces rois-prêtres avaient des pouvoirs surnaturels. La décoration des chapeaux le montre, et fait écho aux broderies des robes vertes de Dumbledore. Semblables aux signes découverts sur les objets en feuille d'or de l'époque, les décorations des chapeaux consistent en bosses et cercles concentriques qui correspondraient au Soleil et à la Lune. « Cela signifiait que celui qui portait l'habit était en contact avec les dieux, symbolisés par le cône pointé vers le ciel, et connaissait les secrets des mouvements célestes, et sans doute du futur », explique Sabine Gerloff.

Un cône d'or martelé de soixante-quinze centimètres de haut, vieux de trois mille ans, a été étudié au musée de Préhistoire et d'Antiquité de Berlin. On découvrit que les 1 739 Lunes et Soleils qui le décoraient correspondaient environ à un quart du cycle baptisé du nom de l'astronome grec Méton d'Athènes (v. 440 av. J.-C.). Méton avait remarqué que 235 mois lunaires représentaient exactement 19 années solaires. Ce cycle métonien servit de base au calendrier grec jusqu'à l'introduction du calendrier julien, en 64 av. J.-C. La découverte qu'un tel cycle pouvait orner un chapeau de l'Âge de Bronze suggère une sophistication assez éloignée de la vision courante que nous avons des fermiers primitifs de l'époque.

Un autre cône, près de la ville allemande de Shifferstadt, en 1835, est le plus vieux « chapeau calendaire » découvert, puisqu'il date de 1400 av. J.-C. Le cône avait même une jugulaire, suggérant catégoriquement son utilisation de couvre-chef. Gerloff pense que les origines du chapeau pointu du sorcier pourraient remonter encore plus loin, à la fin du troisième millénaire (av. J.-C.) où ils apparaissent au Proche-Orient sur de petites statues, des sceaux cylindriques, gravés dans des pierres dures ou semi-précieuses – ancienne forme de presse à imprimer – et sur de grandes statues de pierre hittites réalisées par les habitants de la Turquie et de la Syrie actuelles entre le XIVᵉ et le XIIIᵉ siècles av. J.-C. À la fin de second millénaire, de plus petites statuettes de bronze coiffées de ces chapeaux particuliers furent exportées – sans doute en même temps que les croyances religieuses et les connaissances astronomiques et autres – du Proche-Orient via Chypre et la Grèce à l'ouest de la Méditerranée, voire jusqu'en Suède.

Les magiciens utilisaient également des baguettes, c'est évident. Harry Potter utilise un assemblage souple de houx et de plume de phénix qui mesure environ 27 centimètres. Les restes d'artefacts similaires ont été retrouvés par des archéologues moldus. À Oxford, le musée Pitt-Rivers en possède un très beau spécimen en os, avec lequel un « docteur diable » détectait ceux qui avaient causé la maladie par magie. Apparemment, il invoquait les esprits à l'aide d'une souris vivante.

L'une des baguettes magiques les plus connues a été retrouvée sur un ancien site sacré de la péninsule Gower, au Pays de Galles, où la Sorcière Rouge de Paviland aurait été inhumée lors d'une cérémonie. Le corps de la Dame Rouge, comme on l'appelait, reparut en 1823 quand William Buckland, professeur de géologie à l'Université d'Oxford et vicaire de Christchurch, découvrit sa dépouille décapitée dans la caverne du Trou du Bouc. Il pensa tout d'abord au squelette d'un homme, un officier des douanes tué par des trafiquants. Mais quand il publia le résultat de ses recherches, son interprétation n'était plus la même.

La femme était rouge brique car on l'avait saupoudrée d'ocre, une terre naturelle contenant des oxydes de fer utilisée comme pigment dans l'ancien temps. Buckland supposa que cette « femme peinte » avait satisfait les besoins de soldats romains proches. Surtout, il estimait que cette dépouille était bien plus moderne que les restes de mammouths et de rhinocéros laineux retrouvés à proximité car, en tant que doyen de Westminster, Buckland pensait que ces créatures n'avaient jamais embarqué sur l'Arche de Noé.

Autour de ce squelette, on retrouva des sceptres faits de morceaux d'ivoire de mammouth. Selon la description de Buckland : « Je trouvai quarante ou cinquante fragments de petits sceptres d'ivoire... quelques petits fragments d'anneaux faits du même ivoire... presque de la taille et de la forme d'une anse de tasse à thé. » Il y avait aussi un morceau d'ivoire en forme de langue, quelques coquilles de bigorneaux et un morceau de clavicule de mouton. « La clavicule de Mouton laisse à penser que cette femme pratiquait la Sorcellerie... » Buckland évoquait ensuite les objets retrouvés près de la Dame Rouge de Paviland et les identifiait comme des ornements, ou des éléments d'un jeu. On démontra par la suite son erreur, quoi qu'à la décharge de Buckland, cette découverte était le premier fossile humain retrouvé au monde. « La technique de datation au carbone 14 ne fut inventée que vers la fin des années 1940, et Buckland n'avait aucun moyen de connaître l'âge véritable de sa découverte », explique Stephen Aldhouse-Green, de l'Université du Pays de Galles à Newport.

Ces restes remonteraient à vingt-six mille ans. La Dame Rouge était de plus un jeune homme, entre vingt-cinq et trente ans, qui devait peser soixante-dix-sept kilos. Les analyses d'isotope dans ses os prouvèrent qu'il se nourrissait de poissons et de fruits de mer. Les fragments retrouvés pouvaient être des sceptres, ou étaient destinés à une transformation en perles d'ivoire, selon Aldhouse-Green.

Un sceptre était un symbole de pouvoir, qui matérialisait la volonté d'un sage en un objet que l'on pouvait pointer. Ainsi, on pouvait projeter ce pouvoir dans une direction particulière. Dans une société où la métallurgie était capitale et l'écriture rare ou inexistante, on imagine que les recettes de fabrication du métal étaient mémorisées en tant que « sort » répété tandis que l'on agitait une baguette.

Ceci dit, il faut ajouter qu'on ne trouve presque aucune société ancienne qui ne possède d'objets plus longs que larges. Les bâtons/baguettes/sceptres étaient souvent maniés par des hommes d'un certain âge. Dans la mythologie grecque, le messager des dieux, Hermès, utilisait une baguette surmontée de deux ailes autour de laquelle deux serpents s'entremêlaient, appelée caducée. De la Scythe, l'Ukraine moderne, vinrent des mâts décorés de crécelles de bronze. À Sutton Hoo, un site du VIIe siècle dans le Suffolk, on retrouva un bateau saxon contenant de riches objets gravés, parmi lesquels un long sceptre portant un ornement. Les Calusari ou « hommes chevaux » de Transylvanie possédaient des bâtons de guérison.

Mais pourquoi les baguettes, chaudrons et autres artefacts du monde moldu ne paraissent-ils jamais capables de faire quoi que ce soit de magique ? La réponse est bien sûr apportée dans les livres de Harry Potter. Ils ont été neutralisés par le département le plus assommant du ministère de la Magie, le Service de détournement de l'artisanat moldu. Les fonctionnaires qui y travaillent ont une mission simple : éviter que les objets moldus enchantés ne sèment le chaos.

On imagine facilement le genre d'objets enchantés qui ennuient les employés du ministère : la théière possédée qui commence à cracher son thé partout, la pince à sucre qui mord un invité. Le ministère de la Magie a fait du bon travail. Je n'ai par exemple jamais vu une théière agressive, ni un tapis volant, interdit parmi tant d'autres par le Bureau d'enregistrement des objets à ensorcellement prohibé. Toutefois, je suis sûr que beaucoup d'entre nous ont déjà possédé des clefs enchantées qui rétrécissent jusqu'à disparaître mystérieusement.

Véritable sorcellerie

Le mot *witch* vient de *wicca*, terme qui remonte à l'époque anglo-saxonne, quand les tribus de l'ouest de la Germanie envahirent l'Angleterre vers le Ve siècle apr. J.-C., mot venant à son tour de *wicken*, mot du germanique médiéval signifiant « conjurer ». *Sorcière* arrive tout droit du latin *sortiarius* venu lui même du latin *sors, sortis*, sort.

Mille ans après l'arrivée des tribus germaniques, la sorcellerie connut un essor prodigieux, pour plusieurs raisons. D'une part, l'accroissement de population, qui rendait les villages plus vulnérables aux maladies naturelles, et les gens plus désireux de trouver des responsables à ces désordres. D'autre part, surtout, la montée du christianisme. Une combinaison de doctrines et de croyances entre la fin du Moyen Âge et le XVIIe siècle convainquit les foules de l'existence d'un monde surnaturel. L'Église réussissait peu à peu à imposer une vision chrétienne plus sévère, et à promouvoir l'idée d'un diable plus engagé. La sorcellerie se développa donc. L'Église donna encore plus d'importance à la sorcellerie et rendit publiques ses tentatives de combattre le « diable » et ses disciples. Satan jouait un rôle mineur dans le christianisme antique, mais devint une figure centrale au Moyen Âge. La période la plus intense de persécution des sorcières eut lieu aux XVIe et XVIIe siècles. On décrivait néanmoins encore au XVIIIe siècle leur transformation en lièvres pour « égarer les chiens et les chasseurs en longues chasses infructueuses ». En 1924, on nota qu'un homme fut emprisonné pour avoir attaqué un voisin dont il croyait qu'il avait « voulu le mal » de son cochon.

J. K. Rowling a elle-même été victime, et pourtant de nos jours, de ces superstitions sociales. Certains parents américains ont demandé que l'on interdise ses livres dans les bibliothèques des écoles car ils faisaient l'apologie de l'occultisme. Des prêtres affirmèrent même que ses livres étaient maléfiques en raison de leur inspiration sombre et démoniaque. Certains âmes égarées ont été jusqu'à traiter l'auteur de *Harry Potter* de sorcière, écho frappant de ce qui avait cours il y a quelques siècles.

À l'époque comme aujourd'hui, l'évocation d'un adorateur de Satan et de ses pouvoirs démoniaques emplissait les gens d'un mélange de fascination et de terreur. Après 1486, ils eurent même un guide pratique pour détecter et détruire les sorcières, le *Malleus Maleficarum* (ou *Marteau des Sorcières*), écrit par Heinrich Kramer et Jacques (Jakob) Sprenger, deux frères dominicains.

Le *Malleus*, qui figure sans doute dans le chef-d'œuvre de Bathilda Tourdesac, est une encyclopédie de la démonologie contenant de nombreux détails sur les pratiques les plus répandues dans le peuple, des bébés rôtis à la privation des membres vitaux des hommes... Ce livre couvrait de nombreux sujets essentiels pour l'époque :

Si affirmer l'existence des sorciers est tellement catholique, affirmer obstinément le contraire est-il acte hérétique ?

Y a-t-il procréation d'hommes par les démons incubes et succubes ?

D'où provient la prolifération des œuvres de sorcières ?

Comment les sorcières font-elles pour priver les hommes de leur membre viril ?

Les sorcières peuvent-elles par un sort donner aux hommes une apparence de bête ?

Comment pour opérer toutes ces transmutations magiques, ces métamorphoses, les démons font-ils pour pénétrer les corps sans les blesser ?

Comment les sorcières font-elles pour abattre sur les bêtes et les gens orage et grêle ?

Le balai fait une fugace apparition dans ses notes sur le transport des sorcières : « Comme on l'a vu plus haut, sur l'instruction du Diable, elles font un onguent avec le corps des enfants, surtout ceux tués par elles avant le baptême ; elles enduisent de cet onguent une chaise ou un morceau de bois. Aussitôt elles s'élèvent dans les airs. »

Le chaudron était un ustensile utile pour les sorcières qui possédaient un appétit impie pour la chair humaine : une sorcière captive décrivit comment « nous plaçons des pièges surtout pour les enfants non baptisés... et avec nos sorts nous les tuons au berceau ou même quand ils dorment aux côtés de leurs parents, de telle façon qu'on les pense après cela étouffés ou morts d'autre cause naturelle.

« Puis nous les prenons en secret à leur tombe, et les cuisons dans le chaudron, jusqu'à faire se décoller la chair des os pour faire une soupe aisée à boire. De la matière plus solide nous formons un onguent qui est de vertu à nous aider dans nos arts et plaisirs et dans nos transports ; et du liquide nous emplissons une flasque ou une outre, qui donne instantanément à celui qui la boit, lors de quelques cérémonies, un grand savoir et il devient chef dans notre secte. »

Le *Malleus* révèle comment étaient obtenues ces extraordinaires confessions. Les suspectes étaient torturées après qu'on les avait dévêtues : « On fait cela pour le cas où il y aurait un maléfice glissé dans les vêtements, comme souvent elles le font à l'instigation des démons, avec des membres d'enfant non baptisé afin de le priver de la vision béatifique. » (Pour ceux qui se soucient du caractère légèrement injuste de ces interrogatoires, le *Malleus* précise que si une sorcière se confesse sous la torture, elle doit bien sûr « certifier que ce n'était pas dû à la seule force de la torture ».)

Ce livre parut dans de nombreuses éditions, et possédait des références impressionnantes : le *Malleus* avait été approuvé par la faculté théologique de l'Université de Cologne. En 1484, ses auteurs persuadèrent le pape Innocent VIII d'émettre une bulle, *Summis Desiderantes*, qui ordonnait la purge des sorcières. Il déclara (ceci donne un aperçu frappant de la teneur de cette époque) : « Maintes personne de l'un et l'autre sexe, oublieuses de leur propre salut et déviant de la foi catholique, se sont livrées elles-mêmes au démons, succubes et incubes : par des incantations, des charmes, des conjurations, d'autres infamies superstitieuses et autres excès magiques, elles font dépérir, s'étouffer et s'éteindre la progéniture des femmes, les petits des animaux, les moissons de la terre, les raisins des vignes et les fruits des arbres. Aussi bien que les hommes eux-mêmes, les femmes, le petit et le gros bétail, et autres animaux de toutes espèces, les vignobles, les vergers, les prairies, les pâturages, les blés, les grains et plantes légumineuses. Elles affligent et torturent les hommes, les femmes, les bêtes de somme, les troupeaux de petit et gros bétail, par des maux et des tourments cruels, internes et externes. Elles empêchent ces mêmes hommes de féconder, ces mêmes femmes de concevoir ; les époux d'honorer leurs épouses et les épouses de remplir les devoirs conjugaux. Et la foi elle-même, qu'elles ont reçue lors du saint baptême, elles la renient d'une bouche sacrilège. Elles ne craignent pas de perpétrer encore nombre d'autres crimes et excès infâmes, à l'instigation de l'ennemi du genre humain, pour la mise en péril de leurs âmes, l'offense de la majesté divine et le scandale d'un exemple pernicieux pour beaucoup. »

En résumé, les sorcières étaient coupables de tout.

Les vraies sorcières

Une chasse aux sorcières modernes a été menée par Robin Briggs depuis l'Université de Toutes les Âmes à Oxford. Cet historien a consacré des années à en apprendre plus sur les véritables sorcières, avant tout par un examen minutieux des procès pour sorcellerie en France, Scandinavie, Europe de l'Est, Allemagne et Nouvelle-Angleterre. Il cherchait par exemple les preuves de la suggestion faite au XIXe siècle par Jules Michelet dans *La Sorcière*, selon laquelle les sorcières de l'Europe chrétienne étaient en fait les pratiquantes d'une religion antérieure.

Aucune religion satanique ou croyance systématique en sorcellerie diabolique n'a encore été découverte par Briggs, ce qui fait écho à une affirmation du sociologue français Émile Durkheim : la magie sert l'individu, tandis que la religion sert le groupe. Un pratiquant religieux possède une congrégation, tandis qu'un magicien a une clientèle : « Il n'y a aucune église de magie. »

Il y a plusieurs siècles, le stéréotype de « sorcière » était un amalgame de plusieurs croyances populaires anciennes et persistantes : le vol dans la nuit, les sorts, les charmes, la magie climatique, les pouvoirs cachés et les lignes de force. Des hommes et des femmes « de savoir » pratiquaient et croyaient en tout cela (à grand risque) et étaient en quelques sortes des magiciens. Ils possédaient une relation ambiguë avec le commun des mortels, et aidèrent parfois à pourchasser les sorcières, avançant qu'il y avait une différence fondamentale entre les deux groupes. Dans le langage moderne, on les appelle magiciens blancs, tandis que la sorcellerie était une magie noire utilisée par les associés du diable.

Les détails sont si différents dans les procès étudiés par Briggs qu'ils semblent refléter non pas un sinistre système religieux, mais plutôt une peur répandue des pouvoirs occultes et une fascination pour les ennemis secrets qui les utilisent. D'après la société qui les a créées et chassées il y a des siècles, les sorcières adoraient Satan. Comme tous les hérétiques avant elles, elles auraient tenu congrès la nuit, en secret, pour mener des parodies blasphématoires des adorations chrétiennes et se vautrer dans l'orgie. Les chasses aux sorcières de la fin du XVIIe siècle virent l'utilisation de la torture pour arracher les aveux de crimes comparables, créant l'illusion d'une société secrète qui adorait Satan.

Quelques érudits modernes ont avancé que la persécution des sorcières avait beaucoup à voir avec l'hystérie de groupe et la misogynie, des attitudes sexistes primaires et la façon dont les femmes et sages-femmes portaient la responsabilité première de la forte mortalité infantile de l'époque. D'autres assurent que les femmes dominées avaient recours à la magie pour trouver un certain pouvoir dans ce monde masculin. Mais l'idée moderne de la « sorcière typique », une femme sage possédant un chaudron, un balai et une verrue sur le nez, ne correspond pas à la majorité des cas traités par Briggs. Il a découvert qu'une certaine proportion de « sorcières » étaient en fait des hommes. En Europe, un quart des personnes accusées de sorcellerie entre 1400 et 1700 étaient des hommes. Ce ratio variait selon le lieu : en Angleterre, il y eut étonnamment peu d'hommes accusés de sorcellerie, si peu qu'on les appelait malgré tout « sorcières » ; ce ratio était presque de 50 % sous la loi du Parlement de Paris, tandis qu'en Estonie et en Islande, on accusa une majorité d'hommes. Les sorcières étaient souvent d'âge moyen, et non de vieilles matrones. La plupart furent dénoncées par leurs voisins, et non par de fanatiques chasseurs de sorcières.

Une fois de plus, si la sorcellerie était à l'opposé religieux du christianisme, avec sa propre culture de rituels, on ignore pourquoi il n'y eut que cinquante mille victimes de ces procès sur le Continent en un siècle, bien moins que le nombre de victimes de conflits religieux et de guerres pendant cette même période.

Les mauvaises voisines font de bonnes sorcières

Les gens de la société préindustrielle avaient une peur de la magie malfaisante. Dans son livre *Witches and Neighbors*, Robin Briggs explique que, face à l'incompréhensible ou l'incontrôlable (maladie, mort d'un nouveau-né, échec des récoltes causé par un changement de climat), les gens « projetaient » ce mal sur un individu détesté pour une raison préalable. Les candidats à la sorcellerie étaient les personnes enviées ou asociales, voire celles dont tête ne revenait pas aux voisins. Qui étaient ces gens ? Des gêneurs, bien sûr ! Ils furent souvent accusés de sorcellerie, et quelques-uns le croyaient sans doute eux-mêmes, d'après Briggs.

La peur des « voisins-sorciers » était sans doute ancienne et reposait sur les coïncidences spatiales et temporelles les plus primitives : quand vous subissez un coup du sort, vous accusez ceux qui sont près de vous. Briggs a étudié ces soupçons, menaces et la sorcellerie à l'œuvre il y a environ quatre siècles dans les villages et hameaux de Lorraine pour recréer l'état d'esprit qui prévalait à l'époque. Ses archives couvrent près de trois cent quatre-vingts procès, presque tous menés à Nancy, et donnent une image précise du monde enchanté de cette période. On pensait alors que la sorcellerie avait de bons côtés. Pour contrer la magie et écarter les sorcières, on faisait rôtir des chiots avec neuf sortes d'herbes, on enterrait des bouteilles pleines d'ingrédients spécifiques sous les seuils ou dans les champs, et ainsi de suite. Il y avait d'autres usages utiles de la sorcellerie : guérir les maladies, défendre les animaux contre les loups et autres dangers, protéger les récoltes et les maisons, s'assurer l'amour, identifier un(e) futur(e) partenaire, retrouver les trésors enterrés ou les biens volés, se protéger contre les épées et les balles, appeler la chance au jeu ou à la chasse, obtenir la faveur des puissants et garantir la contraception.

Dans ses documents, Briggs trouva six individus que l'on pourrait traiter de rebouteux, et vingt autres que l'on pourrait classer dans les guérisseurs semi-professionnels.

Les docteurs traitant Jennon Barthelemin vers 1615 diagnostiquèrent qu'elle était victime de sorcellerie parce qu'elle avait une grosseur sur la cuisse avec des marques « comme cinq griffes ». Une voisine, Babelon Voirin, fut soupçonnée d'avoir provoqué cette grosseur par sorcellerie. Celle-ci savait très bien qu'elle risquait être impliquée. Quand Jennon Barthelemin avait envoyé une servante chez elle chercher du lait, Babelon avait refusé parce que « si elle en donnait, les gens diraient qu'elle avait donné la maladie ». Après qu'une autre sorcière accusée eut dénoncé Babelon comme complice, cette dernière fut jugée. Un autre témoin de ce procès, Nicolas Siméon, dit que sa femme était morte ensorcelée par Babelon ; sa maladie était surnaturelle, et ne pouvait être due qu'à la sorcellerie : sa maladie l'avait rendue « émaciée » et « frénétique. »

Le lien entre la sorcellerie et la guérison fut renforcé par différentes confessions où les sorcières disaient que le diable leur avait donné le pouvoir de guérir comme celui de nuire. L'ambivalence de ce pouvoir est soulignée par l'affaire de Nicole le Mercier, soupçonnée d'avoir ensorcelé le cheval de Vaultrin Jeandel. Au lieu de craindre le pouvoir de Nicole le Mercier, il dit alors à sa femme qu'il tuerait la sorcière à moins qu'elle ne guérisse le cheval.

On administra à ce dernier une boisson composée d'une pincée de poivre, cinq racines de gingembre et de vin. Nicole Le Mercier enfonça ensuite plusieurs fois son bras dans la gorge du cheval. Quand l'épouse de Jeandel s'inquiéta, Nicole Le Mercier répondit « qu'elle n'avait pas marché trois cents lieues sur la terre sans apprendre certaines choses ». À son procès, il parut qu'elle savait utiliser les graines d'oignon pour faire languir les hommes pendant trois ans. D'autres témoins prétendirent que Nicole Le Mercier s'était vantée de pouvoir empoisonner une blessure pour que la victime n'ait aucune chance de survivre à moins de lui demander son aide. En une autre occasion, elle aurait dit « que si elle voyait un homme uriner, elle pouvait l'assécher et le rendre émacié, en prenant la terre sur laquelle l'urine était tombée ». C'est un exemple de ce que les anthropologues appellent « magie contagieuse ».

Les livres de sorts et de savoir occulte étaient aussi courants qu'à Poudlard. En 1593, on jugea à Nancy Nicolas Noël le Bragard, un sorcier qui soignait par des onguents, des fumigations, des bains d'herbes et des soupes, et croyait qu'il pouvait expurger le mal en imposant les mains. Quand on l'interrogea sur les textes magiques trouvés en sa possession, Bragard parla d'un « livre contenant diverses recettes pour trouver des objets perdus, se faire aimer et apprécier les femmes et d'autres dont il se souvenait mal, ce qui lui donnait envie d'acquérir cette science ». Comme on aurait pu s'y attendre, ces recettes ne fonctionnèrent pas. Pour ensorceler et « apprécier » une femme qui lui plaisait, nommée Claudine des Prunes, Bragard murmura un sort qui commençait par les mots : « Vous incognuz, je conjure et confirme sur vous, ô vous tous grands princes d'enfer, Astarothe. » En vain. Son sort suivant fut pour obtenir l'amitié et la faveur d'un seigneur. Un autre utilisait des clous pour guérir le mal de dents.

Malgré bien des déceptions, Bragard croyait toute de même qu'il lui fallait ce que Briggs appelle un « pare-feu » pour se protéger des résultats décevants de sa magie. Il fonctionnait comme le sort de Bouclier de Harry Potter, un mur temporaire qui renvoie les malédictions. Bragard décrivait comment « il avait tracé un cercle à la main avec lequel il comptait faire apparaître la Sibylle pour qu'elle puisse l'entretenir de sujets qu'il voulait connaître... » Malheureusement, il lui fallait pour cela un jeune enfant, et il ne put l'obtenir. Sa magie échoua de nouveau. Et bien qu'un sort pour retrouver de l'argent volé ait, paraît-il, fonctionné, ses autres tentatives de chasse au trésor furent des échecs.

Avant la torture, on demanda à Bragard s'il avait nui à des gens qu'il tentait de soigner. Il répondit « qu'il ne savait pas s'il les avait rendus malades, qu'il ne leur avait donné ni poudre ni poison, mais qu'il craignait que ses imprécations, accompagnées de certaines invocations d'esprits malins suivant les sorts et leçons de ses livres, par lesquelles il avait prié que l'infortune afflige ses ennemis, aient pu produire ces effets. » Il finit par avouer avoir utilisé des sorts pour rendre ses clients malades, pour qu'ils le consultent et lui paient sa boisson. Cela suffit à envoyer Bragard au bûcher, avec ses livres et outils magiques.

On trouve de nombreuses références au vol et à l'utilisation de balais pour cet usage dans les confessions des accusés, et les tableaux contemporains montrent des sorcières sur des balais. Comme il est dit dans le *Malleus*, les sorcières utilisaient une graisse quelconque pour voler ou changer de forme, ce qui correspond à ce que nous savons des hallucinogènes.

Le balai apparaît comme preuve contre Appoline Belz, quarante ans, femme de mineur, jugée en 1580. L'épouse de Pierre Quenault, contremaître de la mine, pensait qu'Appoline Belz l'avait rendue malade. Mais, signe d'une étrange ambivalence, Belz fut ensuite appelée pour la guérir. Elle lui fit un cataplasme de pain, de miel et autres ingrédients pour son estomac, et une boisson d'herbes. La femme de chambre plaça un balai en travers de la porte, et quand Appoline vit cela elle cria de rage que « c'était pour apprendre si j'étais une sorcière ». Pourquoi ? Parce qu'un balai placé de cette manière était censé empêcher une sorcière de quitter la maison. Tout ceci, bien sûr, est un sujet connu pour qui a déjà visité l'Institut des Sorcières de Salem.

D'après Briggs, la sorcellerie fonctionnait, la plupart du temps, comme une thérapie. Les sages prétendaient pouvoir vous guérir de deux façons. Le plus important était d'identifier la sorcière, généralement en encourageant le client à vous donner son nom, pour qu'on lui fasse lever le sort. On croyait souvent que seule la sorcière ou le diable pouvait apporter le soulagement quand la maladie était de leur fait. La deuxième technique était un contre-sort, qui pourrait renvoyer le sort à l'envoyeur ou le transférer à un autre humain ou animal.

Climat et sorcellerie

L'orgie d'exécutions aux XVIᵉ et XVIIᵉ siècles a une autre raison : les changements de climat, selon Wolfgang Behringer, professeur d'histoire de l'Université de York en Angleterre. La recrudescence d'exécution de sorcières marque une volonté de rationaliser un déclin dramatique du niveau de vie et de supprimer l'incertitude, et donc l'angoisse.

Behringer fait remarquer que la période entre 1450 et 1680 fut une « petite ère glaciaire ». Les glaciers dévalèrent les vallées alpines, les grands lacs et rivières gelèrent et les récoltes moururent dans toute l'Europe. De lourdes fontes des neiges et pluies endommagèrent également les cultures. La boue répandit des maladies affectant le bétail et les humains. Le 3 août 1562, en Europe centrale, le ciel s'obscurcit à midi, et un violent orage frappa, détruisant les toits et les fenêtres. L'orage se transforma en pluie de grêle qui aplatit les cultures et tua le bétail. L'année suivante, on brûlait soixante-trois femmes du territoire ravagé de Wiesensteig (Allemagne). L'orage était typique d'un refroidissement inhabituel qui empêchait les récoltes, précise Behringer. « L'Angleterre fut sans doute moins affectée, en raison de son climat maritime aux changements de température plus modérés, mais nous trouvons tout de même des récits de gel de la Tamise, et la législation sur la sorcellerie en Angleterre et en Écosse fut introduite en même temps que sur le Continent, vers 1563. »

Les autorités ecclésiastiques, qui refusaient auparavant la sorcellerie comme simple superstition, ont peut-être décidé qu'elle était réelle et si répandue qu'on pouvait utiliser les doutes spirituels contre les soulèvements sociaux, religieux et politiques. Dans le même temps, les pauvres, affamés et autres personnes cherchant un bouc émissaire purent accuser leurs voisins. Les fermiers dont la subsistance était particulièrement liée aux aléas du climat exigèrent des bûchers. Les sorcières, sans aucun pouvoir surnaturel, avaient la capacité incroyable de faire apparaître le pire chez leurs frères humains.

Les pics de persécution de sorcières coïncident avec le pire du climat, selon Behringer. Des hivers glaciaux et des étés humides et froids qui raccourcissaient la saison des cultures, un printemps retardé et un automne avancé. « Seule la "petite ère glaciaire" est coupable de sorcellerie », écrivit-il dans le *Journal du changement climatique*. J. K. Rowling semble peu convaincue par cette persécution des sorcières. On demande après tout à Harry de rendre une rédaction sur l'inutilité de ces massacres du XIVᵉ siècle. On apprend dans *Le Prisonnier d'Azkaban* la raison de cette inefficacité : des sorcières comme Gwendoline la Fantasque avaient toujours un pouvoir de Gèle-Flammes et faisaient semblant de se tordre de douleur alors qu'elles riaient de cette sensation de chatouillis.

Les sorcières modernes

De nos jours encore, certaines pensent que les Wicca sont une religion ancienne, idée popularisée par Margaret Murray dans son livre de 1921, *L'Église des sorcières en Europe occidentale*. Si Ronald Hutton de l'Université de Bristol ne veut pas se moquer ou condamner la sorcellerie moderne, il fait remarquer que l'œuvre de Margaret Murray était la première tentative d'étudier les chasses aux sorcières, mais que ses sources et son traitement étaient tous deux erronés.

Margaret Murray partait du principe que les procès étaient menés contre les fidèles d'une religion alors présente en Europe, et non contre les pratiquants d'une parodie du christianisme, et tentait de restituer cette religion à partir des témoignages. « Quand ses sources disaient que les sorcières s'adonnaient à des orgies sexuelles, des sacrifices humains et au cannibalisme, elle le prenait pour parole d'évangile. Pour elle, la religion des sorcières avait

par sa nature joyeuse un avantage sur le christianisme »,
commente Hutton. Elle altérait les informations pour
appuyer sa théorie qui disait que toutes les sorcières opé-
raient en groupes de treize, alors que les données limitées
qu'elle examina elle-même indiquent plutôt que les individus agissant étaient isolés.

Trente ans plus tard, Gerald Gardner, ancien fonctionnaire des colonies à la retraite, alla un peu plus loin
dans son livre *Sorcellerie moderne*, et affirma que la religion
païenne n'avait pas été éliminée, mais s'était cachée pour
mieux perdurer. Inspiré par l'imagination et l'étude douteuse de Margaret Murray, Gardner embellit ses propres
idées de références à l'ancienne religion, au dieu Cornu,
aux rites de fertilité et aux groupes de sabbat. La popularité de ce livre et de son successeur, *Le Sens de la sorcellerie*,
fit apparaître de nombreux groupes de sorcières au cours
des années 1950 et 1960. Toutefois, comme Hutton le
fait remarquer, « aucune religion connue dans l'antiquité
n'était tenue par des croyants qui priaient régulièrement
nus comme les sorcières... inspirées par Gardner ».

De nos jours encore, ceux qui écrivent sur les sor
cières aiment à penser que leur tradition remonte à
l'époque des Druides, l'ordre des prêtres de la Bretagne
préromaine, qui adoraient le chêne et le gui, pratiquaient
les sacrifices humains, la divination et l'astrologie et
croyaient en la résurrection. Toutefois, les Romains
détruisirent presque toutes les traces de ce que faisaient
les druides, facilitant les extrapolations modernes qui font
des druides des proto-sorciers.

L'idée de Margaret Murray fut contestée par des universitaires pendant les années 1970. Sir Keith Thomas (en
1971) et Norman Cohn (en 1975) démontrèrent sa mauvaise utilisation des preuves. Les sorcières n'étaient pas
pratiquantes d'une religion ancienne mais plutôt, comme
l'a montré Briggs, des voisines qui s'étaient fait des ennemis acharnés. « La seule preuve de l'origine de la Wicca
consiste en l'œuvre de Gerald Gardner lui-même, conclut

Hutton. La conversion officielle des Îles Britanniques au christianisme n'épargna aucune religion préchrétienne, que ce soit dans les zones les plus reculées ou les mouvements "clandestins". »

Quoi qu'il en soit, après la mort de Gardner en 1964, sa mission fut reprise par d'autres, dont certains affirmaient appartenir à des groupes magiques qui sortaient de l'ombre. Pour les lecteurs de Harry Potter, cette fiction semble bien familière. Les sorcières et magiciens se portent très bien, mais vivent cachés. Ils mènent une vie calme dans nos banlieues résidentielles, où ils peaufinent leurs charmes et leurs sorts à l'abri des regards moldus.

Si nous ignorons tout du monde des sorciers, c'est bien sûr que le ministère de la Magie travaille dur. Il se charge de cacher aux Moldus le fait que les sorcières et magiciens sont parmi nous, qu'ils nous passent au-dessus de la tête sur leurs balais et dans leurs voitures enchantées. Et, en ce qui me concerne, le ministère fait un excellent travail.

Chapitre 13

La pierre philosophale

Lui redonner ses années, le faire renaître, comme un aigle
Au cinquième âge, lui donner des fils et des filles,
De jeunes géants, comme nos philosophes l'ont fait.

Ben Johnson, *L'Alchimiste.*

La pierre philosophale est la véritable vedette scientifique de la première aventure de Harry Potter. Voldemort la cherche désespérément pour recouvrer sa force et répandre à nouveau la magie noire dans le monde. Grâce à Harry et ses camarades, Celui-dont-on-ne-doit-pas-prononcer-le-nom échoue, s'inscrivant ainsi dans une longue tradition, des monarques chinois aux saints empereurs romains.

Plutôt que d'une pierre, certains anciens parlaient d'une « teinture » qui pouvait transformer le métal vulgaire en or, ce que les chimistes modernes appelleraient un catalyseur. D'autres parlaient de « la poudre ». L'objet de cette quête finit par être appelé « pierre philosophale » car on y voyait une substance inorganique, comme le sel ou un minéral. Toutefois, c'était une pierre très spéciale, une « pierre qui n'est pas une pierre ».

On comprend que Voldemort ait désiré cette pierre, car elle offre également la vie éternelle, que l'on cherche sans doute depuis que l'humanité a conscience de la mort.

Rien d'étonnant à ce que la pierre philosophale ait déjà été recherchée par les premières civilisations.

De nos jours, cette quête a été reprise par les Moldus travaillant dans des disciplines comme l'astrophysique et la physique nucléaire. Ils ont révélé que l'art de transformer un élément chimique en un autre est aussi vieux que les étoiles, et a commencé environ un milliard d'années après le big bang, quand des grappes de matière formèrent les galaxies embryonnaires. Tandis que ceux-là fouillent les secrets de ce catalyseur cosmique dans l'univers naissant, plusieurs types de biologistes explorent les mondes microscopiques de la cellule vivante pour découvrir comment arrêter l'usure et la décrépitude de l'existence quotidienne pour prolonger l'existence.

Les bureaucrates moldus, les politiciens et les comptables continuent de presser les scientifiques de changer l'axe de leur recherche, pour s'intéresser moins aux joies de la découverte pure, et plus aux profits que l'on pourra tirer des technologies et médicaments pour prolonger la vie. Les brochures glacées des compagnies pharmaceutiques décrivent de nombreuses recherches antivieillissement pour réaliser le rêve de Voldemort, un élixir de vie ou potion de Mathusalem. On consacre également beaucoup de temps à transformer ces découvertes en or commercial. La quête de la pierre est aussi acharnée qu'aux premiers jours.

L'alchimie, la pierre philosophale et l'Élixir de vie

L'alchimie est un joli jeu,
Un peu comme un tour de cartes, pour flouer un homme
En le charmant...

Ben Johnson, *L'Alchimiste.*

La quête de la pierre est associée à l'obscur art d'alchimie. Beaucoup pensent aujourd'hui que l'alchimie est une forme primitive de chimie, mais il n'y avait pas que cela, on allait au-delà de la proto-chimie pour entrer dans le mystique et l'occulte. Tout comme l'astrologie reposait sur le lien entre les humains et les étoiles, l'alchimie utilisait cette relation avec la nature terrestre, mêlant chimie et magie. Les alchimistes croyaient que la pierre permettrait de préparer un élixir capable de rendre la vie aux tissus morts.

L'idée d'un élixir remonte au temps des Taoïstes en Chine, qui recherchaient l'immortalité. Fondée par Lao-Tseu au VIᵉ siècle av. J.-C., ce mélange de religion, philosophie, magie et science primitive inspira toutes sortes de chimie pratique comme d'ingénieuses méthodes de préservation des morts, comme l'a montré la Tombe de Dame Tai, scellée dans une chambre hermétique avec de l'argile de kaolin. Et bien sûr la foi qu'un élixir pourrait d'une certaine façon faire cesser le vieillissement. La recherche de cet élixir commença vers le IVᵉ siècle av. J.-C. On pensait que la forme la plus puissante de cette substance serait une solution de métal résistant à la corrosion, de « l'or buvable » sans doute puisque la substance de ce métal noble passerait en celui qui le boirait.

Un universitaire rassembla plus de mille noms pour cet élixir, dont l'or n'était pas le seul ingrédient. Le livre *Tan chin yao chüch* (*Grands Secrets de l'alchimie*) de Sun Ssu-miao (581-673 apr. J.-C.) décrit des formules à base de mercure, de soufre et d'arsenic, par exemple. Plusieurs empereurs chinois sont sans doute morts empoisonnés par de tels « élixirs de vie », d'après l'historien de la science Joseph Needham. Plusieurs siècles d'échec des alchimistes chinois finirent par se remarquer, car leurs objectifs restaient les mêmes – la quête d'un élixir – à la différence de leurs collègues européens qui cherchaient également de l'or. C'est sans doute la seule raison pour laquelle l'alchimie chinoise a disparu avant l'occidentale. L'autre raison est que l'empire adopta le bouddhisme, qui offrait un chemin plus sûr vers l'immortalité.

L'alchimie occidentale remonte aux débuts de la période Hellénique, de la mort d'Alexandre le Grand (323 av. J.-C.) à la défaite d'Antoine et Cléopâtre (30 av. J.-C.). Bolos de Mendès, Égyptien hellénisé qui vécut dans le delta du Nil après 200 av. J.-C., écrivit *Physica et mystica* (« Choses naturelles et mystiques »), qui contient d'obscures recettes pour fabriquer l'or et l'argent. La plupart se terminent par un hommage à la transmutation : « Une nature se réjouit dans une autre nature ; une nature triomphe sur une autre nature ; une nature maîtrise une autre nature. »

À Alexandrie (Égypte), l'alchimie prospérait grâce à des siècles passés à utiliser l'or, le manipuler et l'imiter, comme l'illustrent parfaitement les étonnants artefacts dorés entassés dans les tombes des pharaons. Ce furent ces travaux qui firent naître le débat, chez les philosophes de l'époque, sur la façon de transformer les métaux vils en or. Les papyrus de Stockholm et Leyden, qui remontent au IIIᵉ siècle apr. J.-C., expliquent comment faire d'un article d'or impur, à l'aide d'une mixture de sulfate de fer, de sel et d'alun, un objet d'or pur. Les travaux de Zosimos de Panopolis (Égypte), qui vécut vers 300 apr. J.-C., suggèrent que la théorie alchimique se fixa sur une « teinture » qui pouvait opérer une métamorphose instantanément, et on l'appela « pierre philosophale ».

Une pensée semi-religieuse et quasi magique – de l'astrologie et l'alchimie à la numérologie et autres sciences occultes – apparut ensuite, apparemment née en Égypte au temps de Moïse et inspirée par la divinité égyptienne Thot. On les appelle écrits hermétiques, du nom de l'équivalent grec de Thot, Hermès le Trois Fois Grand. Un autre ingrédient de ce que l'on appelle Hermétisme fut apporté par la Kabbale, la doctrine juive d'une interprétation secrète et mystique de l'Ancien Testament.

Le monde magique dévoilé dans ces écrits ne fut entr'aperçu que de quelques élus. Nicolas Flamel, l'un de ceux qui eurent soi-disant accès à « l'art hermétique », apparaît dans le premier roman de Harry Potter. Flamel vécut bien au XIVe siècle, et aurait préparé la pierre philosophale. « Parmi les nombreux effets du phénomène Harry Potter, on compte l'introduction d'un personnage fabuleux issu de l'histoire de la chimie, auprès de millions de lecteurs qui n'auraient sans cela jamais entendu parler de lui », commente Lawrence Principe de la Johns Hopkins University, expert en alchimie.

L'histoire classique est l'un des grands mythes de l'alchimie. Flamel, d'humble origine, naquit vers 1330, sans doute à Paris, et devint employé et libraire. L'histoire veut que dans un rêve, un ange lui ait présenté un livre sur l'art hermétique, et ait dit : « Regarde bien ce livre, Nicolas. Au premier abord tu n'y entendras rien – pas plus toi qu'un autre homme. Mais un jour tu y verras ce que nul autre ne fut capable de voir. »

Plus tard, un étranger entra dans sa boutique avec la volonté de vendre un vieux livre par besoin pressant d'argent. Flamel reconnut immédiatement le tome relié de cuivre orné de signes étranges et d'un langage ancien comme celui que lui avait montré l'ange. Il put comprendre que c'était l'œuvre d'un certain Abraham le Juif. Flamel était familier des écrits des alchimistes de son époque, et connaissait le fait de la transmutation, mais il lui fallut tout de même vingt et un ans pour résoudre les mystères hermétiques de ce livre.

Certaines parties du texte étant écrites en ancien hébreu, la femme de Flamel, Pernelle, lui suggéra de consulter un rabbin qui connaissait les écrits mystiques de la Kabbale juive. Sachant que beaucoup de Juifs chassés de France s'étaient rendus en Espagne, Flamel se rendit en pèlerinage à Saint-Jacques de Compostelle, certain de rencontrer un Juif en chemin. Au cours de son voyage, il rencontra un sage hébreu – Maître Canches – qui put apporter une certaine lumière au manuscrit mystérieux, lui donnant les clés qui lui permettraient un jour de déchiffrer tout le contenu du livre.

Flamel revint auprès de sa femme et, après trois ans de labeur, ils réussirent. Vers midi, le 17 janvier 1382, ils transformèrent une demi-livre de mercure en argent grâce à une pierre philosophale blanche. Puis, à dix-sept heures, le 25 avril 1382, ils utilisèrent une variété rouge pour transformer le mercure en or. Flamel et Pernelle fabriquèrent la pierre en trois autres occasions.

On affirma un jour que Flamel avait aussi découvert l'élixir de vie. Il ne parut pas lui faire grand bien, puisqu'il mourut en 1417, ou en 1418 selon d'autres sources, ayant vécu jusqu'à l'âge de quatre-vingt-sept ou quatre-vingt-huit ans. On trouve sa pierre tombale au Musée de Cluny, où elle fut entreposée après avoir servi de planche à découper dans une épicerie parisienne.

Toutefois, on raconte aussi que Flamel fit croire à ses funérailles, affirmation étayée par le premier roman de Harry Potter, où Flamel et sa femme se portent plutôt bien pour leur âge avancé de six cent soixante-cinq et six cent cinquante-huit ans environ, après une vie calme menée dans le Devon. Comment ont-ils réussi ? La réponse se trouve peut-être dans l'œuvre la plus connue de Flamel, *Le Livre des figures hiéroglyphiques* – son livre secret sur la pierre bénie appelée philosophale. Il y utilise une imagerie religieuse (sans doute gravée sur l'auberge que Flamel avait payée pour sa paroisse) pour expliquer à demi-mots comment l'on fait la pierre. Comme d'autres alchimistes, toutefois, il tut la nature de la pierre, et ne parle de son œuvre que dans les termes les plus obscurs et énigmatiques, révélant bien peu de choses sur ce qu'il faisait.

Une théorie suggère que Flamel affirma avoir découvert la pierre philosophale pour dissimuler l'origine très douteuse de sa vaste fortune. Certaines sources indiquent en effet que Flamel était devenu assez riche pour fonder et entretenir quatorze hôpitaux, sept églises et trois chapelles dans Paris, et d'autres à Boulogne.

Toutefois, à y regarder de plus près, Lawrence Principe découvrit que l'histoire de Flamel n'était pas cohé-rente. « Dans le monde de l'alchimie, comme dans celui de la magie, les choses sont souvent ce qu'elles ne parais-sent pas. » Les Flamel étaient vrais, mais les historiens modernes n'ont trouvé aucune preuve qu'ils aient étudié l'alchimie. La première référence les liant à la pierre philo-sophale remonte à 150, bien après leur mort. L'œuvre la plus connue de Flamel, *Le Livre des figures hiéroglyphiques*, fut publié en 1612, et aurait été écrit vers la fin des années 1500. Tous les autres textes alchimiques attribués à Fla-mel ont été écrits après sa mort.

« Les documents d'archive montrent que la richesse de Flamel n'était pas aussi extravagante qu'on nous le dit, et qu'elle avait été amassée non pas par la transmutation, mais par une spéculation prudente sur la propriété fon-cière à Paris. Elle fut augmentée lors de ses noces grâce à la richesse que Pernelle apportait de ses précédents maria-ges », détaille Lawrence Principe. Quoi qu'il en soit, on continua d'élaborer et d'embellir l'histoire de Flamel. Des récits plus anciens parlent de sa grande richesse, mais, au XVIIIe siècle, sa durée de vie avait rallongé, certainement grâce à cette pierre insaisissable.

En 1712, un voyageur rencontra « un derviche très savant en Asie Mineure » qui venait de rencontrer les Fla-mel, tous les deux sains et le teint vif, âgés de plus de trois cent soixante-quinze ans et vivant aux Indes. Un demi-siècle plus tard, les Flamel paraissent à l'Opéra de Paris. « Ce dernier événement est merveilleusement repris dans Harry Potter, on l'on décrit Nicolas comme un amoureux de l'Opéra, et où on lui donne six cent soixante-cinq ans (anniversaire qu'il aurait fêté en 1995 ou 1996) », souligne Lawrence Principe.

Même s'il paraît douteux qu'il ait touché à l'alchi-mie, et encore plus trouvé la pierre, l'œuvre de Flamel était essentielle et bien connue des alchimistes du XVIIe siècle comme Robert Boyle et Sir Isaac Newton. Ce dernier possédait un exemplaire des écrits de Flamel et écrivit un résumé de sept pages intitulé *Explication des figures hiéroglyphiques de Nicolas Flamel, anno 1399* dans ses efforts pour comprendre la véritable alchimie ancienne derrière les versions corrompues qui lui étaient parvenues.

Cette quête de la pierre n'aurait pas semblé si farfelue à l'époque, qui se trouve à la jonction entre science et magie. On croyait fermement que les métaux étaient faits d'une mixture de principes élémentaires, idée qui avait perduré depuis l'époque où les Grecs dominaient la science et la philosophie. Empédocle puis Aristote développèrent la théorie que toutes les choses étaient composées de quatre éléments : eau, terre, air et feu. Si un alchimiste trouvait le moyen d'altérer ce mélange, il pouvait changer un métal en un autre.

Aux débuts de l'ère moderne, les alchimistes tendaient à adopter différents principes élémentaires. Comme tout proto-scientifique qui se respecte, ils avaient remarqué que la recette d'Aristote ne paraissait par correspondre avec ce qu'ils voyaient dans leur laboratoire. Il s'imposa, au IXe siècle, une conviction profonde que tous les métaux étaient composés de deux principes élémentaires, soufre et mercure, à proportions et degrés de pureté différents.

Mais par soufre et mercure, ils ne pensaient pas tant aux éléments qu'à leurs propriétés : le « soufre » était généralement considéré comme le principe de combustion et de la couleur, et devait donc être présent puisque la plupart des métaux sont changés en substances terrestres par le feu. Au « mercure, » principe métallique, on attribuait des propriétés comme la malléabilité et l'éclat. D'une façon générale, on comprend comment en combinant le jaune du soufre et le mercure métallique, on pensait pouvoir créer un métal jaune. De l'or, avec la bonne recette.

Souvent, comme le montre l'histoire de Flamel, deux formes de pierres philosophales étaient différenciées, selon deux degrés de perfection : celle pour transmuter les métaux « imparfaits » en argent était appelée pierre blanche, tandis que la pierre ou « poudre de projection » pour l'or aurait été rouge. Dans le premier livre de Harry Potter, Voldemort recherche une pierre aussi rouge que le sang.

L'élixir de vie a souvent été décrit comme une solution de la pierre philosophale dans le vin, qui restaurerait les pouvoirs de la jeunesse. Comment fonctionne-t-elle ? Simple. « La pierre philosophale, explique Paracellus (un personnage faustien et un pionnier de la chimie, aussi appelé Theophrastus Philippus Aureolus Bombast von Hohenheim [1493-1541]), purge le corps de tout homme, et le nettoie de toutes les impuretés par l'introduction de forces neuves et plus jeunes qu'elle joint à la nature de l'homme. »

La tournure d'esprit alchimique

Les beaux jours de l'alchimie européenne se situent durant la deuxième moitié du XVIe siècle, quand Prague était « la métropole de l'Alchimie » et que les saints empereurs romains Maximilien II (qui régna de 1564 à 1576) et Rudolf II (1576-1612) soutenaient ses meilleurs praticiens. Mais il y avait une ambivalence officielle sur ce sujet : l'alchimie présentait une menace pour le contrôle des métaux précieux, et « l'Art » était souvent déclaré hors-la-loi. Il est vrai que de nombreux alchimistes étaient souvent des escrocs, des trompeurs et des menteurs.

L'empereur Rudolf II incarcéra un certain nombre de charlatans, notamment Edward Kelley, dont nous avons déjà parlé. En 1610, le scepticisme croissant trouva son illustration dans la pièce de Ben Johnson, *l'Alchimiste*, où Subtil et son assistant Face tentent de tromper Épicure Mammon pour qu'il investisse dans leur faux processus de fabrication d'or.

Même alors, la communauté scientifique restait convaincue par la transmutation des métaux vils. Bien que les lois d'Isaac Newton soient devenues les bases de la science physique, son activité d'alchimiste, notamment sa quête vaine de méthodes de transmutation, resta généralement cachée au grand public.

Récemment, des historiens et des scientifiques ont réexaminé l'alchimie et on discerné dans ses méthodes de véritables idées chimiques, puisque les alchimistes s'efforçaient de comprendre non seulement la chimie, mais d'exprimer leur découverte par un langage systématique. Ils manquaient cependant de la compréhension de ce que nous considérons aujourd'hui comme des principes de base. Notamment, ils ignoraient tout de la permanence des éléments (qui rendait l'idée de transmutation plus plausible).

Par une étude précise des anciennes formules d'alchimie, des images et des codes – et en tentant de recréer des expériences d'alchimie –, Lawrence Principe et d'autres ont commencé à déchiffrer quelques énigmes jusqu'alors écartées comme des balivernes mystiques. Leurs travaux suggèrent que quelques-uns des meilleurs alchimistes auraient aidé à poser les bases de la véritable chimie scientifique.

Une illustration, publiée il y a plus de quatre siècles, montre un loup dévorant un homme puis montant sur un bûcher qui consume le loup pour restaurer le roi. Les historiens pensent qu'il s'agit là de la recette pour raffiner l'or à partir des alliages, car l'un des symboles alchimiques traditionnels de l'or est un roi. Les expériences menées par Lawrence Principe confirment cette idée.

Le loup symbolisait l'antimonite – sulfide d'antimoine – qui, sous sa forme fondue, dissout « voracement » les impuretés dans un alliage fondu contenant de l'or. Puisque le sulfide d'antimoine convertit les métaux « vils » en résidus de sulfide qui peuvent être séparés de l'or fondu, le métal précieux peut être raffiné à partir d'un alliage, comme une pièce composée d'un mélange d'or et de cuivre ou d'argent.

Principe s'est penché sur les découvertes alchimiques de l'une des personnalités les plus intéressantes à avoir étudié magie et science, Robert Boyle (1627-1691), l'un des fondateurs de la chimie moderne. Boyle étudia le rôle fondamental de l'air dans la respiration, plusieurs réactions chimiques et démontra également que le volume et la pression d'un gaz sont inversement proportionnels.

Lawrence Principe a réinterprété l'œuvre la plus célèbre de Boyle, *Le Chimiste sceptique* (1661) pour montrer qu'il ne s'agissait pas d'une critique à l'emporte-pièce des alchimistes, comme on le pensait couramment, mais une attaque contre ces alchimistes qui adoptaient une approche « non-philosophique », c'est-à-dire qui ne cherchaient qu'à fabriquer des produits chimiques vendables, comme des médicaments, sans se demander comment la théorie pouvait améliorer leur pratique. Dans son livre, *L'Aspirant adepte*, Lawrence Principe montre que Boyle était enthousiaste au sujet de l'alchimie dans son *Dialogue on the Transmutation and Melioration of Metals*.

Les alchimistes s'efforçaient non seulement de catégoriser leurs découvertes, mais aussi de les cacher à leurs rivaux, ce qui était nécessaire avant la création des brevets. Dans les papiers de Boyle que détient la Royal Society de Londres, Lawrence Principe examina des morceaux de papiers et découvrit qu'il s'agissait des clefs partielles d'un code.

Ces papiers listent les noms latins des substances chimiques à côté des mots que Boyle créa de toute pièce pour les décrire. Quand ce code est utilisé pour déchiffrer le texte de Boyle sur une réaction chimique, le processus prend enfin un sens. Par exemple, quand Boyle écrivait « ormunt » dans une recette, il voulait parler du nitre, ce que nous appelons nitrate de potassium (pour compliquer les choses, Boyle utilisait d'autres codes ; par exemple, remplacer les mots par leur équivalent grec ou hébreu, comme « cassiteros » pour fer-blanc).

Le substance que Boyle tentait de protéger était un

dissolvant appelé *menstruum peracutum*. Il l'utilisait pour dissoudre de l'or, et quand le résidu blanc qui en résultait était mélangé à du borax fondu, cela créait une petite quantité d'argent pur. Son enthousiasme à avoir transmuté de l'or en argent dut l'encourager dans sa quête de la pierre philosophale. Hélas, les expériences menées par Lawrence Principe suggèrent le contraire. Il suivit la recette de Boyle pour le *menstruum peracutum* – en langage moderne, trichloride d'antimoine et acide nitrique – et conclut que Boyle avait en fait créé de l'antimoine métallique, et non de l'argent, ce qui n'est guère étonnant au vu des ingrédients.

Boyle était aussi persuadé que la pierre philosophale était réelle parce que d'autres affirmaient avoir assisté à une transmutation. On compte parmi eux Wenzel Seyler, un moine de Bohême qui aurait transformé un médaillon d'argent de l'empereur Léopold I, daté de 1667, en or pur en le trempant dans une « teinture ». Une analyse chimique menée en 1932 révéla que cette médaille était en fait un alliage d'or, d'argent et de cuivre, et que quand on l'avait plongée dans de l'acide nitrique dilué, tous les métaux sauf l'or s'étaient dissous, laissant une surface d'or lisse.

Boyle croyait en l'idée de la pierre philosophale, et pensait aussi qu'elle lui permettrait de communiquer avec les anges et les esprits, reflétant une dimension spirituelle de l'alchimie typique de ce que Lawrence Principe appelle « alchimie surnaturelle », développée au XVIIe siècle par une école de pensée propre à l'Angleterre. Boyle était pieux, et il aurait pu voir l'alchimie comme une défense contre la montée croissante de l'athéisme qui le tourmentait. Sa croyance semblait aussi se faire l'écho d'expériences menées par un « sorcier » très puissant qui l'avait précédé, John Dee, dont nous avons déjà parlé.

De nos jours, la transmutation d'un élément en un autre grâce à la pierre philosophale ne paraît plus si farfelue. La conversion du plomb en or ne nécessite rien d'autre qu'un changement d'atomes, la plus petite unité portant les caractéristiques chimiques d'un élément, qu'il s'agisse de l'or ou de l'hydrogène.

Chaque atome est composé d'un noyau à charge positive – contenant des neutrons, qui n'ont aucune charge, et des protons, à charge positive – possédant en orbite une charge négative, faite d'un ou plusieurs électrons. Les atomes sont avant tout de l'espace vide. Le nucléus, où réside la majeure partie de la masse, est cent mille fois plus petit que l'atome dans son ensemble et pourtant chaque élément est défini par le nombre de protons dans le noyau, reflété par le nombre atomique de l'élément. Le plutonium, par exemple, possède un nombre atomique de 79, et l'hydrogène de 1. La chimie conventionnelle n'altère que la distribution des électrons autour des atomes. Pour accomplir la magie des alchimistes, nous devons nous tourner vers les physiciens, qui ont développé plusieurs méthodes pour manipuler le noyau et donc le nombre atomique d'un élément. La première transmutation artificielle fut effectuée en 1919 par un physicien anglais né en Nouvelle-Zélande, Ernest Rutherford, qui transforma de l'hydrogène (nombre atomique 7) en oxygène (nombre atomique 8), en bombardant du nitrogène avec des noyaux d'hélium depuis une source de radium. Les particules à déplacement rapide pénètrent dans l'atome de nitrogène et laissent un proton supplémentaire dans le noyau, le transformant en atome d'oxygène.

Toutefois, seules quelques transmutations nucléaires pourraient être produites par des projectiles naturels venant de substances radioactives. Pour produire une transmutation nucléaire à plus grande échelle, et générer une nouvelle compréhension de la structure des noyaux atomiques, un flux de projectiles plus puissant était nécessaire. En conséquence, vers la fin des années 1920, on étudia un moyen d'accélérer des particules chargées pour leur donner une plus grande énergie. En 1951, le Prix Nobel de physique fut donné à Sir John Cockcroft, directeur de l'Atomic Energy Research Establishment de Harwell, et Ernest Walton de l'Université de Dublin pour des travaux menés vingt ans plus tôt, où ils avaient accéléré des noyaux d'hydrogène vers une cible de lithium pour produire de l'hélium, marquant ainsi la première transmutation nucléaire totalement sous contrôle humain. Dans leurs travaux suivants, Cockcroft et Walton enquêtèrent sur les transmutations d'autres noyaux atomiques, et la discipline commença à utiliser différents types d'accélérateurs de particules pour ce travail.

La première transmutation en or (nombre atomique 79) eut lieu dans les premiers jours du développement des réacteurs nucléaires, quand du platine (nombre atomique 78) fut irradié de neutrons. Il y a bien d'autres façons de réaliser cet exploit. L'alchimiste nucléaire Peter Armbruster du Gesellschaft für Schwerionenforschung (Darmstadt) rapportait, en 1980, qu'il avait amalgamé du cuivre (nombre atomique 29) avec du zinc (nombre atomique 50) et observé de l'or. La percussion des particules d'un noyau peut avoir des conséquences alchimiques, et il est donc possible de transformer le plomb (nombre atomique 82) en or (nombre atomique 79) en ôtant trois protons du noyau de chaque atome de plomb.

Comme pour tant d'accomplissements de la science moldue, la nature ne nous a pas attendus. L'alchimie nucléaire remonte à l'aube des temps. Le Big Bang de la création, il y a quelque quinze milliards d'années, n'avait créé que de l'hydrogène et de l'hélium, avec quelques quantités négligeables de lithium et de béryllium, les éléments les plus légers et les plus simples, avec des nombres atomiques respectifs de 3 et 4... Les astrophysiciens croient depuis longtemps que les éléments les plus lourds étaient créés lors de violentes réactions nucléaires au centre des étoiles.

L'énergie d'une étoile vient de la fusion – combinaison – d'éléments légers en éléments plus lourds, dans un processus appelé nucléosynthèse. Cette alchimie astronomique nécessite des collisions à haute vitesse qui ne peuvent être obtenues qu'à des températures très élevées. Dans les années 1950, Fred Hoyle, William Fowler et Geoffrey et Margaret Burbidge – et, en parallèle, Alistair Cameron – expliquèrent quantitativement toute la table de classification périodique des éléments en termes de résultat de fusion nucléaire au cœur des étoiles et des supernovas, quand les étoiles explosent.

Dans ces chaudrons cosmiques, la température minimale nécessaire à la fusion de l'hydrogène est de cinq millions de degrés. Notre soleil brûle, ou fusionne, l'hydrogène en hélium, un processus qui se produit pendant la majeure partie de la vie d'une étoile. Quand l'hydrogène au cœur de l'étoile est complètement épuisé, c'est l'hélium qui brûle pour former des éléments de plus en plus lourds – carbone et oxygène et ainsi de suite – jusqu'à la formation du fer et du nickel. Les éléments possédant plus de protons dans leur noyau ont besoin d'encore plus d'énergie. La plupart des éléments lourds, de l'oxygène au fer, seraient produits dans les étoiles qui contiennent au moins dix fois plus de matière que notre soleil.

Les explosions de supernovas ont lieu quand le noyau des étoiles massives ont épuisé leur combustible et tout brûlé pour ne plus porter que du fer et du nickel. Les noyaux dont la masse est supérieure à celle du nickel se formeraient au cours de ces explosions. Grâce à la transmutation de l'alchimie cosmique, nous sommes tous faits de poussière d'étoile. Ça, c'est de la magie !

L'élixir de vie

Comme leurs ancêtres de Chine, les alchimistes modernes pensent toujours que le secret de la longévité est à leur portée, grâce aux recherches qui ont sectionné tout lien avec la pierre et sa promesse de transformation nucléaire. L'âge du décès est en partie contrôlé par les gènes, et les scientifiques moldus de toute la planète sont entrés en compétition pour identifier les gènes correspondants et les mécanismes moléculaires à manipuler pour créer un élixir de vie, ou peut-être une pilule antivieillissement.

La première mutation d'extension de vie, dans un gène appelé *âge-1*, a été découverte dans un petit ver nématode appelé *Caenorhabditis elegans*, l'un des sujets d'expérience les plus pratiques pour ce genre de travail. Depuis la découverte de ce gène par Michael Klass à l'Université du Colorado à Boulder, d'autres ont été identifiés. Des études menées par le « groupe de vers » de Cynthia Kenyon à l'Université de Californie de San Francisco, ont montré que les mutations de *age-1* et *daf-2* agissent sur le même chemin de longévité et suggèrent que la rapidité du vieillissement des vers – et des humains – est liée à la façon dont les calories absorbées sont brûlées. La réduction du nombre de calories absorbées sans induire de malnutrition est un moyen avéré chez beaucoup d'espèces pour accroître l'espérance vitale et retarder le vieillissement. On a suggéré qu'il serait possible d'étendre la durée de vie de vingt ans si les gens réduisaient leur absorption de calories de 30 %. Rien d'étonnant à ce que l'équivalent du gène *daf-2* chez les humains produise sur les cellules le récepteur qui réagit au facteur de croissance de l'insuline et de ses substituts, qui jouent un rôle dans la régulation du métabolisme alimentaire. « Il se peut qu'une partie de ce chemin soit impliqué dans le contrôle du vieillissement, et le défi consiste à trouver quelle partie, explique Cynthia Kenyon. Ces études montrent que les hormones contrôlent le vieillissement », ajoute-t-elle avant d'expliquer que ces chemins d'hormones ont sans doute évolué pour permettre aux animaux de retarder la reproduction quand les conditions étaient difficiles et que les petits risquaient périr.

L'odorat et le goût pourraient aussi influencer la longévité. L'équipe de Cynthia Kenyon a découvert que si l'on réduisait la capacité du ver à percevoir son environnement, son espérance de vie augmentait de plus d'un tiers. Au lieu de vivre un peu plus de deux semaines, il vit trois ou quatre semaines – l'équivalent pour les hommes d'un bond de quatre-vingt-dix à cent trente ans – et reste jeune.

Ce qui ne signifie pas que nous devrions réduire notre alimentation pour rester jeunes. Mais cela suggère que les signaux chimiques de l'environnement influencent notre vieillissement, sans doute en agissant sur le système des signaux hormonaux. Cette découverte en corrobore une plus ancienne sur l'influence des signaux du système reproducteur sur la durée de vie des vers.

Il y a toujours eu un lien entre le sexe et la mort, car le corps semble avoir pour mission de garder un individu en vie assez longtemps pour qu'il transmette ses gènes : les œufs et le sperme sont faits pour perpétuer la lignée, et les choses auxquelles ils sont attachés – le corps – ne sont que des véhicules pratiques pour cela. Cynthia Kenyon a découvert que les signaux des cellules reproductrices raccourcissent l'espérance de vie, tandis que les signaux des gonades somatiques – les tissus reproductifs autour des cellules reproductrices – prolongent la vie, envoyant des signaux égaux mais opposés. (Cynthia Kenyon ajoute que la longévité n'est pas liée à une absence de descendants, puisque la destruction des cellules somatiques et reproductrices ne modifie pas l'espérance de vie.)

Un autre thème essentiel de la recherche antivieillissement est la découverte des produits chimiques nuisibles aux tissus, appelés radicaux libres, qui causent un « stress oxydant ». On espère que résister à ce stress et réparer les dégâts qu'il cause pourrait ralentir le vieillissement. Les mouches vivent environ quarante-cinq jours, mais si un seul gène est muté, les insectes peuvent ignorer des stress comme la chaleur, la faim et les herbicides formateurs de radicaux et prolonger leur vie d'un tiers. Seymour Benzer de Caltech a nommé ce gène « gène de Mathusalem », d'après le personnage de l'Ancien Testament qui vécut neuf cent soixante-neuf ans. Dans d'autres expériences, des mouches génétiquement modifiées, qui produisent des antioxydants supplémentaires qui les protègent contre les radicaux libres, vivaient environ soixante-quinze jours, certaines allant jusqu'à quatre-vingt-quinze jours.

D'autres études sur des vers ont donné les mêmes résultats. En reproduisant deux défenses naturelles du corps contre les radicaux d'oxygène toxiques, les médicaments appelés fixateurs catalytiques synthétiques peuvent augmenter l'espérance de vie des vers de 50 à 100 %. « Nous étions fascinés par ce qui se passait sous nos microscopes », confie Gordon Lithgow du Buck Institute de Californie, membre de l'équipe. « Les vers non traités commençaient à mourir, et les autres nageaient tranquillement, pleins de vie. » La découverte qu'un médicament peut prolonger l'espérance de vie « accroît notre conviction que le vieillissement est un problème biologique soluble », affirme Lithgow.

Le même procédé semble fonctionner pour les mammifères, et sans doute pour les Moldus. Des souris de Mathusalem qui résistaient aux radicaux – et vivaient un tiers plus longtemps – furent créées en supprimant un gène précis. De vieux rats à qui l'on donnait deux suppléments nutritifs – acétyle-L-carnitine et un antioxydant, de l'acide alpha-lipoïque – étaient plus dynamiques, avaient une meilleure mémoire et « recommençaient à danser la Macarena », selon les termes de Bruce Ames de l'Université de Californie, à Berkeley.

Une autre piste suivie pour découvrir l'élixir de vie

est un médicament qui peut manipuler les structures appelées télomères à l'extrémité des chromosomes. Un peu comme les morceaux de plastique au bout des lacets, les télomères empêchent les chromosomes de « s'effilocher ». Les télomères se raccourcissent au fil des divisions cellulaires jusqu'à un certain point, où la cellule ne peut plus se diviser. Quelques cellules humaines – cellules sexuelles, cellules cancéreuses et cellules souches embryonnaires – utilisent un enzyme appelé télomérase pour empêcher ce raccourcissement et parvenir à une version cellulaire de l'immortalité.

Si les médicaments offrent un moyen de manipuler la télomérase, le clonage en offre une autre. Les télomères découverts chez les vaches clonées par l'Advanced Cell Technology de Worcester, dans le Massachusetts, étaient plus longs que ceux des vaches normales du même âge, et, dans la plupart des cas, plus longs que ceux des veaux nouveau-nés. Loin de vieillir prématurément, les cellules des vaches clonées paraissaient avoir retrouvé et prolongé leur jeunesse, rallongeant peut-être leur espérance de vie au-delà de ce que leur âge chronologique pouvait laisser espérer.

Deux problèmes apparaissent : même les cellules des plus vieux d'entre nous ont encore quelques divisions devant elles, suggérant que le vieillissement n'est pas uniquement une question de division cellulaire ; on pourrait aussi s'inquiéter du fait que la télomérase est activée dans 90 % des cancers, une croissance incontrôlée où les cellules continuent de se développer à un rythme élevé.

Beaucoup de gènes humains ont aussi été liés au vieillissement. Le premier était responsable d'une étrange maladie appelée Syndrome de Werner. Les gens affectés paraissent vieillir pendant l'adolescence. Leurs cheveux deviennent gris, leur peau se ride, ils perdent leurs cheveux, et meurent de vieillesse avant cinquante ans. Les chercheurs américains ont découvert qu'ils possédaient une version défectueuse d'un gène pour un type d'enzyme appelé hélicase. Cet enzyme se sépare en deux, procédé qui doit avoir lieu dans les cellules divisées saines si elles veulent transmettre leur matériau génétique, sous forme de chromosomes, aux cellules filles. Si une hélicase brisée accélère le vieillissement, il se pourrait qu'en la réparant, on guérisse les malades.

Plusieurs maladies liées à l'âge – dont le cancer, l'athérosclérose, l'arthrite et la maladie d'Alzheimer – pourraient avoir en commun le gène p21, selon Igor Roninson de l'Université de l'Illinois, à Chicago. Le gène p21 empêche les cellules de croître quand elles sont endommagées par les toxines ou la radiation, leur donnant le temps de se réparer. Au cours du vieillissement normal, p21 empêche également les cellules de se diviser à mesure qu'elles vieillissent. Mais l'équipe a découvert que l'activation de ce gène créait un déséquilibre : il étouffe plus de quarante gènes dont on sait qu'ils sont impliqués dans la réplication d'ADN et la division des cellules, interrompant la croissance des cellules. Dans le même temps, p21 augmentait l'activité d'environ cinquante autres gènes, certains liés au cancer ou aux maladies liées au vieillissement. En conséquence, les cellules cessaient de croître, devenaient plates et granulaires et commençaient à générer les enzymes produits en général par les cellules âgées.

Puisque chaque découverte génétique suggère une nouvelle façon de mettre fin au vieillissement, d'autres recherches se sont penchées sur la façon de faire croître de nouvelles cellules et tissus pour que le corps puisse résister à l'âge. Comme nous l'avons dit dans le chapitre 6, l'idéal serait d'utiliser des cellules souches d'un jeune embryon, quand il est composé d'environ cent cellules. Le corps adulte contient également des cellules souches, comme celles de la moelle épineuse qui crée les cellules sanguines, mais leur potentiel paraît plus limité.

Le rôle de ces cellules dans le vieillissement a été souligné par une étude concluant, paradoxalement, qu'un excès de protéine anticancer causait un vieillissement prématuré chez les souris.

Lawrence Donehower du Baylor College of Medicine, à Houston, a créé avec ses collègues une souris mutante chez qui une forme suractive de la protéine p53 fut créée par accident. Le résultat aurait pu être positif : p53 est l'une des meilleurs défenses des cellules, interrompant la division des cellules, réparant l'ADN et déclenchant la mort des cellules en cas de développement d'un cancer. Comme on s'y attendait, ces souris développèrent moins de tumeurs que les autres, mais ne vécurent pas plus longtemps. Leur espérance de vie moyenne fut de 96 semaines, par rapport aux 118 des souris normales – une réduction de 20 %. Les mutantes perdaient du poids et des muscles, se voûtaient et avaient des os plus cassants ; leurs blessures guérissaient plus lentement. L'équipe soupçonne que l'excès de p53 empêchait la division des cellules souches qui comblent normalement les manques de tissus comme la peau ou les os chez les adultes, provoquant un vieillissement anticipé.

Les cellules souches embryonnaires ont le potentiel – la recette génétique et le savoir-faire biologique – de devenir n'importe quelle cellule, n'importe quel tissu ou organe du corps. Avec les bons signaux biochimiques, elles pourraient former des muscles, qui pourraient remplacer les tissus endommagés lors d'une crise cardiaque. Ou des îlots de Langerhans pour soigner le diabète. Ou des cellules rétiniennes pour rétablir une vue déclinante. Ou des vaisseaux endothéliaux pour remplacer ceux qui sont encombrés de dépôts. Ou des cellules cérébrales pour contrer la maladie de Parkinson. La cellule souche est si polyvalente et puissante qu'on pourrait penser à l'utiliser pour faire pousser une réserve illimitée de membres – des nerfs, des os, du sang ou un cerveau – pour réparer les usures du temps.

La quête de l'élixir de vie continue. Nous sommes loin d'atteindre l'espérance de vie fabuleuse des Flamel, mais des progrès sont réalisés sur plusieurs fronts. Volde-mort avait autrefois dit aux Mangemorts que son but était de vaincre la Mort. Il approuverait sans nul doute cette magie moldue.

Chapitre 14

Croyance, superstition et magie

*Les inventions magiques sont si fréquentes et si répandues
que nous devrions nous demander si nous ne sommes pas
confrontés à une forme de pensée permanente et universelle.*

Claude Lévi-Strauss.

Une grande partie de la magie des livres de Harry
Potter peut sembler absurde, qu'il s'agisse de tondeuses à
gazon aux pouvoirs surnaturels, de chapeaux maudits qui
flétrissent les oreilles ou d'un sort en latin qui fait danser
des ananas. Le fait de transformer des tasses à café en rat,
ou des lapins en chaussons, paraît tout aussi fantasque.
Mais il serait trop simple de dire que tout cela est insensé
(bien que ce le soit sans doute), ou de rejeter tous les
mythes anciens, le folklore et les légendes en les attribuant
aux esprits primitifs, aux croyances de gens simples sans
aucun sens dans la réalité.

Dans tout ce livre, nous avons vu la preuve que le
monde d'un scientifique peut paraître aussi étrange que
celui d'un chaman ou d'une sorcière. Les articles scientifiques paraissent souvent tout aussi obscurs que les livres
d'occultisme. Beaucoup traitent de l'intangible, de l'abs-
trait, du théorique et de l'invisible, au point que l'on vous
pardonnerait de croire qu'ils ne parlent de rien du tout.

Dans le chapitre 8, j'ai parlé des origines de la

croyance et de la superstition. La croyance en une chose – quelle qu'elle soit – est un phénomène commun à toutes les sociétés et toutes les cultures depuis l'aube de l'humanité. Ce simple fait soulève de nombreuses questions. Quand cette capacité est-elle apparue ? Comment les croyances se répandent-elles ? Pourquoi persistent-elles ? On a déjà constaté que la croyance en quelque chose, aussi absurde ou improbable qu'elle puisse être, nous convient. En cela, les croyances irrationnelles pourraient être considérées comme rationnelles, au moins autant qu'une croyance en la science. Cela soulève d'autres questions. Si la croyance est effectivement bonne pour nous, apprenons-nous à croire, ou naissons-nous avec une tendance à croire ? Ce désir ambigu d'avoir la foi possède-t-il une composante génétique ?

L'universalité de la croyance soulève aussi quelques questions sur la nature de la science et de son rapport à la foi. On recherche les lois fondamentales de l'univers avec un zèle quasi religieux. Certains pensent même qu'elles nous dévoileront « l'esprit de Dieu ».

Toutefois, nous découvrirons qu'il y a de bonnes raisons pour que ces lois n'expliquent pas tout. La « théorie des cordes », ou toute autre branche de la « théorie finale » (ou « théorie du tout ») actuellement en vogue, n'aura jamais la capacité de prévoir les habitudes migratoires des gnous ou l'appétit de Harry Potter. En fait, la base même de la science – les mathématiques – contient un hasard, ce qui devrait troubler tout partisan de l'absolutisme désirant faire tenir tous les secrets de l'univers en une théorie bien propre et carrée, sans rien qui dépasse. La science est-elle donc une affaire de foi, un vaudou mathématique, un fétichisme théorique, une sorte de religion basée sur la recherche ?

Sorcellerie quantique

Si la science nous a enseigné une chose, c'est que le bon sens est mauvais conseiller quant au fonctionnement du monde. La nature peut paraître étrange aux yeux d'un scientifique. Notre « bon sens » a évolué pour traiter des problèmes communs dans la savane africaine où nos ancêtres sont apparus. Ce qui était alors utile pour comprendre l'environnement immédiat, des lances volantes aux lions qui chargent, n'est pas nécessairement adapté au monde moderne.

L'exemple type est la croyance que le Soleil tourne autour de la Terre : déduction « évidente » reposant sur l'expérience de milliards de personnes chaque jour – mais fausse, bien sûr. Nos cerveaux ne sont pas très bons pour traiter les probabilités. Tirez à pile ou face six fois de suite : beaucoup de gens penseraient qu'on a plus de chances d'obtenir autant de piles que de faces. Ils auraient tort.

Considérez la branche scientifique la plus couronnée de succès, la théorie quantique. Sa vision du monde, traduite en langage commun, est incompréhensible. Dans notre monde quotidien, nous nous attendons à ce que les effets aient des causes. Mais la mécanique quantique admet des incidents imprévisibles, les « sauts quantiques ».

Dans notre monde ordinaire, il ne semble y avoir aucune limite à la précision avec laquelle nous pouvons mesurer les propriétés d'un objet comme un manche à balai. En physique quantique, il y a une limite. Le principe d'incertitude, énoncé par Werner Heisenberg en 1927, affirme que la mesure de certaines paires de quantités, comme la position et le mouvement, ne peut être faite qu'avec un certain degré de précision. D'après cette théorie paradoxale, tous les objets physiques sont par nature fantomatiques, aussi spectraux que les esprits qui hantent Poudlard. Ils existent en un état particulier – une « superposition » (combinaison) – de toutes les possibilités de position et de vélocité. Ce n'est qu'en mesurant un objet que l'on a des informations sur la valeur précise que l'on observe.

Les particules de matière sont des ondes d'énergie, et les ondes sont des particules. Chacune peut avoir l'apparence de l'autre selon ce que l'on mesure. Encore plus étrange, une particule se déplaçant entre deux points dans l'espace parcourt en même temps tous les itinéraires possibles qui les séparent. En fait, le comportement de particules qui se trouvent à des points opposés de l'univers ne peut pas être décrit séparément par la théorie quantique. Ne soyez pas trop intimidés par tout ceci : même le grand Albert Einstein, après avoir contribué à établir la mécanique quantique il y a un siècle, développa une profonde aversion pour son fonctionnement.

Cela pour vous montrer à quel point la science s'efforce de rendre compréhensible le fonctionnement de notre monde, sur la base de l'idée raisonnable que les choses comme les tables sont ce qu'elles paraissent, et la supposition assez sensée que nous les percevons directement. Toutefois, suite aux recherches scientifiques, cette vision a cédé la place à des tables composées de particules invisibles que nous ne percevons qu'indirectement, en voyant d'autres particules (des particules de lumière appelées photons) qui entrent en collision avec notre rétine. Comme l'a dit Lord Haldane, scientifique anglais : « Je soupçonne que l'univers est non seulement plus étrange qu'on le pense, mais plus étrange qu'on ne peut le penser. »

Le bon sens étant impuissant, les croyances magiques les plus folles ne sont pas très différentes de ce que pensent les scientifiques. La théorie cosmologique de la création, qui dit que l'univers est né il y a des milliards d'années dans une grande explosion, est-elle vraiment plus crédible que l'idée d'un sorcier se matérialisant dans une cheminée ? La théorie judéo-chrétienne de la création commence par un vide, qui n'est pas plus étrange que la théorie cosmologique moderne, qui dit que tout a commencé par le néant, sans même l'espace lui-même. Rien d'étonnant à ce que la croyance en des capacités magiques et des pouvoirs surnaturels ait prévalu dans toutes les cultures depuis l'aube de la préhistoire.

L'anthropologie de la croyance

Les Dursley et sans aucun doute les autres habitants de Little Whinging dans le Surrey seraient déprimés de ce que je vais dire, au vu de leur haine profonde de sorciers. Mais n'importe quelle personne un peu curieuse devrait être frappée par l'universalité de la magie, dont Bathilda Tourdesac parle sans doute dans sa légendaire *Histoire de la magie*.

La première tentative d'étude complète des croyances magiques fut publiée en 1890 par le classiciste écossais Sir James Frazer. *Le Rameau d'or* marquait un tournant dans l'anthropologie, ses dizaines de volumes révélant la variété et la portée des croyances magiques tout en dégageant leurs traits communs, comme la magie positive ou la sorcellerie, invoquée pour concrétiser des buts désirables, et la magie négative ou tabou, qui vise à éviter les conséquences indésirables.

Frazer identifiait la magie homéopathique, l'idée que « ce qui se ressemble se correspond » — par exemple quand un Ojibwa américain frappe une poupée modelée d'après un ennemi pour nuire à l'original – et la magie contagieuse, qui repose sur le lien durable qui s'établit entre deux choses autrefois en contact. Dans certaines parties de l'Allemagne, on croyait autrefois qu'on pouvait faire boiter quelqu'un en plantant un clou dans son empreinte de pas.

Dans *Les Formes élémentaires de la vie religieuse* (1912), le sociologue français Émile Durkheim plaçait la superstition dans un contexte social, prenant en compte le statut culturel de la science et de la technologie. L'utilisation du terme « surnaturel » suppose que l'on comprend l'ordre naturel, les lois de la nature élaborées par la science. Mais bien sûr, toutes les cultures ne font pas la différence entre les deux, et Durkheim propose une autre distinction, celle du sacré – magie et religion – contre le profane, qui appartient au séculaire, à la science.

Bronislaw Malinowski, qui se passionna pour l'anthropologie après avoir lu *Le Rameau d'or*, prit la décision assez évidente de vivre au sein d'une culture magique – les habitants de Trobriand, pendant la Première Guerre mondiale – au lieu de se fier aux récits rapportés par les missionnaires et ethnographes. Au cours de son « observation participative », Malinowski nota que les habitants menaient des rites magiques sur leurs jardins pour s'assurer un succès horticole, alors qu'ils avaient une connaissance scientifique rudimentaire des sols, de la sélection des graines et des méthodes de plantation. Ils savaient que, même en faisant tout convenablement, leurs récoltes pouvaient tout de même dépérir à cause des caprices de la nature. La magie était utilisée pour repousser les cochons sauvages, les sauterelles, la sécheresse et autres tragédies. « La magie est semblable à la science en ce qu'elle a toujours un but clair associé aux instincts humains, à nos besoins et nos envies, explique Malinowski. Ainsi, la magie et la science font preuve de certaines ressemblances et, à l'instar de James Frazer, nous pouvons bien qualifier la magie de pseudo-science. Les théories du savoir sont dictées par la logique, celles de la magie par l'association d'idées sous l'influence du désir. »

Malinowski proposa une vue pragmatique de la magie et de la superstition en tant que façons de faire face aux angoisses de la vie. « La magie et la religion apparaissent et fonctionnent en situation de stress émotionnel : crises de vie, destin contrarié, mort et initiation aux mystères tribaux, amour malheureux et haine insatisfaite. La magie et la religion ouvrent des échappatoires à ces situations. »

En 1954, Malinowski résuma la relation de la magie, la religion et la science comme suit : « La science, savoir primitif, donne à un homme un avantage biologique immense, le plaçant bien au-dessus du reste de la création... La foi religieuse établit, fixe et améliore toutes les attitudes mentales – respect de la tradition, harmonie avec l'environnement, courage, confiance dans la lutte contre les difficultés, et perspective de la mort... La magie ritualise l'optimisme de l'homme, accroît sa foi en la victoire de l'espoir sur la peur. La magie exprime la valeur supérieure, pour l'homme, de la confiance sur le doute, de l'immuabilité sur la vacillation, de l'optimisme sur le pessimisme. »

Sir Keith Thomas, grand historien britannique, examina les pratiques magiques en Angleterre de 1500 à 1700. Dans *Religion and the Decline of Magic*, il soulignait les facteurs contribuant à la disparition de la magie. Les prêtres de l'Église médiévale trouvèrent des convertis en intégrant le surnaturalisme païen, estompant la distinction entre religion et magie. On croyait que les objets consacrés, le sol même d'une église, avaient des pouvoirs magiques. L'eau bénite était versée pour repousser les esprits maléfiques.

L'influence décroissante du surnaturel et de la sorcellerie au XVIIIe siècle vint de plusieurs influences, dont le développement qui rendait la vie plus sûre, une généralisation de l'alphabétisation et les progrès de la science et de la technologie. Au lieu de se fier à des incantations mystiques, les gens se débrouillèrent seul et eurent foi en leurs propres actes. Malgré cela, la magie ne disparaîtra jamais. Au vu des inquiétudes et soucis perpétuels de la vie courante, il est intéressant que Thomas ait remarqué : « Si la magie doit être définie comme l'emploi de techniques inefficaces pour soulager l'angoisse quand il n'y a aucune méthode efficace, alors nous devons admettre qu'aucune société n'en sera jamais libérée. »

Nous-mêmes, nous n'en sommes pas libres. Le psychologue Stuart Vyse, dans *Believing in Magic*, cite le nombre croissant de livres classés dans la catégorie « occultisme et psychisme », l'augmentation des prédictions impersonnelles faites par les astrologues des journaux, et le fait que, selon un sondage, 72 % des Américains croient en l'existence des anges. « En tant que groupe, les Américains contemporains sont peut-être moins superstitieux que les Anglais du XVIᵉ siècle, mais la science et la raison n'ont pas encore vaincu les forces du paranormal. En fait, les victoires les plus récentes sont du côté de la superstition. »

Vyse écrivait ces mots en 1996, et je lui ai demandé s'il avait changé d'avis depuis. « Hélas, rien n'a changé. J'ai l'impression que le paranormal est une industrie en croissance. Ici, aux États-Unis, il y a un intérêt de plus en plus marqué pour Nostradamus depuis l'attaque du 11 septembre (bien sûr, Nostradamus l'aurait prédite, d'après un e-mail ensuite identifié comme une invention), et les médiums qui prétendent parler aux morts jouissent d'une grande popularité. L'un d'eux a même une émission télé. »

Les Harry Potter restent plus nombreux que les Pétunia et Vernon Dursley dans notre société. Sans doute parce que la vie nous paraît moins contrôlable que jamais. La plupart des gens croient en une magie ou une autre, que ce soit l'étudiant qui porte toujours les mêmes vêtements pour ses examens, la jeune mariée qui croise les doigts pour s'attirer la chance, ou ceux qui sautent de joie en trouvant un trèfle à quatre feuilles. Pourquoi notre foi en la magie est-elle si profonde ? Pourquoi croyons-nous en quoi que ce soit ?

Les origines de la croyance

Le premier endroit où chercher la foi et les prémices d'une capacité à lier cause et conséquence est chez les singes et les primates, qui offrent un bon moyen de juger nos propres comportements. Si un primate peut lier un vent fort au mouvement d'un arbre, l'absorption d'un suc amer à la disparition des maux d'estomac, ou la réussite de l'ouverture d'une noix avec la forme d'un outil, alors il doit avoir une forme de croyance.

Les primates peuvent apprendre des tâches complexes. Les chimpanzés peuvent même utiliser des outils simples pour sortir des fourmis de fissures, et ouvrir des noix en les écrasant avec des outils. Font-ils le lien entre la cause et l'effet ? D'après Frans de Wall du Centre des Primates Yerkes à Atlanta, ils le font en partie. Il fait remarquer par exemple que si vous voyagiez d'arbre en arbre avec un singe, vous remarqueriez qu'il possède une meilleure compréhension de son itinéraire, et des branches à utiliser, qu'un Homo sapiens.

La capacité à lier la cause à l'effet varie chez les primates. Une étude d'Elisabetta Visalberghi, du Conseil national de la recherche à Rome, se penchait sur l'utilisation d'outils par les enfants humains, les capucins (petit singe d'Amérique centrale et de Colombie) et les chimpanzés pour trouver une causalité. Elle étudia la façon dont chaque espèce utilise un bâton pour sortir un morceau de nourriture d'un tube. Quand ses sujets arrivaient bien à utiliser un bâton, elle changea la tâche pour que le milieu du tube contienne un piège. Selon le côté où le sujet insérait l'outil, il poussait la récompense hors du tube, ou dans le piège.

La compréhension de la causalité nécessite plus qu'un lien entre deux événements associés dans le temps et l'espace. Il doit aussi y avoir une idée de « force médiatrice » qui relie ces deux événements, que l'on peut utiliser pour prédire ou contrôler ces événements – une force physique qui pousse la nourriture vers le piège et la fait tomber dedans, ou une « force psychologique » comme une intention. En d'autres termes, la causalité nécessite un modèle mental du fonctionnement du monde, plutôt qu'une base de données d'exemples où l'effet X a suivi la cause Y.

Dans l'exercice du tube, le taux de succès correspondait à celui auquel on s'attendait pour le hasard pour tous les capucins sauf un, qui avait découvert qu'il obtenait toujours de la nourriture quand il insérait son bâton du côté du tube qui se trouvait le plus loin de la récompense. Inutile de dire, explique Elisabetta Visalberghi, que « cette magie fut catastrophique quand l'expérimentateur eut changé la longueur des bras du tube ». Les chimpanzés eurent plus de succès que la simple probabilité aléatoire, suggérant qu'ils comprenaient la cause et l'effet. Il leur fallut beaucoup de tentatives pour résoudre le test au-dessus du hasard, mais ils arrivèrent à une compréhension plus flexible. Les jeunes de moins de trois ans ne purent pas développer une stratégie efficace, contrairement à leurs aînés.

Elisabetta Visalberghi en conclut que les capucins devaient avoir une faible compréhension causale du monde ; ils ne comprennent pas les forces physiques mais apprennent à associer leurs actions à des résultats. Les singes, en revanche, montrent une possible compréhension des relations causales nécessaires à l'utilisation d'outils – quoi que moins que les enfants humains. Ce travail suggère que le concept de causalité est plus développé chez les êtres humains.

Dans le domaine social, une compréhension de la causalité a d'autres conséquences. Les humains peuvent « lire les pensées », c'est-à-dire qu'ils peuvent déduire les intentions d'autrui. Une théorie de l'esprit est la dernière étape avant d'imaginer un esprit qui existe *indépendamment* d'un corps, comme une âme, un diable ou un dieu, selon le psychologue de l'évolution Steven Pinker. De cette façon, l'instinct de lier la cause à l'effet pourrait avoir semé les graines de la pensée magique, où une mauvaise récolte pouvait par exemple être liée à un esprit mauvais. Cette volonté d'animer un objet inanimé se voit très tôt chez les enfants. Comme l'a fait remarquer le psychologue suisse Jean Piaget, les enfants donnent aux objets inanimés une volonté propre, prêtant un côté magique à leurs processus de pensée.

L'action humaine était le seul agent causal dont les anciens étaient certains, il était donc naturel de prêter les causes d'événements inexplicables à des agents semblables aux humains, avance l'anthropologue Stewart Guthrie de la Fordham University. Cette tendance à l'anthropomorphisme vient d'une stratégie perceptuelle très enracinée : face à l'incertitude (généralement inconsciente) de ce que nous percevons, nous parions sur l'interprétation la plus lourde de sens. Par exemple, si nous sommes dans une forêt et que nous voyons une forme noire qui peut être soit un rocher, soit un ennemi, il vaut mieux parier sur l'ennemi. Si nous avons tort, peu importe, et si nous avons raison, nous y gagnons beaucoup. Ainsi, en observant le monde, nous cherchons ce qui nous concerne le plus – des êtres vivants, et surtout des êtres humains.

« Ce n'est pas simplement que nous craignons plus les humains que les autres créatures, bien que ce soit un facteur important. C'est plutôt que nous les chérissons et apprécions plus que le reste, pour des raisons complexes et en partie pratiques, explique Guthrie. Ce bruit dans les fourrés est-il une personne qui va m'attaquer ? Ce reflet dans le ciel est-il un avion venu me chercher sur cette île déserte ? Cette chose marron au loin, est-ce le blouson de mon enfant perdu ? » Les humains et modèles humanoïdes, qu'ils soient esprits ou dieux, donnaient à nos ancêtres les interprétations et explications les plus lourdes de sens de notre monde.

La naissance de la pensée magique

Quand la croyance s'est-elle formée chez les êtres humains ? Si les preuves génétiques et fossiles prouvent que les humains étaient anatomiquement modernes en Afrique il y a plus de cent mille ans, les universitaires ont longuement débattu pour savoir si le comportement humain, comme la croyance en la magie et la fabrication d'outils, s'était développé en même temps que le physique. Certains insistent sur le fait que le comportement typique de l'homme moderne est apparu assez tard et rapidement, il y a quarante à cinquante mille ans, tandis que d'autres pensent qu'il est apparu plus tôt, et plus graduellement.

On pourrait toutefois tenter de deviner quand la pensée magique est devenue courante, à la lumière de découvertes récentes à Blombos Cave, un site sur la côte sur de l'océan Indien, 290 km à l'est de Cape Town. Des travaux antérieurs sur ce site avaient révélé l'existence d'activité de pêche, de fabrication d'outils en os finement travaillés, d'outils en pierre taillée bifaces, et l'utilisation d'ocre, sans doute pour la décoration du corps.

Puis les archéologues découvrirent deux morceaux d'ocre dans les couches du milieu de l'âge de pierre. Ces morceaux d'ocre rouge, mesurant cinq et sept centimètres de long, avaient été grattés et polis pour créer des surfaces plates. Elles étaient marquées de croix et de lignes pour composer un motif géométrique complexe et répété. Pour l'instant, rien de remarquable. Sauf leur grand âge.

La datation des grains de sable qui se trouvent au-dessus de l'ocre et de la pierre brûlée dans la même couche que les œuvres « d'art » révéla qu'on les avait gravées il y a plus de soixante-dix mille ans et qu'elles étaient deux fois plus vieilles que celle qui détenait le record jusque-là. « La présence d'objets gravés et autres signes (outils d'os, pointes bifaces et ainsi de suite) signifie que les capacités cognitives et la capacité d'abstraction correspondent à ce

311

que nous attendrions d'un comportement humain moderne », explique Christopher Henshilwood de l'Iziko-South African Museum.

Les Africains, dont nous descendons tous, avaient un comportement moderne bien avant d'arriver en Europe en tant que Cro-Magnon, pour remplacer l'homme de Neandertal. « Je pense que la capacité cognitive de pensée et de représentation abstraite permettraient tout à fait aux humains modernes de se déployer dans un monde spirituel/magique/religieux, confirme Henshilwood. Je doute vraiment que ces gravures aient été un passe-temps. Elles doivent avoir un sens, une signification pour celui qui les a faites et ses compagnons. Pourrions-nous interpréter ces découvertes comme le premier exemple de religion, de magie et ainsi de suite ? C'est en tout cas possible. »

« On ne peut pas fabriquer d'outil complexe sans avoir perçu le concept de cause et d'effet », ajoute Lewis Wolpert de l'University College de Londres. Il affirme, comme Malinowski, qu'un effet secondaire frappant de notre faculté développée à relier cause et effet fut l'émergence de la croyance. Elle a évolué parce qu'elle permettait à nos ancêtres de faire face aux vicissitudes mortelles de la nature. Des événement les plus importants pour lesquels les anciens ne trouvaient aucune cause claire, la mort était le dénominateur commun. La vie était dure, et beaucoup d'enfants mouraient jeunes. Les volcans, tempêtes, éclairs, inondations, changements de climat et autres désastres naturels abondaient.

Les anciens devaient se sentir mal à l'aise face à leur incapacité à contrôler ces choses, autant que nous actuellement. En conséquence, ils commencèrent à construire de faux savoirs, poursuit Wolpert. Pour faire face à un monde incertain et imprévisible, la magie (croyance en la capacité humaine à manipuler la nature) et la religion (croyance en des êtres divins qui agissent indépendamment de la race humaine) émergèrent.

Le but premier de nos tentatives pour comprendre

le fonctionnement du monde n'était pas l'exactitude, seule motivation des scientifiques, mais plutôt la mise à l'écart d'une incertitude paralysante. De cette façon, Wolpert avance que c'est peut-être la peur qui a produit la superstition, les rituels, la magie et les dieux. L'association d'un événement (la mort d'un parent ou d'une récolte ou autre) à une cause (une intervention invisible) donnait à nos ancêtres deux avantages adaptatifs : l'incertitude et donc l'angoisse disparaissaient, et il y avait à présent un responsable qu'ils pouvaient apaiser d'une manière ou d'une autre.

Il existe bien des preuves que la superstition se nourrit du désir humain de contrôle, qui réduit le stress de façon observable. Certaines études sur le cancer du sein montre que les patientes qui pensent avoir le contrôle de la situation se portent beaucoup mieux que celles qui ne l'ont pas. Une enquête sur la « pensée magique » au cours de la guerre du Golfe de 1991, menée par Giora Keinan et l'Université de Tel-Aviv conclut que les gens qui vivaient dans les zones les plus dangereuses d'Israël étaient les plus superstitieux. D'autres exemples montrent qu'une impression de contrôle, même illusoire, peut aider à faire face au stress, selon le psychologue Stuart Vyse. « Comme la nature a horreur du vide, la nature humaine a horreur de l'aléatoire. Nous préférons l'ordre au chaos, l'harmonie à la cacophonie, et la religion à la perspective d'un monde arbitraire. »

Si la superstition se porte si bien de nos jours, c'est que bien des aspects de notre vie échappent encore à notre contrôle, que ce soient les questions posées à un examen ou les complications d'une naissance. Avec quelques exceptions, la plupart des superstitions sont bénignes et donnent quelques avantages psychologiques. Même si un véritable contrôle est impossible, une illusion de contrôle suffit. En ce sens, les superstitions les plus irrationnelles sont en fait rationnelles. Vos croyances excentriques sont très bonnes pour vous.

Multiplication de la magie

Une fois que la croyance est née, elle se répand par un désir humain inconscient de faire comme les autres, tout comme nous adoptons souvent la même posture que la personne à qui nous parlons, ou rendons son sourire à un nourrisson béat. Résultat, la croyance peut envahir l'esprit humain comme un parasite, selon Richard Dawkins de l'Université d'Oxford. Il associe la croyance, les superstitions et ainsi de suite à un virus mental qui contiendrait un programme – une série de gènes – qui disent : « Dupliquez-moi. » Les virus adultes produisent les chaînes épistolaires, la vente pyramidale, les légendes urbaines et la mode. Les virus mentaux sont la conviction que les grandes épidémies sont l'œuvre du diable, d'une sorcière, ou le prix de nos péchés.

Le lectorat de Harry Potter est particulièrement sensible aux virus mentaux. Pensez simplement à la popularité des modes infantiles, qu'il s'agisse de collectionner les cartes des Chocogrenouilles ou celles des Pokémon, de faire du cerceau ou du roller. Comme l'a fait remarquer Dawkins, « cela est dû au besoin de réceptivité des enfants. Un enfant a beaucoup à apprendre. Pas seulement le langage, mais toute une culture qui doit être transférée dans son cerveau. Tout comme les cellules et les ordinateurs sont vulnérables aux programmes parasites parce qu'ils doivent "accueillir les programmes", le cerveau d'un enfant court des risques particuliers. »

Les modes en tout genre sont les maladies infantiles de l'esprit, se répandant horizontalement, d'enfant à enfant. Certains parents aident même parfois leurs enfants à être contaminés en encourageant les activités imaginatives et qui utilisent la fantaisie. Ce sont peut-être ces expériences magiques dans l'enfance qui créent la superstition des adultes.

Il existe aussi des virus culturels dont le chemin d'infection est longitudinal : du parent à l'enfant, un peu comme les gènes ordinaires. Ils vont de l'accent régional à la religion. Dawkins a créé le terme très utilisé de *memes* (un objet mental qui lutterait pour sa survie) dans son livre de 1976 *Le Gène égoïste*. Depuis, ce concept a reçu des échos mitigés. Certains, comme Susan Blackmore de l'University of the West of England, affirment que c'est l'imitation qui rend les humains spéciaux et qu'avec ce simple mécanisme, on peut mettre en lumière toute l'évolution du cerveau humain, les origines du langage, de l'altruisme et l'évolution d'Internet. « Regardés à travers des *memes*, les êtres humains paraissent très différents. »

D'autres se demandent si la « mantique » est réelle. Bien que fan de Dawkins et de Blackmore, Vyse précise que la notion d'un *meme* est « une métaphore mal étayée ». La philosophe Mary Midgley les écarte comme « entités mythiques. » Les *memes* « n'ont aucun sens » d'après Stephen Jay Gould, biologiste évolutionnaire décédé qui était si éminent qu'il fit une apparition dans les *Simpson*. Réduire la magie, avec sa complexe toile d'artefacts, de rituels et de coutumes, et sa relation à la société, aux unités simples – les gènes et les *memes* – est faire usage d'un « impérialisme explicatif » qui ne représente rien d'autre qu'une simplification, selon l'archéologue Timothy Taylor, qui cite Oscar Wilde : « La vérité est rarement pure, et jamais simple. »

Au risque d'être aspiré dans les mêmes guerres, je suggère que la « mantique » n'est sans doute pas une théorie de toute la nature humaine, mais elle offre à tout le moins une façon pragmatique de clarifier certaines idées sur l'origine de la magie sans être dépassé par un brouillard de baguettes magiques, de rituels, de chapeaux pointus et autres accessoires.

Dawkins fait remarquer, par exemple, que la raison du succès de beaucoup de convictions est la croyance concomitante qu'il est vertueux de croire en quelque chose précisément parce qu'il n'en existe aucune preuve. « La victime d'un virus spirituel transgénérationnel fait généralement l'expérience d'une étrange conviction intime, une profonde certitude intérieure que quelque chose doit être vrai, même si rien ne le prouve. Cette certitude interne, totalement indéracinable mais libre de toute preuve, est souvent appelée "foi". »

Dawkins se retient d'appliquer cette métaphore péjorative du virus à tous les aspects de la culture, toutes les connaissances, toutes les idées. « Dans le domaine de la culture, les grandes idées et la grande musique se répandent, pas parce qu'elles incarnent des instructions exécutées servilement, mais parce qu'elles sont grandes. » Newton, Darwin, les Brontë, Eliot, Beethoven et Bach ont produit de telles œuvres. Et de nos jours, nous pouvons dire la même chose de J. K. Rowling, dont le virus mental particulier exploite une fascination pour la magie qui remonte à bien des millénaires.

Gènes de la croyance

L'idée que des gènes pourraient être liés à la croyance n'est pas si farfelue, au vu de leur immense influence sur le développement du cerveau. Le sociobiologiste E. O. Wilson fait remarquer que « la prédisposition à la croyance religieuse est la force la plus complexe et la plus puissance de l'esprit humain », et cette religion aide parfois à perpétuer les gènes de leurs adeptes en les encourageant à avoir de grandes familles et en incluant des prohibitions contre les nourritures impures, l'inceste et autres activités risquées.

Steven Pinker dit que la religion est un mécanisme par lequel certaines personnes se servent d'autres personnes. Par exemple, le culte des ancêtres renforce le pouvoir des personnes âgées, car ils peuvent menacer les jeunes même après leur mort. Les initiations et les sacrifices aident à éliminer les parasites sociaux. La religion promet aussi une meilleure santé, la richesse, la protection ou le bonheur éternel dans l'au-delà, et tout dogme qui promet de tels miracles peut se perpétuer dans une culture.

Bien que Richard Dawkins attaque la religion comme maladie infectieuse de l'esprit (ce qui semble bien être le cas pour les suicidés de Jonestown ou de l'ordre du Temple solaire), certaines preuves montrent que la religion peut être bénéfique. Les plus enclins à croire pourraient aussi avoir survécu mieux que les autres qui n'avaient pas de telles croyances. Une étude très large du « facteur foi » dans la maladie a été menée par des chercheurs de la clinique Mayo, qui conclut que la majorité des 350 études de santé physique et 850 études de santé mentale ont montré que l'implication religieuse et la spiritualité sont synonymes de meilleure santé. En tout, 75 % rapportent un effet positif, 17 % aucun effet, et 7 % un effet négatif. Il existe bien des explications, outre l'intervention divine qui saute à l'esprit. La croyance peut aider les gens à faire face au stress, et les personnes religieuses sont sans doute plus disciplinées, moins poussées à l'excès, ou peuvent s'attirer le soutien d'une plus grande communauté (comme une congrégation). Wolpert est allé jusqu'à suggérer que la religion ne serait pas l'opium du peuple, mais son grand placebo (bien que certains scientifiques restent dubitatifs quant à l'avantage sanitaire de la religion).

Si la croyance et les facteurs spirituels renforcent vraiment les chances de survie d'un individu, tous les gènes liés à une tendance à croire survivraient dans les futures générations. Cela semble être le cas. La proportion de scientifiques qui croient en Dieu est restée d'environ 40 % au cours des huit dernières années, malgré les progrès extraordinaires de la recherche et le supposé déclin de la religion. Thomas Bouchard, de l'Université du Minnesota, a mené une étude sur des jumeaux élevés séparément, et conclut qu'il y avait « un modeste degré d'influence génétique » dans les deux mesures de religiosité.

L'idée que la religion, la croyance et la foi ont une composante génétique est soutenue par John Burn, directeur médical de l'Institute of Human Genetics, de l'Université de Newcastle en Angleterre : « En tant que généticien, je ne peux m'empêcher de remarquer que toutes les tribus et tous les peuples ont une religion. Pas forcément officielle, mais tous font preuve d'une capacité à partager des croyances. Dans notre état moderne séculier, les croyances sont plus dispersées ; notre préoccupation pour le monument à Diana, Princesse de Galles, et l'intensité du soutien local à Newcastle United (l'équipe de football de la ville) pourraient être considérés comme des manifestations du besoin de croire. »

L'idée que la foi serait un trait distinctif des humains est suggérée depuis que l'on se penche sur ce sujet. Il est aisé de voir les avantages potentiels d'un tel comportement, selon Burn. « La survie de notre espèce a demandé une capacité à collaborer, à former des sociétés. Une volonté de vivre, et si besoin de mourir pour une croyance, est un avantage sélectif important. Nous avons une propension génétique à croire. » Peut-être est-ce pourquoi les Moldus de toute la planète croient en la science ?

Chapitre 15

La magie de la science

J'ai souvent admiré la façon mystique de Pythagore, et la magie secrète des nombres.

Sir Thomas Browne.

La science n'est-elle qu'un système de croyance sans plus de validité que l'idée que la terre est plate, qu'un sacrifice sanglant est nécessaire pour que le soleil se lève, ou qu'on peut absorber la sagesse d'un parent mort en mangeant son cerveau ? La réponse est non, et la différence vient des expériences – en grand nombre. Le savoir scientifique est obtenu par un travail minutieux. Les « eurêka » et les révélations sont rares. Il faut parfois des années pour découvrir et prouver quelque chose de façon convaincante.

Le processus scientifique a, par exemple, confirmé l'étrange conception quantique du monde, déjà abordée dans ce livre. Pourtant, comme l'a dit le grand Richard Feynman, « personne ne comprend la mécanique quantique ». Les détails pourraient sortir tout droit des *Grandes Découvertes magiques*, mais ils donnent une description particulièrement exacte du monde subatomique, qu'il s'agisse des électrons dans les transistors, du mouvement des particules de lumière dans la fibre optique, ou des réactions chimiques et nucléaires. Inutile de se demander si les ondes de probabilité et autres éléments troublants de la théorie quantique existent vraiment, il suffit de savoir qu'ils décrivent l'univers avec précision. Surtout, la pensée quantique a survécu à des décennies de tests entre théorie et expérience.

Par contraste, les révélations magiques paraissent accessibles sans connaissance ou formation particulière. N'importe qui peut être expert du paranormal ou du surnaturel, tout repose sur l'expérience personnelle. Cette caractéristique est particulièrement réconfortante ou attirante pour ceux que le monde mathématique de la science intimide.

Cela se comprend. Prenez le rêve d'Albert Einstein, une théorie unique, universelle. De nos jours, le monde scientifique est unanimement en quête de cette formule. On cherche une théorie qui unirait toutes les particules et forces du cosmos en quelques équations si concises qu'on pourrait les broder sur un T-shirt.

Cette quête poursuit l'un des premiers grands succès de la science : la théorie de la gravité de Newton, où les lois qui gouvernent le mouvement de la Terre paraissent aussi régir le ciel. Ceci marque le début d'un long voyage où le mystère s'efface peu à peu. La théorie de Newton a été dépassée par la vision einsteinienne de la gravité, qui peut faire face aux conditions plus extrêmes qu'on trouve dans le cosmos. De nos jours, la quête d'une théorie du tout dépend de la combinaison des théories du très petit (quanta) et du très grand (relativité) pour obtenir une gravité quantique.

Si ce rêve se réalise, pourra-t-il tout expliquer ? Cette théorie fera-t-elle disparaître tout mystère, comme un Détraqueur aspire les âmes ? La naissance de cette théorie marquera-t-elle la fin de la magie ? Les gens intimidés par la science regrettent souvent qu'elle supprime à leurs yeux tout sens du mystère (argument contré avec éloquence par

Richard Dawkins dans son livre *Les Mystères de l'arc-en-ciel*).

Nous avons déjà dit que la superstition repose sur l'incertitude, et qu'elle demeurera malgré toutes les avancées de la science. Plus étonnant peut-être, il y a des raisons mathématiques et scientifiques de croire que la magie et le mystère survivront. Ceux qui se défient de la science devraient peut-être se réconforter en constatant que, au cours du siècle dernier, en un sens, la science est demeurée un acte de foi, au même titre que la croyance dans le surnaturel. Le cœur logique des mathématiques, langage de la science, abrite une chose profondément magique.

Il y a un siècle, on pensait les mathématiques toutes-puissantes. Les mathématiciens, notamment David Hilbert, avaient cru que toutes les questions pouvaient être résolues et validées ou invalidées. Ce rêve mourut le 17 novembre 1930, quand un journal appelé *Monatshefte für Mathematik und Physik* publia un article de vingt-cinq pages écrit par Kurt Gödel, un logicien de Vienne. Il démontrait qu'on ne pourrait ni valider ni invalider certaines déclarations mathématiques. En effet, Gödel montrait l'inévitabilité de la découverte de paradoxes logiques en arithmétique, équivalents de la phrase : « Cette phrase est improuvable. » Si elle est prouvable, elle est fausse, donc les mathématiques sont inconsistantes. Si on ne peut pas la prouver, elle est vraie, et les mathématiques sont incomplètes.

Pour ne rien arranger, Gödel a également montré qu'on ne peut jamais prouver la fiabilité logique d'un système mathématique. Il faut toujours sortir du calcul formel pour démontrer sa validité. C'est une découverte explosive. Comme pour mieux souligner les limites de la logique pure, Gödel devint lui-même si paranoïaque qu'il mourut de faim.

Pour John Barrow, de l'Université de Cambridge, cela relègue les fondations de la science au statut de religion ordinaire : « Si nous définissons une religion comme un système de pensée contenant des affirmations improuvables, pour y introduire la foi, alors Gödel nous a enseigné que les mathématiques sont une religion, mais en plus une religion incapable de se prouver qu'elle en est une. » Quelles implications Gödel voyait-il dans ses travaux ? Étonnamment, il considérait que l'intuition mathématique, par laquelle nous « voyons » la vérité des mathématiques et de la science, serait un jour aussi estimée que la logique elle-même.

Ses recherches ne furent pas ie seul coup porté au rêve d'Einstein. En 1936, Alan Turing, mathématicien britannique et père de l'ordinateur, poussa encore plus loin l'effort de Gödel vers le « théorème de l'incomplétude » et découvrit le concept d'incalculabilité. Turing eut d'abord la notion révolutionnaire d'un ordinateur à tout faire. Puis il montra immédiatement qu'il y aurait des limites à ce qu'une telle machine pourrait faire.

Ceci déboussola les mathématiciens, qui pensent généralement « lire la pensée de Dieu », commente Greg Chaitin du laboratoire de recherche Thomas J. Watson d'IBM. Les mathématiciens pensent souvent traiter des certitudes. « Une preuve mathématique nous donne plus de certitude qu'un argument en physique ou qu'une preuve expérimentale, mais les mathématiques ne sont pas certaines. Voilà le vrai message du théorème d'incomplétude de Gödel, et des travaux de Turing sur l'incalculabilité. »

Chaitin sonda ainsi les limites des mathématiques et commença à soupçonner que l'incomplétude pourrait refléter le fait qu'il subsiste certaines ombres au cœur des mathématiques pures. Au cours des années 1980, il découvrit que même la version la plus simple de l'arithmétique – qui n'utilise que des nombres entiers comme 1, 2 ou 100 – contient un hasard intrinsèque. Il trouva un nombre, Omega, aux propriétés assez magiques : bien que parfaitement défini mathématiquement, on ne peut jamais l'écrire. Tous ses chiffres doivent être compris entre

0 et 9, mais on n'en sait pas plus. Chaque chiffre est aléatoire. « Le théorème de Gödel, les travaux de Turing et mes résultats montrent que même en mathématique, on ne peut pas savoir toute la vérité. »

Le nombre Omega ramène la magie au cœur des mathématiques. Il transcende les capacités humaines. S'il était là, Einstein dirait sans doute que seul Dieu peut connaître la valeur d'Omega. « Il n'y a aucun schéma, juste un chaos total, insiste Chaitin. Étonnamment, même l'arithmétique possède des éléments aléatoires. Dieu joue aux dés avec la mécanique quantique, mais aussi avec les nombres entiers. »

Beaucoup se sont interrogés sur les implications de ces découvertes. Certains, comme le scientifique Freeman Dyson, ont une approche optimiste : s'il est impossible de résumer toutes les mathématiques en quelques axiomes (règles), alors la science est une quête sans fin de nouveaux axiomes pour décrire les caractéristiques de l'univers – il faudrait peut-être une infinité d'axiomes pour capturer toute sa richesse. Chaitin lui-même pense que le hasard arithmétique qu'il a découvert est un élément du monde platonicien des possibilités mathématiques, et non du monde réel que nous habitons. Barrow, tout aussi optimiste, fait remarquer que les structures mathématiques plus simples que l'arithmétique (comme la géométrie ou les mathématiques qui n'utilisent que les additions et soustractions) résistent aux théorèmes de Gödel et Turing. Peut-être, dit-il, « les mathématiques de la nature sont-elles trop petites et trop simples pour que ces problèmes apparaissent ».

Mais comment en être sûr ? Les pessimistes, comme Stanley Jaki, un auteur aussi versé en science qu'en théologie, souligne que si les mathématiques ne peuvent pas découvrir toutes les vérités, la science ne le pourra pas non plus, puisque la science repose sur les mathématiques. D'autres ont trouvé des preuves d'incalculabilité dans la gravité quantique, dans des équations différentielles courantes en physique, et dans des tentatives de produire un modèle mathématique d'équilibre entre des influences en compétition. Le mathématicien Stephen Wolfram a supposé que les limitations découvertes par Turing pourraient être communes, et en a également trouvé des exemples en physique. Bien qu'il croie possible de capturer les merveilles de notre univers en règles simples, Wolfram affirme dans son vaste opus, *Une nouvelle science*, que, très souvent, il ne peut y avoir aucune autre façon de connaître les conséquences de ces règles que de les regarder à l'œuvre. Il appelle cela « l'irréductibilité calculatoire » et il croit que tous les phénomènes, qu'il s'agisse des actions des sorciers ou des phénomènes naturels, peuvent être considérés comme des computations, assez simples d'ailleurs. La plupart ne peuvent pas être simplifiés en équations arrivant à la conclusion de la computation plus vite que la computation elle-même. Les mathématiques de la science sont trop limitées pour capturer toute la complexité du cosmos, que ce soit les mécanismes de pensée de Harry Potter ou les turbulences dans un chaudron qui bout.

En ce sens, il y a quelque chose d'occulte dans les fondations mathématiques de la science, une énigme insondable sur laquelle devraient se pencher Moroz et Funestar, les Langues-de-Plomb du département des Mystères. Einstein fit un jour remarquer que le plus incompréhensible dans l'univers, c'est qu'il est compréhensible. En sommes-nous bien sûrs, au vu de ces limitations mathématiques ? Les physiciens rêvent encore de ce qu'ils appellent une théorie finale, ou une théorie du tout. Certains, comme le cosmologiste Stephen Hawking, croient que nous avons peut-être identifié cette théorie. On l'appelle théorie M dans le monde scientifique, M signifiant « mystère, » « membrane » ou « méta-corde, » et plusieurs scientifiques s'efforcent de l'assembler dans le monde entier.

Ce M signifie peut-être magie. L'un des aspects les plus étranges de cette théorie est qu'elle a besoin de plus de trois dimensions dans l'univers pour unifier notre vision de toutes les forces et de toutes les matières. La théorie M va au-delà des quatre dimensions dans lesquelles nous vivons – trois d'espace et une de temps – pour suggérer qu'il pourrait y en avoir jusqu'à onze. Cet « hyperespace » est impossible à visualiser en une seule fois, il n'est donc pas étonnant que le public trouve ce genre de travaux rebutants. Seul importe qu'elle puisse représenter avec exactitude le comportement du monde réel. Et dans le cas de la théorie M, nous pourrions être proche de son premier test grandeur nature.

Les expériences ont souligné des failles dans la meilleure théorie actuelle, appelée « modèle standard », mais Hawking croit que les dimensions supplémentaires de la théorie M pourraient être dévoilées en 2006, quand la plus grosse machine de la planète – un écraseur d'atomes de Genève, le Large Haldron Collider – sera prêt pour que les scientifiques puissent y mener leurs expériences.

Toutefois, même si les travaux de Chaitin, Turing et Gödel s'avèrent sans conséquence (comme tout le monde l'espère), et même si la théorie M est confirmée par des expériences sans fin, une théorie du tout ne ferait pas disparaître la magie et les merveilles de l'univers – enfin, si James Hartle de l'Université de Californie, a raison...

Pour utiliser une théorie du tout, les scientifiques devront incorporer une théorie sur la condition qui a tout déclenché, le premier « point » dans la trajectoire qui a amené l'univers à son état actuel. Même si les travaux de Stephen Hawking et d'autres sur ce problème sont concluants, Hartle fait remarquer que la théorie ne pourrait pas prévoir qu'un chat noir allait évoluer, ni qu'il miaulerait si on le lance par la fenêtre (bien que la théorie puisse nous dire très précisément à quelle vitesse il tombera).

Il y a de profondes limitations à ce que cette théorie pourrait faire. Il n'y a pas assez de protons dans l'univers pour fabriquer les CD nécessaires à décrire le cosmos à un instant donné au niveau du millimètre, estime Hartle.

Cette immensité d'information ne pourrait pas être résumée par une théorie du tout, qui compresserait ces informations en cherchant les régularités telles qu'en décrit les lois de la physique. Nous devons nous contenter de découvrir les lois assez simples pour qu'on les découvre. Et, « si elle est assez courte pour être découvrable, elle sera trop courte pour tout prévoir », conclut Hartle.

Parmi ces lois, il y a la mécanique quantique, qui décrit tout en termes de probabilités (de telle sorte que le point de la trajectoire mentionné dans l'avant-dernier paragraphe serait en fait couché en termes de probabilités). Bonne nouvelle, la théorie quantique peut prédire le mouvement de la bourse. Mauvaise nouvelle, ces prédictions sont à une probabilité de 50/50. Hartle fait remarquer que le résultat de l'évolution ont beaucoup plus à voir avec les accidents quantiques au fil de l'histoire qu'avec les lois fondamentales de la nature. Pensez aux fluctuations qui ont mené à la formation de notre galaxie et à celle du système solaire. Puis aux heureux accidents qui permettent la première vie unicellulaire sur Terre. De là, les humains, les chats et les magiciens apparaissent après une longue série de mutations accidentelles au cours des quatre milliards d'années. « Personne ne va venir pour nous expliquer pourquoi vous aimez la glace à la vanille avec de satanées équations. Jamais, assure Hartle. La régularité de l'histoire humaine, de la psychologie, l'économie et la biologie obéit aux lois fondamentales. Mais elle n'en découle pas. »

L'univers restera sûr pour les psychologues, biologistes, historiens et autres scientifiques environnementaux. Une théorie du tout n'explique pas tous les aspects du monde. Elle aurait un impact minimal sur le reste de la science. Une théorie physique du tout pourrait être inutile à une personne au niveau de l'information biologique sur la pensée humaine, au niveau de réalité qui compte pour nous, tout comme les allers-retours d'électrons dans les puces d'un PC sont invisibles et inintéressants pour un utilisateur de PC. Tout est en fait gouverné par l'équation de Schrödinger, une expression quantique qui peut décrire tous les atomes ou groupes d'atomes. Toutefois, on ne peut pas exprimer simplement un ruisseau aux eaux chantantes, une pensée fugitive ou un circuit logique crépitant d'électricité en termes d'atomes, et c'est à cette échelle, entre les domaines cosmiques et atomiques, que la science la plus difficile se trouve.

Une théorie du tout serait silencieuse sur bien des sujets qui nous préoccupent. Dieu nous aime-t-il ? La vie a-t-elle un sens ? Cela ne nous donnerait pas un point de vue divin sur la création qui viendrait à bout de notre sens du mystère, ni n'apaiserait notre soif de la vérité qui est ailleurs, ou notre envie de l'herbe plus verte qui est de l'autre côté. La magie survivra.

Pourquoi nous avons foi en la science

À la lumière de ces profondes limitations, la science ne paraît pas exceptionnelle. De plus, comme la magie, ce n'est qu'une entreprise humaine. Les résultats des recherches scientifiques peuvent paraître froids, logiques et impersonnels, mais le processus ne l'est pas. Étant humains, les scientifiques peuvent être pris de rivalité, d'ambition, être rusés ou mentir. La science est une entreprise menée par des gens qui, comme les magiciens ou les sorciers, peuvent faire des erreurs ou se tromper de voie. Les théories fausses, le conservatisme complaisant et les affirmations faites à tort sont légion dans la communauté scientifique, comme dans tout autre secteur d'activité humaine.

Mais la science essaie toutefois de prendre en compte et d'éliminer la subjectivité par l'expérience, voire par une foule d'expériences. La confirmation est essentielle. Bien que beaucoup se plaignent que la science est trop fermée aux idées nouvelles, on trouve de nombreux exemples où l'accumulation de preuves contre une idée établie mène à son abandon ou sa modification. Par exemple, la théorie quantique, qui mettait Einstein mal à l'aise, ou les protéines infectieuses (prions), autrefois dénoncées comme une hérésie biologique.

La caractéristique qui écarte le plus la pensée magique et la foi religieuse de la science est qu'aucune autre découverte ne pourra secouer la foi ou la croyance, car elles trouvent souvent une façon de l'expliquer et de l'écarter. Quand un sort ne fonctionne pas, cela en dit plus sur la personne qui l'utilise que sur le sort lui-même. Peut-être, comme Ron Weasley essayant de faire voler une plume, les mots prononcés ne sont-ils pas les bons (« C'est Wing-*gar*-dium Levi-*o*-sa », le corrige Hermione).

Quelques sociologues et philosophes – sous le couvert du relativisme – affirment que les connaissances sont conditionnées socialement et déterminées culturellement ; il n'y a pas de vérité unique sur le monde extérieur. Toutes les croyances sont également valables, et la vérité scientifique, étant l'une d'elles, est une illusion.

La science a en effet ses propres croyances, comme l'universalité des lois de la physique et le rôle profond de la symétrie dans la création des élégantes théories mathématiques sur l'univers, qui aide à simplifier les calculs. Et, comme nous l'avons dit plus haut, les scientifiques croient également que le comportement de l'univers peut être plaqué aux mathématiques.

Les scientifiques élaborent aussi des explications aux échecs d'une théorie erronée, tout comme les magiciens trouvent des excuses à ceux de leurs sorts. Mais à la différence d'autres systèmes de croyance, les explications de la science sont universelles et indépendantes de la culture, car perpétuellement vérifiées par expérience. La science finira par abandonner n'importe quelle croyance ou « vérité » si les preuves l'exigent.

La science est vraiment spéciale. Elle est la meilleure façon de comprendre le fonctionnement du monde. Si l'histoire recommençait à zéro et suivait une autre voie, les conclusions scientifiques resteraient les mêmes : l'ADN serait toujours le matériau génétique de l'héritage, l'hydrogène resterait l'élément le plus courant dans l'univers, et les étoiles seraient toujours alimentées par la fusion nucléaire.

Si Newton n'avait pas, comme le dit Wordsworth, voyagé seul sur d'étranges mers de pensée, quelqu'un d'autre l'aurait fait. Si Marie Curie n'avait pas vécu, nous aurions tout de même découvert le plutonium et le radium. Mais si J. K. Rowling n'avait pas vécu, nous n'aurions jamais rencontré Harry Potter. Voilà pourquoi Maître Potter est si important à mes yeux. La science est peut-être spéciale, mais Harry, en tant qu'œuvre d'art, l'est encore plus. Harry Potter est unique. Il est magique.

Table des matières

Cet ouvrage a été imprimé par la
SOCIÉTÉ NOUVELLE FIRMIN-DIDOT
Mesnil-sur-l'Estrée
pour le compte des Éditions Flammarion
en août 2003

Imprimé en France
Dépôt légal : septembre 2003
N° d'édition : FF 853201 - N° d'impression : 64889